复旦中华文明研究专刊

近代东亚国际视阈下的基督教教育与文化认同

司 佳 徐亦猛 编

复旦大学出版社

总序

复旦大学中华文明国际研究中心(The International Center for Studies of Chinese Civilization, ICSCC)成立于2012年3月。中心以复旦大学人文学科为平台,旨在依托本校深厚的人文学术资源,积极推进国际学术界对中华文明的研究,促进不同文明间的交流与对话。我们知道,自明末利玛窦(Matteo Ricci)来华以后,欧洲和北美,即所谓"西方"的学者对中华文明展开了持久而深入的研究,历来称为"汉学"(Sinology)。近年来,中国学者为了与清代"汉学"相区分,又称其为"海外汉学"。在欧美,学者为了区别传统的"Sinology",又主张把现代研究称为"China Studies"(中国学)。ICSCC旨在促进中国学者与海外汉学家在中华文明研究领域内的国际交流,推动双方之间的对话与融通。

历史上,欧美汉学家有自己的旨趣和领域,他们的方法和结论,常常别开生面,新论迭出。在当今全球化时代,中国以外的国际学者早已跨越障碍,深入到中国文化内部;中国大陆的新一代学者也已经接续百年传统,回到国际学术界,与海外同行们频繁交流。但即便如此,海外汉学家和中国本土学者在很多方面,诸如文献整理、田野调查、新领域开拓以及方法论、世界观上仍然存在很大差异。海外学者所长,即为本土学者之短,反之亦然。有一种观点认为,本民族的文化,很难为另一种文化内的学者所理解。甚或是说:外国人必不能以正确的方式看待"他者"的文明。这种观点的不合理之处,在于用某种原教旨主义的方式堵塞了不同文明之间的交流与合作。事实上,无论在历史上,还是在当下现实中,人们都不只是生活在单一的文化中。东海西海,圆颅方趾,文化的特殊性是相对的,人性的共通性才是绝对的。为了达成对中华文明的正确理解,显然还需要中外学者坐下来,用对话、讨论的方式作沟通与融合。无论如何，海外汉学家早已成为与中国大陆和港、澳、台地区华人学者同样重要的研究群体，他们对于中华文明也有着独到的理解。"海外汉学"的研究成果，值得我们本土学者加以重视，全单照收和简单排斥都是要不得的极端态度。

四百年前，明末"西学"翻译运动先驱徐光启说："欲求超胜，必须会通；会通之前，先须翻译。"我们把明末的这句格言引申出来，作为中外学术交流中的"金科玉律"。中西方学者之间相互借鉴，即了解对方工作的真实意义和真正主张。立场不同，可阐发双方优长之学；视角各异，可兼收领域互补之效；观点针芒，实可在讨论之后达成更加充分的会通和融合。四百年来，明、清、民国的经学家、国学家，一直和欧美的传教士、外交官和"中国通"切磋学问，现代中国的儒学、佛学和道学，无一不是在与利玛窦、艾儒略、林乐知、李提摩太、李佳白、费正清、李约瑟等欧美学者的对话交流中，经过复杂的交互影响而形成的。离开了"西学"（Western Learning）和"汉学"（Sinology）的大背景，从徐光启、阮元的"新学"，到康有为、章太炎的"国学"，都不可理解。我们相信，学术领域此疆彼界的畛域之分，既不合理，也无可能。海外汉学（中国学）与中国本土学术并不冲突，所谓的主客之争，那种有你没我的势不两立，完全没有必要。

有鉴于此，ICSCC设立专项资金，面向海外，每年邀请国外优秀中青年学者访问复旦大学，与本校、上海地区以及全国各地的同行学者们充分交流。通过学术报告、小型工作坊、论文集和学术专著的编译出版等，构建访问学者与国内学者的全方位、多层次交流体系，促进海外汉学家与中国本土学者之间的互动。中心邀请来访的海外学者与中国学者合作，将他们主持的工作坊论文，经过作者本人的修改、增订，或由编者整理、翻译，结集出版，即为"复旦中华文明研究专刊"系列。我们希望藉此工作，展现中外学者精诚合作的成果，以飨学界。

目录

1　李天纲　　前　言
　司　佳
　徐亦猛

近代中国的外来宗教与文化认同

3　徐以骅　　基督教神学教育中国化的回顾和展望

11　马　敏　　哈佛大学燕京学社与华中大学人文学科历史关系
　吴和林　　考述

33　段　琦　　1925—1930年间中国基督教徒知识分子对基督教教
　　　　　　育与国民性之探讨
　　　　　　——以《中华基督教教育季刊》为例

51　杨卫华　　民初基督教教育与中国基督教徒知识女性的身份建
　　　　　　构（1912—1922）
　　　　　　——以《女铎》为例

71　李天纲　　中西书院与中体西用：民族主义还是世界主义

日本近代教育与国家主义

81　寺园喜基　日本基督教大学的战争责任及罪责告白

| 92 | 金丸裕一 | 中日战争时期有关中国的论述 |
| | | ——神职人员眼中的他者镜像 |

| 110 | 渡边祐子 | 近代日本的形成与基督教学校 |
| | | ——以明治学院与中国的关系为线索 |

| 124 | 徐亦猛 | "二战"期间中日基督教教育比较 |

韩国近代西化教育中的身份认同

| 141 | 徐正敏 | 韩国的近代教育与基督教 |
| | | ——宣教与近代思想的形成 |

| 151 | 王立诚 | 近代欧美新教传教士在韩办学中的文化认同问题 |
| | | ——以文字为中心的考察 |

| 163 | 李惠源 | 基督教教育与韩国近代思想的塑造 |
| | | ——以尹致昊与安昌浩的事例比较为中心 |

| 179 | **作者简介** |

前言

在19至20世纪由传统趋向现代的价值裂变过程中，信仰、国族以及文化身份的自省与转向乃亚洲各国近代历史上所面临的共同挑战。日益频繁的贸易往来、军事冲突、外交活动、留学和西学东渐等，将东亚各国置于全球化的政治、市场与知识体系之中。在这场划时代的剧变中，近代的教育变革，尤其是受到传教士影响的西学教育与文化，对中国、日本、韩国皆产生了深刻的社会影响。教育作为培养人才的根本，其在近代的历史转型对于推动中、日、韩各国思想、社会变迁起到了怎样的具体作用？东亚各国在近代至战后政治、军事、经济等一系列新秩序的构建中，教会学校的教育理念及实践是否能够超越民族主义自身的局限？

这本论文集中的十多篇论文，皆围绕历史上东亚各国所遭受的这段相似境遇展开。这些论文最初曾在2016年9月由复旦大学中华文明国际研究中心主办的一场名为"近代东亚国际视阈下的基督教教育与文化认同"工作坊上发表。在为期两天的讨论会上，来自中国、日本、韩国的近20名学者对于19至20世纪基督教教育在东亚国家国民塑造、身份建构、文化认同过程中所扮演的角色等历史问题予以共同关注。工作坊以较为宽松的时间，深度讨论每一位发言者的论文，既有相互的鼓励和肯定，也不乏尖锐的观念交锋。学者们就各自的研究领域、方法、兴趣、焦点，以及未来可以展开研究的方向进行了深入探讨。参会学者认为这是一次推动中、日、韩三方认识东亚社会思想史、宗教史以及教育史研究的重要会议。

之所以将"认同"作为工作坊的主题，乃是为了凸显东亚各国在过去两个世纪所经历的各种复杂冲突与选择——这不仅关乎彼时个体相对自由的实践选择，也涉及群体在脱离传统过程中所表现出的趋向性价值判断；其中不仅包含宗教信仰因素，亦囊括特殊历史时段由战争、时局、性别等问题而塑造的"近代"诸种面向。以中国为例，作为西式教育的奠基者，19世纪来华新教传教士最先以求中西道德信仰中的"同"为切入点，进而展开对"异"文化的传播与推进。反之，由于东亚传统文化根基牢固，即使"接受"一方，对此外来导向所表现出的具体接受与认同过程也十分繁复。东亚主要国家和地区在过去两个世纪都曾历经从传统到现代的蜕变，传统价值观念中相对清晰、单一的认同，在现代化转变过程中，变得复杂而多元起来，逐步走向所谓的"复合性"认同。在这种复合性文化认同与身份建构过程中，传教士带来的西式教育及其理念究竟扮演了怎样的角色？从接受角度来看，个体认同的边界与近代东亚国家主义、民族主义思潮的影响存在着怎样的调整关系？论文集中所涉及的研究个案，其多样性与复杂性或许可以提示研究学者跳出"条约—传教"或"冲击—回应"等单线范式，并以对复杂历史境遇的审视与反思回应之。

论文集中的多篇论文还涉及身份认同与身份选择问题，即民族上的国民身份和信仰上的基督徒身份，这两种认同如何统一和协调？在特殊战争情境中又如何保持？中、日、韩一百多年的教会大学可以为这些问题提供很多经验和教训，需要充分展开研讨。从中国的同光变法、日本的明治维新，到全球性的"一战""二战"，基督宗教的教会大学从无到有，从绚烂到平淡，再到消失，是一段精彩无比的思想史。教育的本质是崇高人类精神培育的传承，基督宗教与其他宗教不同的一点，就是他能够用现代大学的方式来从事。燕京大学宗教学院院长徐宝谦牧师教授组织"唯爱社"、创建燕大基督徒团契，主编《真理与生命》，主张唯爱主义、国际主义、基督教文艺，是一个立足中华教会，兼爱全人类的普世主义者。这是一位懂得宗教和教育的牧师，故在自己的英文著作《新儒家思想中的伦理现实主义》(*Ethical Realism in Neo-Confucian Thought*, 1933)中说："相信宇宙中有一个秩序，相信这个秩序是伦理的……既仁慈，又真诚。"这句话是当年燕京教会大学的教育理念，作为一个开放、包容和多元形态的普世主义理想，这句话也应该为所有的大学分享。这就是今天的中国已经不存在"教会大学"，却还要研究它的主要意义。

近代高等教育起源的问题来源

教会大学是中国近代高等教育的开创者,这并不是说基督宗教(天主教、基督教)来华之前中国就没有"高等教育",也不是说中国人的"大学"必有待于外国传教士来建立。"大学"之名就起于五经,中国原来就有悠久的教育传统。"庠序"教学,起于三代。《孟子·滕文公上》:"夏曰校,殷曰序,周曰庠,学则三代共之,皆所以明人伦也。"按汉代经学家对于周代制度的研究,"大学"设于周天子大殿明堂之内,处于"东序"位置上的学宫,即属国内最高学府。《礼记·王制》:"大学在郊,天子曰辟廱,诸侯曰頖宫。"《汉书·董仲舒传》:"立大学以教于国,设庠序以化于邑。"

问题在于中国传统教育向现代高等教育转型的努力最终失败了,近代高等教育虽然借用了古代"大学"之名来命名新型学府,但明清帝制的"国子监""翰林院"和地方"书院"系统等高等教育机构都没有延续下来。中国现代的高等教育机构,最后是撇开了帝制与儒生士大夫学校的传统,全新建立的。起初也并非没有地方士大夫出来创办新式高等教育机构,恰恰就是清末"书院改大学"运动的失败,儒家式样的古代书院都被挡在现代之门外;而差不多同时,中国基督宗教各教会、教派创办的"教会大学"都一一成为近代知识学科的先驱。

按照一般教会大学研究者的观点,1882年美国长老会传教士狄考文(Calvin W. Mateer,1836—1908)得到差会批准,将山东登州文会馆的英文名字改成Tengchow College,开设大学课程,成为中国第一所现代大学。此前,狄考文和许多传教士、官宦士大夫一样,都是改造"书院"建制,在中等教育的层面上开设英语、算术、四书、五经等课程,发展新式教育。1888年,北京卫理公会汇文书院开设大学课程;1889年,北京公理会潞河书院开设大学课程;1890年,上海圣公会圣约翰书院开设大学课程;1893年,杭州长老会育英义塾开设大学课程。情况很明确,就是在19世纪80年代以后,原来设想通过模仿中国书院制度,加入"西学"教学内容的教会学校,纷纷转而直接引进欧美教材,率先另起炉灶,建立现代大学。由于"教会大学"和中国高等教育有这层渊源关系,他们的大学创建早于其他团体和个人,因此谈中国近现代的高等教育,无论如何离不开基督宗教。

　　清末学制改革之前,中国社会并无"教会大学"的称呼,直到天津北洋公学(1895)、上海南洋公学(1896)等一批官办高校,及震旦学院(1903)、复旦公学(1905)等一批绅办高校成型之后,中华民国政府教育部为了明确办学主体,才逐渐有了"教会""国立""公立""私立"大学的划分。中国的"教会大学"代表着一股清新健康的办学倾向,它们重视道德培育,不过多灌输宗教教义;赞同振兴中国主权,反对保守排外的民族主义;主张改革社会,甚至还同情社会主义,但以人道主义抵制各种激进学说。这样温和折中的教育,确实常常是华人公、私立学校缺乏的。20世纪30年代,不同基督教宗派(Denominations)背景的教会大学形成了基本一致的办学主张,甚至还组织起统一的基金会,一体筹款,一体经营,一体资助13所"教会大学"。

　　中国基督教大学联合董事会(United Board for Christian Colleges in China,简称UB)于1922年在纽约成立,从原来只为3所中国教会大学筹款的机构,发展到服务于13所新教教会大学的联合基金会。参与的学校有:福州福建协和大学、南京金陵女子大学、杭州之江大学、武昌华中大学、广州华南女子文理学院、广州岭南大学、南京金陵大学、上海圣约翰大学、上海沪江大学、济南齐鲁大学、苏州东吴大学、成都华西协和大学、北京燕京大学。"教会大学"起源时大都有自己的宗派(Denomination)背景,联合董事会的建立表明在华基督教各教派在高等教育领域建立起了一个更加广泛的跨宗派(Cross Denomination)联合机制。我们知道,中国基督教会第一个跨宗派的联合教会"中华基督教会"(The Church of Christ in China)仅是1920年由长老会在一个较小范围内建立的,而UB的跨宗派合作要广泛得多。

　　除了基督新教13所教会大学,天主教也有3所(实4校)重要的"教会大学",即震旦学院(Aurora University,1903)、天津工商学院(Institute des Hautes Etudes et Commerciales,1920)、辅仁大学(Fujen Catholic University,1925)、震旦女子文理学院(Aurora College for Women,1937)。天主教办学虽然比新教晚,数量和规模都小很多,但是办学特色非常鲜明。上海震旦大学、震旦女子文理学院并不能算是严格意义上的"教会大学"。从资金来源来看,马相伯捐助巨款创办,法租界公董局投入税收协办,上海耶稣会负责教学和管理,应该看作一种中外合作办学的方式。在北方,辅仁大学由美国本笃会筹建,天津工商学院由中华耶稣会筹建,但是两校的课程体系注重本土化,特别符合本土社会的需求。

中华民国建立以后,社会各界皆强调国家"主权",教会学校的外人创办、差会主导和外语教学色彩都被认为是严重的"问题"。1922年的"非基"运动,1924年的"收回教育权"主张,1928年的"大学立案"和"华人校长"要求,直到中华人民共和国成立后1953年的"院系调整"中取消教会大学建制的做法,都倾向于把教会大学看作是"列强"机构。20世纪20年代兴起的民族主义并不总是公正的,北京、上海新一代的政治活动人物没有参与过清末的"维新"运动,他们不认可林乐知、傅兰雅、李提摩太、狄考文、丁韪良、福开森、司徒雷登等传教士创办的近代高等教育机构——这些都是和清朝合作的,应当算作是近代中国维新事业的组成部分。另外,他们也忽视了教会学校的整体资金来源:除了差会的创始资金之外,还有一大部分来自华人家庭的学费,以及中国教友、官绅的捐助和地方政府的补贴。国家主义思想把"教会大学"看作是外国势力学校,不承认他们从一开始已经具有了的"中国大学"的性质。这是这一时期的一贯看法。

清末的"教会大学"和中国人建立的公、私立大学一样,都是解决1905年"废科举"前后教育危机提出来的改革方案。教会学校本性之一是"间接传教",可以据此认定它们仍然不免有自己的宗教主张。但是,教会学校确实也是为了解决中国问题,完善当地社会,吸纳华人财力,继承华夏文化而设置的学校,这些本质特征又决定了教会学校天然地具有了"中华性"(Chineseness)的一面。非常可惜的是这一部分"中华性"被当事人忽略了,导致了20世纪中国人(包括很多反省自身的西方学者)对于中国高等教育事业的片面认识。历史地看,没有教会大学的中国近代高等教育事业是很难想象的。举例来说,燕京大学的历史学、社会学、宗教学,金陵大学的经济学、农学,圣约翰大学的西方文学、法律学,沪江大学的商科和社会学,辅仁大学的人类学、教育学,东吴大学的英美法学、文学,震旦大学的大陆法学、医学,等等,都是中国近代高等教育的创始专业和顶尖学科;20世纪50年代调整到部属大学之后,又都成为其中的领先学科。

其实,1927年以后开始建立的国立(部属、地方)教育体系,并不单单排斥"教会大学"。除了基督宗教之外,传统宗教(佛教、道教、儒教)的教育功能也被限制在普通教育和高等教育之外：1898年和20世纪20年代的"庙产兴学"规定，使得信仰资源很难进入教育领域。从这个意义上来说，以"科学、民主"为特征的现代启蒙主义，以"振兴中华"为标志的"民族主义"和"国家主义"教育政策，不仅排斥教会学校，且在世俗教育领域排斥任何具有宗教背景的私立学校。学术团体、民间善士创办的"私立大学"也受到越来越严格的限制——限制私立大学，发展国立大学，这是国、共两党主导中国教育政策以后的共同趋势。

有一个观点需要更明确地表达出来，即教会大学其实是中国高等教育事业的组成部分，教会大学就是中国的大学。教会大学的"中国性"（Chineseness）是很明显的。就其创建之贡献来说，教会大学发动最早；就其人才培养目的来说，教会大学迎合的是中国社会的需要；就其办学经费来源来说，教会大学的学费收入、捐款数额，以及房地产等资产经营，大多来自中国本土。外国差会的捐助、师资在教会大学初创时期起一定作用，而成立之后却因持续的"本土化"，令外来资金、教师的重要性不断降低。这些本土化特征，可以在马相伯捐助震旦大学，以及华人士绅襄助格致、中西书院，江浙工商业者捐助圣约翰大学，上海中产阶级子女以较高的学费支撑教会大学等诸案例中看得十分清楚。教会大学的"中国性"，在城市化、现代化、工业化进程比较顺利的上海、江苏、浙江等沿海、沿江地区的口岸城市非常明显。将曾经受到中国社会各阶层认可的教会大学排斥为"帝国主义"，指责为毒害国人的"殖民地教育"是非常偏颇的。

国家主义与教会大学的认同问题

中国近代的高等教育，和中国人追求的"洋务"事业相关联。这一关联中的"现代化""西方化"表达了渴求新知的知识论取向。同时，中国新型大学的建立，更加直接地与1895年甲午战争失败后的反省，提出"振兴中华"的使命相关联，这一关联导致了高等教育事业中的民族主义倾向。大学作为知识的传承、生产和传播机构，应该首先保证其知识论的价值取向，才称得上是大学。然而事实上，中国大学中的民族主义取向一直占据上风，并作为管理思想贯彻在学校治理的内部运作中。中国的大学，更加强调国族属性,在身份意义上较多是 Chinese Universities(中国人的大学),而较少是 Universities in China(在中国的大学)。中华民国按现代"民族国家"中央权力制度建立之后,大学教育作为国家事业,逐渐改变清末高等教育初创时期的多元(地方、中央、教会、绅商)主体结构,强调"国立"甚于"民办"和"私立",对带有"洋务"色彩的教会大学实行严格的限制政策,因此"中国的大学"在社会属性上越来越多地是 China's Universities(属于中国的大学),而较少是 Chinese Universities(中国人的大学)。

美国传教士林乐知(Young J. Allen)在上海创办中西书院(后合并为东吴大学),1896 年 12 月《万国公报》发表他的文章《基督教有益中国说》。在反省清朝甲午战败的气氛中,他提出基督教可以帮助清朝实行改革,"安见中国之不能振兴乎?"并首次提出了"振兴中华"的口号。以林乐知这样的"中国通",他甚至斥责华人传教士助手宋耀如不懂中国文化,不会上海话。参加了多年的清朝"自强"运动,林乐知逐渐疏离了传教使命,自然而然地站在一个未来中国的立场上,欲为中华利益作呼吁。他们这一批传教士举办教会大学,本来是认同中国进步事业的。从这样的背景来看,教会大学本身具有的西方化、现代化取向,原本就可以和中国人的民族利益结合起来,两者并不冲突。

鸦片战争后重新进入中国的基督教,普遍主张是造物主之下的人类一家,六合一体,是一种基督宗教的"普世主义"(universalism),教会大学作为普世主义的实践,必然体现这样的特征。传教士和华人信徒,以及中外绅商在沿海口岸和内地大邑举办的教会大学并不是"圣经学校""神学院"。因为清末民初的中国社会有着巨大的知识需求,欧美传教士在中国开办教会大学所参照的母本,基本上是欧美 19 世纪世俗化大学的式样。虽然齐鲁、华中、燕京、圣约翰大学的神学系培养了不少教会人才,但大学整体的系科是世俗倾向的。教会大学除了在道德、伦理课程和节庆、习俗及礼仪规范中带有本教会、本教派的特征外,基本课程和当代欧美大学同步。现代学术的目的是发展一种全球性的知识体系,这在知识论上也是一种普世主义。教会大学既有教会普世主义,又有现代知识论的普世主义,这两种普世主义复合在中国的教会大学,是中国近代知识更新和高等教育体系重建的一大动力。

采用"间接传教"方法的欧美传教士们,一直避免让自己的普世主义价值观开罪于清末民初脆弱的民族情感。早期如"徐汇公学""格致书院""中西书院"等中等教育机构,都还努力迎合科举制,教授"四书五经",为官绅社会服务。这其实并不仅仅是一种策略,也是他们的长期想法,即通过所谓"孔子加耶稣"的做法,把以基督教为代表的普世主义和以孔子为代表的民族情感结合起来,以示并不冲突。至于儒家(孔子)是不是只能是民族主义,基督教如何又能更好地呈现普世主义,则是未及认真考虑的问题。在当时,儒家(孔子)是一种"地方知识"(local knowledge),基督教(耶稣)已经表现为"普世价值"(universal value),在教育领域确实如此。基督宗教团体能够传播全体类型的人类知识,而儒家只能在本民族的"四书五经"内讨论有限的知识。明末徐光启、李之藻、杨廷筠以陆象山的"东海西海,心同理同"解释大公思想,清末王韬、马相伯又把"六合之内"解释为普世主义,这些都是发掘儒家普世价值的努力,但是这些初期言行并未得到儒生们的广泛认同。

  清末民初呈现出来的"民族主义",不仅表现为儒教、儒家和儒学形式的文化保守主义,还表现为政治领域上的中央集权主义。在清末,北京是要维护帝国旧体系的王朝中心主义;在民初,就是好几个革命派别都以现代宪法制度重建国家主义。1902 年颁布的《钦定学堂章程》("壬寅学制")中的《钦定京师大学堂章程》《钦定高等学堂章程》,表明清朝决心抛弃科举制,新建以"京师大学堂"为核心,各省会"高等学堂"为辅翼的新型高等教育体系。这一套系统对"纲领""教法""规则""建制"做了详细设定,但对办学主体并不设限制。也就是说,"壬寅学制"考虑的,只是帝国教育体系重建的问题,而对"私立大学""地方大学"不断创办的事实并不在意。清政府学部晚至 1907 年才发布《外人设学无庸立案文》,提出"一国有一国之国民,即一国有一国之教育",提出"除已设各学堂暂听设立,无庸立案外,嗣后如有外国人呈请在内地开设学堂者,亦无庸立案"。"壬寅学制"是国子监、各省书院、各府县学帝国学制体系的"维新"版。这个体系并没有排斥通商口岸地区蓬勃涌现的新式"私学",对于已有的"教会大学"的地位也没有做出严格限制。相反,京师大学堂和各省高等学堂拟行"西学教习暂聘欧美人员",准备接纳包括传教士在内的外籍教师。清末政治想要"维新"的"帝国"高等教育体系具有民族国家的诉求,但却是一种开放的民族主义,这个和清朝在教育、文化、外交,甚至政治领域内使用的"客卿"制度有关。

1905年"废科举"之后,宪政推行,民权伸张,地方官绅和教会在高等教育领域共同出力,在办学上呈现出活跃和多样的局面。以上海为例,既有南洋公学(1896)这样的交通部办大学,也有教会背景的震旦学院(1903)、圣约翰大学(1905)、沪江大学(1909)、东吴大学法学院(1915),还有地方政府和士绅们筹款公立的学校如复旦公学(1905)、中国公学(1906),甚至有德国侨民与上海地方商人合办的同济德文医学堂(1907)。这一时期的办学主体除了少数几个是中央机构之外,大部分是地方、士绅和教会。清末民初是一个多元竞争、自由办学的黄金时代。就办学主体而言,和同时期美国高等教育领域内出现的多元化格局(教会私立、个人私立、州县公立)很是相似。后来中国一些顶尖的大学都在这一时期建立的,这一点和美国高等教育也是一致的。

1927年南京国民政府建立以后,苏维埃式的党权模式取代了宪政体制下的分权探索。教育部出台了很多集权规定,许多做法远远超出了"民族主义",表现出中央裁断式样的"国家主义"。国民党决定把高等教育作为国家体制的一部分,教育部不再是一个规划、协调机构,而是成为一个强势的执行机构,直接参与办学。从1928年一度施行的"中央大学区"体系来看,主持者蔡元培等人固然是要实践一种统筹性的制度,但政府却是借此在文教领域建立中央集权。"仿效法国制度,以大学区为教育行政之单元"即以各省府的国立大学为最高机构,如江苏大学、浙江大学,统领全省所有高、中、初等教育事务。按1927年6月4日《教育行政委员会呈》,"鉴于吾国年来教育之纷乱,与一般教育之不振,其原因固属多端,而行政制度之不良实有以助成之"。包含着整顿地方、私立、教会学校,迅速建立中央集权大学体系的主张。"大学区制"于1928年推行,因为遇到北京大学和北方各省的抵制于次年撤销。但是,集权措施一直推行。1929年统一"审定教科书";1931年统一学校节假日,全国各学校都要将"忠孝仁义,信义和平"八字制匾悬挂,推行"三民主义教育""党义教育"等。

针对"外国人在华办学"和"教会大学"问题,教育部提出的方案是"收回教育权",对教会大学进行"注册"。清末满汉官员中虽然有反对"洋教""洋务"的倾向,但是权力机构却并未把教会学校作为"外人事业"来加以限制。

民国建立后,国家主体日显突出,教育部借用国家机器,在教育事业中贯彻民族主义意识形态,大学的"认同"问题才日益凸显出来。教会大学一般都采用英、美、法、德近代民族国家的"政教分离"和"信仰自由"的原则,避免做信仰和国族意识的灌输,在义和团事件以后尤其如此。但是外国教员、原版教材和英、法文教学,以及国外基金捐助的做法,都使得它们仍然被涂上了"洋教"和"殖民"色彩。教会大学难以见容于中国的民族主义、国家主义,这是20世纪20年代教会教育事业在中华民国强调国家认同的关键时刻,忽然遇到的大麻烦。

虽然,教会举办一般教育的目的是要"间接传教",内在的动因中确实具有宗教性(Religiosity),但是,兴办教会大学的目的主要是为了参与中国的现代化,通过世俗知识帮助社会建设,并取得其影响,这在本质上天然地具有了中国性(Chineseness)。这两个特点在清末已经明确,因此并不存在教会大学暗中制造某种"宗祖国"认同的做法。对于教会大学进行"殖民主义"的批判,显然是套用了列宁主义殖民地理论,并不切合中国实际。1921年英美差会邀请"巴顿调查团",考察中国教会教育,曾提出在华基督教教育的基本原则。倒是他们建议"按照(中国)政府的政策行动""必须满足中国社会的需要",即"更有效率,更基督化,更中国化"。这是一个积极的政策表述,从教会学校的自身来看,即使为了办好学校("有效率"),扩大宗教影响力("基督化"),也需要更加深入到本地社会("中国化")。

面对中国政府的"国家主义"法令和中国社会的"民族主义"思潮,教会大学在二三十年中做了两件大事,一是在20世纪20年代顺从"收回教育权"要求,完成向政府的"注册"和"登记";二是在20世纪30年代拒绝与日本占领军合作,各教会大学内迁西南,为中华民国保存知识精英。我们看到,当北洋政府在1925年12月发布《外人捐资设立学校请求认可办法》后,各教会学校都迅速向当地教育厅注册登记,把办学性质改为"私立",任命华人校长,设立华人董事占多数的董事会,减少宗教必修课程,明确宣布不以传教为目的。一个值得注意的事实是,"收回教育权"主张在1925年"五卅"运动中达到高潮,而"巴顿调查团"在1921年已经提出要使教会学校"中国化"。所以,我们应该把教会大学的"中国化"办学,看作是他们接受中国人的国族认同,是教会大学顺应中国"民族主义"思潮的主动调整,不完全是一种无可奈何的被动行为。

如果说"注册""登记"还有听命于政府的因素,那抗战全面爆发后的"西迁"壮举,则无疑表明教会大学毫不犹豫地认同了中华民族,完全是自觉行为。抗战期间,除了原就地处西南的华西协和大学之外,所有基督教背景的教会大学都颠沛流离,不做"汉奸学校",迁址办学。1937年"八一三"淞沪会战爆发后,圣约翰、沪江、东吴、之江四校迁到上海公共租界,租用南京路大陆商场联合办学。1941年太平洋战争爆发后,岭南撤到香港,华南女子文理迁至南屏,福州协和转至邵武,湘雅迁到贵阳,华中迁到大理。四所重要教会大学即燕京、齐鲁、金陵、金女大则迁至四川成都华西坝,与原来的华西协和大学一起,合为"Big Five"("五大"),是西南大后方最强有力的办学重镇,其规模和办学质量绝不亚于位于昆明的西南联大,及位于重庆的中央(沙坪坝)、复旦(北碚)、同济(李庄)。壮观的"西迁"景象,表明教会大学的办学当局完全明确了自己的身份认同,即不但是"在中国的大学"(Universities in China),而且是"中国人的大学"(Chinese Universities)。

东亚范围内的普世性和民族性

西方基督宗教融合19世纪的人道主义精神,在全球传播普世信仰。欧美各大教会都试图建立各自的"全球教会",打破民族、国家和文化的边界,建立人类共同体。如美国芝加哥著名传教士穆迪(Dwight L. Moody)所说的"一代人之间的基督化",是要用传播《圣经》福音的方法,在人间建立一个基督王国,以消除人与人之间的贫困、分裂和战争。基督宗教中的人道主义,和20世纪各国奉行的民族主义、国家主义在教义或意识形态上是不同的,甚至是冲突的。同时,由于民族国家奉行"政教分离"的原则,基督宗教的"人道""博爱""合一"等现代教义并不能直接干预现实政治中的弊端,只能在尊重世俗权力的前提下,通过"信仰自由"的原则,在社会、文化和教育领域起作用。这就是基督宗教的高等教育事业需要面对的现实,这种情况在欧洲、美国,或者中国、日本、朝鲜都是差不多的。具体来讲,当20世纪欧洲和东亚爆发多次"大战""内战"的时刻,怀有普世价值的基督宗教并不能制止人类之间的残杀,露出了十足的尴尬。

20世纪的"世俗化"国家治理原则顺应18、19世纪的"理性化"而来,在政治生活领域排拒宗教影响有其合理性。从20世纪开始,基督宗教各教会之间的信仰差异不再引发大规模战争,历次大战是世俗冲突导致的。相反,基督宗教开始以神学上的普世性,来预防和阻止族群间的暴力。"民族国家"(nation-state)导致的民族主义引起了国家之间的利益冲突,不能消弭这种冲突即会爆发大规模战争。当法、德、俄、英、美等国家处于第一次世界大战交战状态时,各国教会处于尴尬地位。教会是站在人道主义、非暴力和反战的道义原则一边,还是站在各自的民族国家一边,参与战争,这是一个非常困难的选择。第二次世界大战爆发后,中国、日本、朝鲜等东亚国家的基督宗教也面临同样的难题。

　　中国教会大学的国族认同问题,在"民族国家"之间的大规模冲突中变得严峻,同时也更加简单。1907年"百年传教大会"之后,中国基督教会决定加快"本土化"进程;1921年"巴顿调查团"来华之后,中国教会大学更是主动采取"中国化"措施。所以,当1937年抗日战争全面爆发时,中国基督教、天主教会正好都处于在政治上积极认同中国政府,在教义上努力适应中国文化的阶段,因而非常自然地倾向于中国,抵制日本。这就是我们看到的情况:在1937年、1941年的战争关节点上,教会大学都不惜自我牺牲,毅然地追随南京国民政府,带着教授学生、教学设备、图书资料、档案文件,西迁大西南。抗战强化了中华民族的国族认同,这一时期的教会大学已经完全融合为抗战事业的一部分。

　　"二战"期间,日本的各类宗教团体迫于国内军国主义的压力,大多都站到了本国军队一边。日本佛教净土宗的东、西本愿寺随军而行,有的僧界领袖还以战争言论动员人民,发表了有违本教教义的非和平主张。日本天主教会也屈服于文部省和军部的命令,改变规定,参拜靖国神社。虽然不能就此批评说这些宗教团体成为战争机器的一部分,但战前主张普世信仰的宗教团体纷纷拥戴政府与别国作战确实是一个普遍现象。在中国,各大宗教倒向民族国家的情况也很明显。天主教于斌总主教、佛教太虚法师及章嘉六世从南京,到武汉,再到重庆,都协助国民政府动员抗战。中国的宗教团体与中华民族"共患难"有着充分的正义感和被压迫感作支撑,他们参与"抗战"的道德障碍要小得多。相反,日本宗教不得已向文部省妥协,承受的道德压力更大一些。但是,中、日两国的宗教团体面临的困境仍然是一样的,即一贯信仰"和平""慈悲""非暴力"和"不杀生"的宗教团体非但不能制止人类之间的杀戮,还要被迫投身其中。这是战时中、日包括教会大学在内所有宗教团体的一次更加深刻的"认同危机"。

我们发现在第二次世界大战严峻局势的考验之下,东亚中、日、韩各国的不同宗教都在不同程度上回到了各自的国族认同,附和本国政府的战争政策。日本本土传统的宗教如神道教、佛教、道教、儒教莫不如此,新传入的"洋教"天主教、基督新教也在巨大压力下改变教义,迎合局势的变化。中国的宗教也是如此,追随政府、企事业单位和学生的"西迁",表现出鲜明的民族利益诉求,从普世主义退化为民族主义。偶尔一个例外是以圆瑛为代表的上海佛教总会,他们坚持"不杀生"教义,拒绝国民政府强迫十几万年轻僧人还俗参军的命令。他们本着"大慈大悲"的教义,组织僧人救护大队,提供战场服务,医疗伤者,收埋尸体,日军、伪军的尸体也一并处理。世界各大宗教如天主教、基督教、伊斯兰教、佛教、道教、儒教,大多具有一种普世主义的价值认同,而政府则代表现代民族国家的身份认同。宗教都有"圣"与"俗"两面,宗教身份和国民身份如何兼顾?作为宗教组织,在不能制止战争的情况下,如何继续维护人道主义、人性论的普世价值,坚持仁义、博爱精神?这些问题,是历史上的中日战争留给东亚人民需要深刻思考的问题。

通过对东亚地区中、日、韩基督宗教高等教育机构和体系的建立、发展及不同结局的研究,观察教会大学的国族认同困境,对于宗教史、近代史和全球史的研究都有极大的意义。有一批研究教会大学历史的日本学者,率先反省高等教育如何坚持国际主义,抵制民族主义、国家主义控制的意识形态。渡边祐子教授研究的基督教明治学院及其第二任校长井深梶之助如何抵制民族主义、军国主义对这座学校的渗透和介入,坚持国际主义的办学方针和教学理念。华裔学者徐亦猛教授则对日本和中国战时高等教育作了比较,指出日本和中国的教会大学都在战时加入了本国政府的动员体系,为国家利益服务。具体的比较还有待深入,我们或者可以先得出一个结论,即由于民族间爆发了全面战争,东亚国家的普世宗教暂时都搁置了他们的普世性,回到了民族性。这个现象,值得深思。

关于工作坊论文的主旨意义

本论文集共收录论文 12 篇，分以下三个专题：近代中国的外来宗教与文化认同、日本近代教育与国家主义、韩国近代西化教育中的身份认同。

第一个专题围绕中国近代历史上以基督教为主要外来宗教所生发的思想文化影响展开。徐以骅的《基督教神学教育中国化的回顾和展望》一文，回顾了1949年以前在华基督教神学教育的布局和特点，并以燕京大学宗教学院为代表，对基督教神学教育中国化（或称"本色化""本土化""处境化""在地化"等）的不同阶段进行梳理。文章认为，神学教育中国化进程集中折射并且有力塑造了基督教中国化进程；神学教育中国化的研究，是基督教中国化研究不可或缺的组成部分。

马敏、吴和林合著的《哈佛大学燕京学社与华中大学人文学科历史关系考述》以翔实的史料，为读者展现了华中大学在抗日战争时期西迁大理喜洲期间以及战后重返武昌时期，其人文学科发展的一段特殊经历。作为教会大学之一，华中大学于1937年起受到哈佛燕京学社的资助；因而，在这段颠沛流离的历史时期，华中大学得以继续开展人文研究，文史哲学科实力不降反升。通过合作，华中大学吸引了众多优秀学者，采用国际通行的科研方法研究地方文化、语言、历史，形成了优良的学术传统，对华中师范大学人文社会科学的发展产生持续性影响。

李天纲撰写的《中西书院与中体西用：民族主义还是世界主义》试图回到19世纪80年代中西书院建立前后的语境中，揭示"中体西用"其实是传教士林乐知以及沈毓桂等中西书院创办人提出的切实可行的教育思想。它原来是一种向"西学"开放的学习理论，而不是后来演变成的张之洞版本，后者代表了清朝在政治、文化领域的传统主义和保守主张。作者认为中西书院对中国近代教育的影响需要重新估计。中西书院的"中西"模式在清末民初迅速传播，得到了中外、新旧、朝野各界人士的广泛认同。林乐知、沈毓桂版本的"中体西用"乃借助西学发展中学，利用中学理解西学，而这种文明对话式的多元文化主张一直保存在此后中国新派知识分子的理想中。

段琦的《1925—1930年间中国基督教徒知识分子对基督教教育与国民

性之探讨》以 1925—1930 年间中华基督教教育界创办的《中华基督教教育季刊》中相关文章为基础,观察这一时期中国基督徒知识分子如何看待基督教教育、教会学校与国民性、爱国主义、国家主义等的关系。其中具体包括了教会学校在五卅惨案中的表现,教会学校怎样推行中国化,教会学校向政府注册,教会学校师生反对不平等条约等。作者认为,从这些文章中可以看出中国基督徒知识分子以及教会学校培养出来的学生绝大多数是爱国的,基督教教育并没有影响基督徒对本民族的身份认同,有时甚至更促进了这种身份认同。

杨卫华的《民初基督教教育与中国基督教徒知识女性的身份建构》一文以 1912—1922 年间针对女教徒的教会刊物《女铎》为中心,探讨了女性认同、宗教认同、国家认同的复合关系。在解读刊物文章的基础上,作者阐明民初基督教知识女性是在基督教教育和现代教育等多重影响下"走出传统"的,并非是对传统的完全否定或割裂,而是在超越中试图重塑自我。同时,这一时期的教会刊物通过对传统妇女信仰世界的否定及优越性比较,为基督教信仰认同的确立提供铺垫,并以政治上的爱国主义和文化上的民族守护想象国家,将妇女纳入国家认同的范畴。

第二个专题是以日本近代(特别是第二次世界大战前后)教育为中心,探讨教育与国家主义的关系,以及教育在战时充当的角色。这一专题中,寺园喜基的《日本基督教大学的战争责任及罪责告白》一文,以作为高等教育机关的大学与战争的关系为主题,从而探讨青山学院、明治学院、西南学院的战争责任与罪责告白。进入 20 世纪 90 年代,日本最具代表性的三所基督教大学开始出现了明确战争责任、战后责任的动向。青山学院成立了"青山学院大学项目95"的有志研究小组,从多个角度考察并记录了学院与战争的关系。明治学院在院长的带领下告白了明治学院的战争责任与战后责任。2016 年迎来百年校庆的西南学院公布了西南学院的战争责任与战后责任,发誓要走和平的道路。

渡边祐子的《近代日本的形成与基督教学校——以明治学院与中国的关系为线索》一文,通过分析近代日本基督教教育家井深梶之助的思想和行动,反思了近代日本基督教教育所面对的问题。1891 年 37 岁的井深梶之助出任明治学院第二任校长以后,为明治学院和日本基督教教育界的发展作出了巨大的贡献。同时,井深梶之助凭借自身卓越的英语才能,代表日本基督教界出席过多次国际会议,成为日本基督教界著名的具有国际观的领袖人物,并积极领导组织抵制政府对基督教教育的介入。

金丸裕一的《中日战争时期有关中国的论述——神职人员眼中的他者镜像》一文,致力于探讨中日战争时期为培养拥有和平使命的学生所推行的基督教教育,应该如何在课堂上讲述"中国""和平""战争"等概念。自明治维新以后,日本的基督徒人数从未超过总人口的1%,但是天主教和基督教新教却对日本的学校教育发挥了很大的功效。校园牧师、神父在课堂上对年轻学生传递的信息中,包含了浓厚的信仰背景,对学生个人人格的形成起到了一定程度的诱导性影响。

徐亦猛的《"二战"期间中日基督教教育比较》一文,探讨"二战"期间处于国家教育体制之下的中、日基督教教育在各种境遇中所作出的应对,以加深对中、日教会学校的发展及命运的理解。第二次世界大战中,社会局势动荡不安,在东亚各国民族主义运动的冲击之下,教会学校的发展面临严重的危机。从中、日两国的基督教教育历史中可以看到,两国的教会学校面对来自民族主义的冲击作出了各自不同的努力和回应。特别在进入20世纪30年代后,日本加快推动军国主义的步伐,基督教也逐步沦为国家的附庸。教会学校因信仰冲突问题遭到舆论的批评和政府的压制。从总体来看,日本的教会学校被纳入战时体制,在反对政府军国主义化的方面所做的贡献非常有限。相反,面对来自日本的侵略,在国家存亡的紧要关头,中国教会学校的师生们通过各种方式积极参与到抗日救国运动之中,鲜明地表达了他们的立场。同时,教会学校为当时的社会培养出一批有能力的学生领袖。由此可见,中国基督教教育的国际化与日本基督教教育的国家主义化形成了强烈的反差。

第三个专题主要是论述韩国近代西化教育对身份认同问题所发挥的作用。这一专题中,徐正敏的《韩国的近代教育与基督教》一文,以韩国新教初期传教采用的所谓三角方法,即在一个地区设立并运作学校—医院—教会整套设施的方法为切入口,阐述了教会学校成为韩国近代教育体系的根基。1910年日本统治朝鲜半岛以后,颁布了私立学校令,禁止宗教教育的实行,并积极推进神社参拜,迫使韩国的基督教教育面临严重的危机。虽然处于这种困境之下,基督教界仍克服重重困难,推行基督教教育,为韩国社会的近代思想、价值、伦理的形成作出了巨大的贡献,特别在女子教育、废除身份与职业歧视、社会启蒙等方面发挥了重要作用。

王立诚的《近代欧美新教传教士在韩办学中的文化认同问题》一文,阐述了语言文字不仅是人际沟通的媒介,而且承载着特定的民族记忆,是一个民族文化认同的基础。从欧美传教士在韩开辟传教事业到第二次世界大战时被迫撤出韩国的半个世纪间,其办学中所作的文字选择是一个掺和其传教策略、政治态度和文化取向的错综复杂的过程。总体上,以1910年日本吞并韩国为界,这种选择前期表现为汉文、韩文和英文间的争胜,后期则呈现出韩文、英文和日文间的角逐。1910年以前,传教士们强调韩文,是希望基督教直接获得韩国民众的文化认同,并非为了培养韩人的民族意识。但随着日本对韩国的吞并,韩文在其办学中的重要性便日益消退,取而代之的是强调符合西方基督教标准的"世界化",英文便成为实现这一目标的媒介。传教士们强调英文的这种"西化",客观上又具有一种抵制"日化"的效应,于是教会学校作为一个当局未能全面控制的特殊区域,在一定程度上成了孕育韩国民族独立精神的温床。

李惠源的《基督教教育与韩国近代思想的塑造》一文,通过讨论尹致昊与安昌浩这两位近代知识分子,来比较基督教教育对他们近代思想的影响。尹致昊是在上海中西书院接触基督教的,而安昌浩是在首尔耶稣教学堂接触到基督教的。他们两人都通过基督教教育接受基督教思想,最后皈依基督教。尹致昊受到基督教思想影响最大的是个人自由主义和当时在西方流行的基督教文明论,而安昌浩则接受了基督教的爱和正义论。他们接受了基督教思想的不同方面,进而形成了其自身独特的思想,最后影响到他们的行为。他们两位都被奉为韩国初期开化知识分子的代表及政治领袖。然而,由于接受不一样的基督教思想,他们两位的行迹则完全不同:一位陷入反民族、亲日本的迷途;一位走上亲民族、反日本的道路。

作为编者和工作坊召集人,我们在此要特别感谢复旦大学中华文明国际研究中心。该中心设立专项基金,面向海外,每年邀请优秀中青年学者访问,与复旦大学、上海地区,乃至全国各地的同行学者充分交流。通过访问学者的学术报告、工作坊、论文出版,以及学术著作的编辑出版等,构建访问学者与复旦大学及国内学者全方位、多层次的交流体系,促进海内外研究学者之间的深层次交流。2015年秋,复旦大学历史系司佳副教授邀请日本福冈女学院大学徐亦猛副教授,申请参与ICSCC的访问学者计划,并于2016年9月合作组织召开学术工作坊,以期待获得更多亚洲邻国学者的积极参与,推动东亚各国各地区学者间的交流,营造共同研究的平台。

除了复旦大学的学者以外,工作坊还得到了中国社会科学院、华中师范大学、上海大学,以及来自日本福冈女学院大学、明治学院大学、立命馆大学、韩国延世大学等海内外同行学者的热情支持。诸位学者专门撰写了论文并拨冗参加。在此,编者对他们的专业态度奉上深深的敬意,一并感谢部分论文稿件的译者朱虹女士、朱海燕女士。日本福冈女学院寺园喜基院长在工作坊召开之前还专程自费赶赴上海,以东亚和平为主旨,为复旦师生做了一场专题讲座,并推进了工作坊合办的具体计划,这里编者再次表示由衷的感谢。工作坊以及呈现在读者面前的论文集是在这一学术交流背景下最终成型的,代表着中、日、韩三国学者在这一研究方向上的共同努力。我们也期待此番尝试能够成为今后开拓中、日、韩共同研究的一个起点和激励。

李天纲　司　佳　徐亦猛
2017年5月于复旦大学光华楼

近代中国的外来宗教与文化认同

近代东亚国际视阈下的基督教教育与文化认同

基督教神学教育中国化的回顾和展望*

徐以骅

基督教在华传教运动的流行口号之一,就是"神学院校是整个宣教事业的冠冕"。如此说来,1949 年前以燕京大学宗教学院为代表的一众具有大学及大学以上程度的神学高等学府,就是这顶"冠冕上的明珠"。如基督教传入中国一样,基督教神学教育中国化(此前也称"本色化""本土化""处境化""在地化"等)是一个漫长且曲折的过程,其间有缓行期、加速期,也有停滞期、倒退期。神学教育中国化进程集中折射并且有力塑造了基督教中国化进程。神学教育中国化的研究,是基督教中国化研究不可或缺的组成部分。

本文分三部分来扼要阐述基督教神学教育中国化的进程:一、1949 年前在华基督教神学教育的布局和特点;二、1949 年以来至新世纪前中国基督教神学教育的停顿和复苏;三、新世纪以来中国基督教神学教育的发展和前景展望。

一、1949 年前在华基督教神学教育的布局和特点

1866 年英国长老会在厦门鼓浪屿建立了中国第一个冠以"神学院"(theological college)之名的神学训练机构,该年因此被认为是中国基督教

---

* 本文主要依据 2015 年 11 月 5 日本人在华东神学院建院三十周年感恩庆典上的讲话,主要内容曾发表于《天风》2016 年第 1 期。

近代中国的外来宗教与文化认同 | 3

新教正式神学教育的起点,尽管业界对此颇有争议。中国的基督教神学教育在起步阶段发展缓慢,程度较低,规模不大,直到20世纪10年代,终于出现接近于或相当于大学程度的神学院校,神学教育才真正走上专业化的轨道①。

在众多神学院校中首先脱颖而出的,是圣公会系统的圣约翰神科和文华神科,这两所以全英语教学而闻名的神学机构在长江中下游的上海和武昌形成了呼应之势,在20世纪头20年显然取得了先行之利。

然而燕京大学宗教学院在20世纪20年代初期的崛起很快终结了圣公会神学院校的领先优势,"一跃而为中国基督教神学教育之翘楚",开创了中国基督教神学教育的"燕京时代",并形成了神学教育的"燕京模式"。这主要表现在:(1)燕京大学宗教学院的历任院长均由华人担任;(2)在国内率先将神学院校提升到神学研究院程度;(3)建立了几近"全华班"的神学师资队伍,其成员堪称一时之选,是集中国南北神学精英的"梦幻组合";(4)建立或主导了神学教育的支持团体和出版阵地,如生命社和《真理与生命》期刊;(5)提出了具有独创性的"院校分离"以及"半修道院式"的神学教育改造方案。在当时的整个中国基督教神学教育界,燕京大学宗教学院"一枝独秀",并且引领中国基督教神学教育进入了加速发展的黄金时期②。

燕京大学宗教学院的崛起,改变了中国基督教教育的原有格局,到30年代中期,除燕大宗教学院为只招大学毕业生的神学研究院外,金陵神学院、华北神学院、圣约翰神学院、齐鲁神学院、广州协和神科学院等10余所招收中学以上程度的神学院,形成了"一超多强"的神学院校布局,以及"神学研究院、神学院、圣道书院"三级神学教育体制。从此往后,中国基督教神学教育虽然"一超"易位,但"一超多强"以及"三级体制"的布局则基本未变。

造成"一超"易位的直接原因是经济这一"精神圣餐上的幽灵"。在燕京大学宗教学院由于其早期的过度扩张困于经费难以为继的局面之际,那壁厢金陵神学院却因获得来自美国的"温氏遗金"这笔巨额意外之财而得以大展宏图,坐上了中国基督教神学院校的头把交椅。尽管新老交替的过程并

---

① 关于中国基督教神学教育史,参见徐以骅:《教会大学与神学教育》,福建教育出版社,1999年。
② 参见徐以骅:《燕京大学宗教学院的盛衰》,载《教会大学与神学教育》,第68—151页;徐以骅:《神学教育家赵紫宸》,载徐以骅:《中国基督教教育史论》,广西师范大学出版社,第3—28页。

非一蹴而就,一度还呈现出燕大宗教学院和金陵神学院"双峰对峙",以及燕大宗教学院、金陵神学院、华北神学院"三足鼎立"的表象,但实际上此时神学院校的"权势转移"已经完成,中国基督教神学教育从此进入了以独立神学院而非大学神学院为主导的"金陵时代"①。

于1922年正式成立的华北神学院是我国一所重要神学院校,其影响为人们所低估。作为我国基督教保守派/基要派的重镇,该校向来"兵多将广",师资和生源颇为充沛,尽显保守派神学人数上的优势,在20世纪20年代末和30年代的大部分时期处于其发展的鼎盛期。在此期间鼎足而立的燕大宗教学院、金陵神学院、华北神学院在某种程度上代表着中国基督教左、中、右三派势力。抗战全面爆发后华北神学院命运多舛,1945年后更是流离颠沛,失去了发展的机遇,最后于1952年被并入金陵协和神学院②。

"金陵时代"(或称"老金陵时代")在20世纪30年代中后期得以确立,但此时中国已处于风雨飘摇、山河破碎的危局之中。抗战期间,非属政府教育体制的基督教神学院校遭受到比教会其他教育机构更大的损失。不过金陵神学院由于经济来源未受影响,虽"背井离乡",迁至上海和成都两处,但仍扮演着战时中国基督教神学教育"拯救者"的角色。抗战后期中国基督教会较有声色的神学教育和学术活动,如乡村和城市教会建设、内地神学教育推广和组合计划、神学教育调查和研究、基督教经典文献编译以及学术交流活动,几乎均由金陵神学院尤其是其华西分部所策划和推动。不过与"燕京时代"相比,始于抗战初期终于内战结束的"金陵时代"时乖命蹇,虽在神学教育的实践上与时俱进且有所创新,但在整体上却无前者的格局和气势,因此成为中国基督教神学教育的"停滞期",这也是20世纪20年代以来神学教育中国化探索的"受挫期"。

二、1949年以来至新世纪前中国基督教神学教育的停顿和复苏

1949年后,尤其是基督教三自爱国运动发动后,与其他教会机构一样,

---

① 徐以骅:《双峰对峙——燕京大学宗教学院与金陵神学院的比较》,载《中国基督教教育史论》,第160—177页。
② 华北神学院的相关情况参见赵曰北著:《历史光影中的华北神学院》,中国国际出版社,2015年。

中国基督教教育机构也面临着重新洗牌。经过各种关停并转,在1953年后,大陆基督教会只有燕京和金陵南北两所协和神学院,依稀可见当年"双峰对峙"的影子。1961年,燕京协和神学院被并入金陵协和神学院,中国基督教神学教育终于九九归一,形成金陵大一统局面。

然而作为中国基督教神学教育仅存的硕果,金陵协和神学院的办学在此前已时断时续,学院式的神学教育在某种程度上被教牧专修班和神学群众运动所取代,到1966年"文革"发生时则完全停办。从20世纪50年代初到1982年金陵神学院复院的这段时期又可称为中国基督教神学教育"新金陵时代"的第一阶段。无可讳言,这一阶段也是中国基督教神学发展的停顿期和严重衰退期,这是继抗战以来基督教神学教育受损最严重的时期,其教训是十分沉痛的。

这一阶段神学教育停顿和衰退所造成的后果之一,就是中国基督教的学术地缘格局发生重大位移。此前中国基督教学术/神学的重心完全在教会,在此后该重心则开始发生转移,先后迁到台湾和香港地区,80年代后开始回迁大陆,但并非回归大陆的教会,而是移至大陆的学术界,使此前对基督教学术/神学难以置喙的大陆学术界开始对长期缺乏神学教育滋养的教会形成明显的优势[①]。

神学教育的滞后以及教会神学人才的青黄不接给大陆学界发展宗教学/神学研究创造了机遇和空间。世俗学界在上述领域的绝对优势构成了极具中国特色的"学(界)主教(会)从"的基督教研究格局。不过在很大程度上独立于基督教会的世俗学界的宗教学/神学研究,如汉语神学,尽管为教会扩大神学研究的空间及提供学术和人才资源,但也存在"有学而无神"或"有神学而无教会"等隐忧。

从1982年金陵复院到1989年,为解决教牧和神学人才严重不足的问题,全国陆续建立了12所神学院校,并且构建了与时代相适应的"新三级神学教育体制",即全国性的金陵,大区性的华东、燕京、东北、中南、四川,以及省级的浙江、福建、广东、安徽、山东、陕西、云南等三级神学院校。到1995

---

① 参见徐以骅:《大陆、香港及台湾地区中国基督教史研究之比较及其重心转移》,载徐以骅、张庆熊主编:《基督教学术》2009年第7辑,第1—10页。

年底全国基督教神学院校已增至15所,各地基督教会还设立了独立的圣经学校和教牧/义工培训班,基督教神学教育出现了全面复苏的迹象①。

三、新世纪以来中国基督教神学教育的发展和前景展望

进入新世纪以来,中国基督教神学教育进入了快速增长期,这主要体现在以下几个方面:

第一,开始于20世纪末的基督教神学思想建设推动了神学院校的建设,现有22所神学院校均得到不同程度的扩建,不少神学院,尤其是省级神学院升格为本科神学院,与大区神学院形成竞争态势。从南到北的若干院校如福建神学院、江苏神学院、黑龙江神学院等异军突起,成为中国基督教神学教育的新生力量。金陵协和神学院在原有的本科和硕士课程基础上,正在筹设最高级别的高级神学和教牧学课程并获准招收和培养神学博士和教牧学博士②,继续引领中国基督教神学教育的潮流。

第二,新世纪以来,在中国基督教协会神学教育委员会的领导下,基督教全国两会和各级基督教会的出版事业有较大发展,其中包括继续出版和重版创办于上世纪末的《基督教神学教育丛书》(目前已出版18辑)。目前基督教全国两会正在筹划出版代表当前中国基督教会研究水准和诉求的《中国基督教史》和《新约导读》等大部头论著。

第三,神学教育专业化和制度化进一步加强。根据国家宗教局《宗教院校教师资格认定和职称评审聘任办法(试用)》和《宗教院校学位授予办法(试行)》(简称"两个《办法》")和中国基督教两会制定的两个《办法》实施细则相关规定和要求,中国基督教两会成立了神学院校教师职称评审工作小组,并开始在金陵神学院颁发教师资格证书及学位授予资格证书的试点工作。目前此项基督教神学院校教师职称评审工作将在更多的神学院校铺开。

---

① 《当代中国的宗教工作》编委会:《当代中国的宗教工作》(下),当代中国出版社,1998年,第274页。

② 根据2005年6月21日国家宗教事务局《关于同意金陵协和神学院招收和培养神学博士问题的批复》(2005年第145号文),金陵协和神学院正式获准招收和培养神学及教牧学博士学位。

第四，选派教会骨干和神学院青年教师到国内高校如人民大学、复旦大学、华东师范大学以及到香港地区、东南亚地区和欧美神学院校进修神学和攻读学位，已成为教会推动且获得政府批准的制度性安排。近年来由基督教会派出或自赴海外攻读神学高等学位的青年教牧陆续回国服务，一些国内高校毕业的博士也相继加盟各神学院校，这都在很大程度上充实了各级神学院校的师资队伍。

第五，部分由于神学院校的增长和神学师资的壮大，中国基督教会正努力改变长期以来中国基督教神学/宗教学研究"学主教从"的格局，开始了重新成为神学教育和研究主体的历史征程。不过包括基督教神学院在内的宗教院校尚未被纳入国民教育体系，它们提供的教育和颁授的学位得不到社会认可，这是目前制约中国基督教神学教育发展的主要瓶颈。显然，在新时期要办好神学除了"有钱、有人、有远象、有教会"①等条件外，还需要有体制上的供给和保障。

从"金陵时代"始，尽管中国基督教神学饱经磨难，但仍取得不俗的成绩，特别是新世纪以来，更是走出快速上扬的曲线。不过与"燕京时代"相比，目前中国的基督教神学教育机构无论在生源质量、师资队伍、神学建设、学术研究、社会地位，还是国际声誉等方面都存在不小的差距。尽管各级基督教会都在致力于神学思想建设，但神学院校在实现本国神学自主性方面还没有充分发挥"思想库"和"人才库"作用；尽管神学院校在硬件建设上有较大提高，但在神学教育模式的中国化探索上仍缺乏创新性的成果；尽管有丁光训主教等前辈神学家的引领，但目前仍未形成中生代和新生代神学家群体。中国基督教会在"神学思想建设"或"自我神学"（self-theologizing）方面显然还有很长的路要走。中国基督教神学教育的建设不仅与中国基督教近30年来的发展不相匹配，而且与中国作为世界宗教文化大国的地位亦颇不相称。

在不久的将来，中国基督教神学教育要突破现有体制瓶颈，可有以下比较切实可行的路径：

一是继续借助国内外学界的学术、人才和教育资源，借鉴国内学界学术

---

① 关于基督教神学教育"四个有"的讨论，参见上引《燕京大学宗教学院的盛衰》。

自主发展的经验,以及与学界开展合作研究和联合培养计划;

二是积极创造条件引进高端神学人才并建立相应的人才引进机制,实现跳跃式发展;

三是加大神学以及神学教育研究的经费投入,设置具有竞争性的研究课题以及引进研究项目管理和奖惩制度;

四是利用文献资料方面的优势和整合国内外各种资源,尽快组织力量编辑出版基督教神学教育历史文献以及中国基督教神学家著作全(选)集;

五是在各神学院之间形成统筹规划,分工合作,各取所长,分享资源的良性互动和竞争格局,探索具有中国特色的神学教育模式。

鉴于目前三级神学教育体制中大区级和省级神学院之间的区别日益模糊,建议逐步以招生和教育水准而非地域来划分的高等神学院(招收大学本科毕业以上学历的学生、开设博士班课程)、中等神学院(招收大专毕业以上学历的学生、开设硕士班课程)以及普通神学院(招收高中毕业以上学历的学生、主要开设本科课程)的新三级体制取而代之。根据历史经验,中国基督教神学教育应尽量避免无序竞争、分散资源、低水平重复的弊病。

四、结语

如果说"神学是教会在思考"(丁光训主教语),那么社会服务是教会在行动,而神学教育则是为教会思考作育英才。史无前例的中国基督教三自爱国运动虽然基本解决了教会主权或领导权的中国化问题,即我所称的"第一个中国化"问题,但这并非意味着自动解决了基督教神学思想的中国化问题,也就是"第二个中国化"问题。上述"两个中国化"是基督教中国化不可分割的组成部分——前者为后者创造了更有利的条件,而后者为前者提供了更坚实的保障。可以说,基督教神学思想的独立自主是更深层次的"中国化"。如果"没有神学思想上的独立自主,中国教会在行政和管理权上的独立自主仍有可能流于形式、徒具虚名"①。

---

① 徐以骅:《从"正定天主堂惨案"谈基督宗教的中国化》,载徐以骅、张庆熊主编:《基督教学术》2015年第13辑,第7—9页。

具体就神学教育而言,基督教神学教育的中国化探索主要应该指神学教育模式上的探索,即逐步建立适合中国基督教会发展且具有中国基督教特点的神学教育模式。在此前的"燕京时代"和"金陵时代",燕京大学宗教学院的"神学教育改造方案"、金陵神学院创建乡村教会科以及推动"神学组合计划"、中国基督教会对义工训练的重视并赋予其神学教育的内涵,以及在"新金陵时代"中国基督教神学教育的三级体制,都是具有中国元素和创意的对普世基督教神学教育的贡献,为建立基督教神学教育中国模式积累了宝贵经验。在中华民族崛起的当下,中国基督教会完全能够继往开来,坚持不断探索的精神和自主创新的方向,给中国基督教神学教育打上更深的时代烙印。

哈佛大学燕京学社与华中大学人文学科历史关系考述

马　敏　吴和林

在近现代中美教育文化交流历史进程中,哈佛燕京学社(Harvard-Yenching Institute)曾扮演着重要的角色,对推动部分中国高校及科研院所的人文社会科学的发展发挥过重要影响。哈佛燕京学社从1937年起开始资助华中大学开展人文社会科学方面的研究,受其资助的教授们所取得的研究成果得到哈佛燕京学社的高度认可,其中有几位后来更成为中国学术界的巨擘,为中国近现代学术事业的发展作出了不可磨灭的贡献。

本文作者根据现有档案和其他资料,对哈佛燕京学社与华中大学那一段合作历史作一系统梳理,与学人分享这段令人感佩的历史,以期为当代中美人文社会科学的交流提供历史的借鉴。

一、华中大学与哈佛燕京学社合作的由来

1. 华中大学

华中大学的前身是1871年由美国圣公会主教文惠廉(Williams J. Boone)为了纪念他的父亲而创办的文华书院(Boone School),1903年文华书院设立大学部,1922年至1924年,经筹备建立了早期的华中大学(Huachung University)。然而,由于时局所迫,学校于1927年5月18日关闭①。1929年

---

① 李良明、张运洪、申富强编著:《韦卓民年谱》,华中师范大学出版社,2010年,第45页。

1月,英国循道会、伦敦会,美国的复初会、雅礼会和圣公会这五个差会的代表在武昌孟良佐(Alfred A. Gilman)住所开会商讨了华中大学重新开学的有关事宜。是年5月,上述五个差会代表再次举行会议,商议选举华中大学校长及校址问题,孟良佐主教提议选举一名中国人出任校长。鉴于韦卓民先生渊博的学识和前期成功管理华中大学的实践,代表们一直选举韦卓民为华中大学校长,任期5年。在第一个任期,韦卓民完成了学校复校后的注册工作,成为中国政府正式承认的高等教育机构,"具有文学院、理学院和教育学院三个学院的华中大学以大学级别在教育部注册"[1]。虽然通过1931年韦卓民校长赴美访问,破除了美国圣公会、雅礼会和复初会董事会及其主要人物对在中国的传教士的偏见,差会捐助有所增加,然而,资金短缺却始终是华中大学不得不面对的难题。1933年,华中大学校董会面临严峻的局面:如果得不到进一步的捐助资金,学校的发展就将受到严重的影响,甚至从当时的水平滑落下去。当时,华中大学的建筑已经不够用,需要更多的教室和实验室,而且在学校附近租借合适的住房越来越难。由于美国经济大萧条,美国圣公会被迫缩减了对华中大学的拨款,甚至减少了中文系主任的职位薪金。这无疑让华中大学的财务问题雪上加霜。

1934年,应美国耶鲁大学和芝加哥大学的邀请,韦卓民校长再次赴美访问。在临行前的校董会上,他提醒与会人员,他的校长任期已满,并准备卸任。结果,校董们一致投票选举他连任校长。他本人提出任期仍为5年。在这次董事会上,董事们花了不少时间讨论华中大学已显拮据的财政状况。当时,华中大学可得到的资金只能最低限度地维持1934—1935学年的人员工资,至于书籍、报纸、杂志和仪器设备已无力添置[2]。接连出现的财务危机,使寻求更多的教育发展资金成为韦卓民校长第二个任期内首先要解决的问题。

2. 哈佛燕京学社

哈佛燕京学社的设立始于著名的"霍尔遗嘱"。根据美国铝业公司创始人兼发明家查尔斯·马丁·霍尔(Charles Martin Hall,1863—1914)[3]的遗

---

[1] 李良明、张运洪、申富强编著:《韦卓民年谱》,第69页。
[2] [美]柯约翰:《华中大学》,马敏、叶桦译,华中师范大学出版社,1999年,第98页。
[3] 另译查理·霍尔,参见张寄谦:《哈佛燕京学社》,载章开沅、林蔚主编:《中西文化与教会大学》,湖北教育出版社,1991年,第131—163页。

嘱,其遗产的三分之一必须用于资助由英美人负责管理的亚洲或巴尔干地区的教育事业①。霍尔在遗嘱中委托美国铝业公司总裁戴维斯(Arthur V. Davis)和克利夫兰的律师约翰逊(Homer H. Johnson)在遗嘱生效后15年内把遗产分发完毕。

1924年春,哈佛大学哈佛商学院院长顿邯(Wallace. B. Donham)注意到这笔基金,试图前去分一杯羹。1924—1925年,哈佛大学曾两次派遣学术团队到中国"考察",期待以"哈佛—中国研究方案"(Harvard-Chinese Schemes)申请霍尔遗产基金,但这一方案并未奏效,因为根据霍尔遗嘱规定,美国没有一所大学有资格直接得到用于国外地区的霍尔的遗产的。鉴于顿邯与约翰逊的私人关系(大学同学)②,霍尔基金会建议哈佛大学最好与东方的大学进行直接的合作。因为只有这样,拟建立的学社才能有效地开展工作,也才能真正实现霍尔的遗愿。哈佛大学原本是想与当时的国立北京大学联系合作,不想与当时处于困境中的教会大学——燕京大学合作。不过,戴维斯和约翰逊与中国教会大学的美国董事们接触得多,这使他们对中国教会大学有所了解。例如,早在1921—1922年,霍尔遗产就通过路思义(Henry Winter Luce)③的募集开始捐赠给燕京大学,以166 500美元为建筑供暖系统,以22 000美元为建筑住宅之用。戴维斯随后要求顿邯与燕京大学司徒雷登合作,拟定一个既符合霍尔遗嘱,又使双方都能受益的计划。可以说,把哈佛大学和燕京大学撮合在一起,最初是遗产委托人为了让哈佛获得资助而作出的变通④。加上美国彼时在汉学研究方面远远落后于法国,为此,哈佛大学非常希望利用这笔经费来开创汉学研究的新领域,改变哈佛大学在中国学研究方面的弱势地位⑤。

以燕京大学为代表的中国教会大学也通过各种渠道争取霍尔基金支持。在路思义坚持不懈的努力下,加上路思义与约翰逊的友谊,司徒雷登与

---

① 《霍尔遗嘱摘要》,见香港中文大学宗教研究中心收藏,美国亚洲基督教高等教育联合董事会档案缩微胶卷:183(卷)/3724(份),第762页,转引自陶飞亚、梁元生:《〈哈佛燕京学社〉补正》,载《历史研究》1996年第6期。
② 司徒雷登:《在华五十年》(英文版),中央编译出版社,2011年,第64页。
③ 路思义先生的儿子Henry R. Luce后来设立了著名的鲁斯基金(Luce Foundation)。
④ 陶飞亚、梁元生:《〈哈佛燕京学社〉补正》。
⑤ 同上。

戴维斯在纽约见面。临别时,戴维斯对司徒雷登说道:"我今天下午去巴黎,但是我一定支持我同事的决定(约翰逊此前表示,只要戴维斯同意,就会捐助50万美元)。不要让你的经理人再来找我们。你回去,把大学建好,值得支持,到时候我们一定支持。"①一年后,司徒雷登见到约翰逊时,得知霍尔基金会同意拨付100万美元。后来,司徒雷登又向霍尔基金提出了150万美元的要求,并获得批准②。其他五所教会大学最终也都成功获得了基金,其中岭南大学70万美元、金陵大学30万美元、华西协和大学20万美元、山东齐鲁大学15万美元以及福建协和大学5万美元③。可见霍尔委托人对于司徒雷登及燕京学社的认可。随后,司徒雷登与顿邸在哈佛大学就联合成立机构事宜,于1925年达成临时协议,拟定机构名为哈佛燕京大学中国研究学社(Harvard-Yenching Institute of Chinese Studies)。但考虑到学社不仅仅涉及燕京大学,还包括其他教会大学,最终定为哈佛燕京学社(Harvard-Yenching Institute),"以期开展最高水平的中国学研究"④。

1928年1月4日,哈佛燕京学社正式成立。是年12月霍尔遗产托事会完成整个资助外国教育事业基金的分配,哈佛燕京学社得到640万美元⑤(现有基金已累计达1亿美元),分为两类管理:一为普通账目,不受限;二为限制账目,限制以190万美元所得利息(每年8万多美元)分配给中国六所大学,燕京大学配额最高,占所得利息的大部分。

《关于在华开展相关教育活动的政策和程序的备忘录》(以下简称《备忘录》)中注明:"哈佛燕京学社的主旨是有效地加强受资助高校的中国文化研究,特别是在中国文学与艺术、历史、语言学、哲学以及宗教史等方面的工作"⑥,然而"这一宗旨并不具有排他性,托事会有权为相关目的使用学社的资源,更确切地说,若出现特殊情况,托事会全权受托由于其他完全不同的

---

① 司徒雷登:《在华五十年》(英文版),第64页。
② 同上。
③ 张凤:《哈佛燕京学社75年的汉学贡献》,载《文史哲》2004年第3期。
④ 司徒雷登:《在华五十年》(英文版),第65页。
⑤ 艾德敷:《燕京大学》,珠海出版社,2005年,第143页。
⑥ Memorandum on the Policy and Procedure of the Harvard-Yenching Institute Concerning Educational Activities in China, January 4, 1928, Box 12, Folder 277, United Board for Christian Higher Education in Asia(UBCHEA)Files, The Research Center for East-West Cultural Exchange, Central China Normal University.

原因使用学社资源。但托事会首要关注上述重点领域"①。这从根本上为托事会重新分配相关资源,并为华中大学争取哈佛燕京学社的研究资助提供了可能。

《备忘录》明确指出,推动教育事业的关键因素包括:(1)提高教学科研人员的能力;(2)保质保量提供相关材料,供学生使用;(3)为教学人员提供科研机会,鼓励其开展研究;(4)就教学科研方法和内容举办会议和咨询②。可见,哈佛燕京学社对于如何推动学社及相关受资助教会大学开展教学科研工作具有较好的规划。而学社所关注的内容包括在中国开展本科生教育、研究生教育(含科研)以及在剑桥的研究生教育(及科研)。在华的研究生教育方面,包括了教师开展科研工作、在部分大学开设研究生课程以及在燕京大学开展研究生科研工作,后者也是学社唯一正式资助的大学。《备忘录》明确规定,受学社资助的六所大学及其他高校可赴燕京大学进行研究生教育和训练。通过一年的学习,使其具备完全符合高级中学教学要求;通过三年的训练,使其具备担当大学教师的能力,把六所教会大学及其他高校的中国学教学工作推向新的高度。另外,燕京大学的教师不仅限于燕京大学在该领域的研究生导师,还可以不定期聘请其他国家的学者。

换言之,哈佛燕京学社在成立之初,对六所资助大学进行了明确分工,所涉六所大学的教学和研究领域都有严格的区分,特别将燕京大学的科研及研究生培养列入计划。1936年2月3日,哈佛燕京学社制定了《哈佛燕京学社关于中国教会大学相关项目的计划》(以下简称《计划》)③,对六所大学作了更加明确的分工,以免浪费资源。《计划》还指出,六所受资助大学的重中之重是提高中国语言、文学、历史的教育水平。哈佛燕京学社资助资金应受到监管,每年6月1日各大学必须提交详细的报告,对过去一年资助资金的使用作出说明,作为下一年度的拨款依据④。

---

① Memorandum on the Policy and Procedure of the Harvard-Yenching Institute Concerning Educational Activities in China, January 4, 1928, Box 12, Folder 277, United Board for Christian Higher Education in Asia(UBCHEA)Files, The Research Center for East-West Cultural Exchange, Central China Normal University.
② Ibid.
③ Program of the Harvard-Yenching Institute in Its Relation to the Correlated Program for Christian Higher Education in China, Feb. 3, 1936, Box 11, Folder 258, UBCHEA.
④ 这一要求对于后来受资助的华中大学同样适用。

总而言之,无论是燕京大学,还是其他受资助的大学,在哈佛燕京学社看来,都要服务其开展中国文化研究这一根本宗旨,若这些大学达不到相应要求,另辟蹊径寻找新的大学进行合作也是选项之一。

3. 双方合作起源

1934 年,华中大学校长韦卓民赴美讲学期间,向哈佛燕京学社理事会提出了资助申请,可惜在华中大学停办期间,哈佛燕京学社已经作出了资金分配计划①。尽管这次申请并未成功,但是韦卓民校长在哈佛燕京学社理事会上的演讲,还是深深打动了该学社中国研究执行秘书叶绥夫博士(Dr. Serge Elisséeff),并为双方的合作奠定了基础。

1936 年春,叶绥夫博士来到中国,在中国进行为期 7 个月的访问。其间,叶绥夫博士访问了接受哈佛燕京学社资助的六所大学,了解各个学校的情况,并对六所大学进行了等级划分,具体排名如下:②

	学　　校	等　　级
1	燕京大学	AAA
2	金陵大学	A
3	齐鲁大学	B
4	福建协和大学	CC
5	岭南大学	CC
6	华西协和大学	D

显然,叶绥夫博士对其中部分高校是不满意的。不过,他此次中国之行也有一些意外惊喜。在华期间,他顺便访问了位于武昌的华中大学,共停留了四天,为华中大学举办了关于中国国学研究方法的讲座。韦卓民校长、包鹭宾教授对中文系的构想更是让他印象深刻。他认为,该校规模虽小,但其教育工作处于一个高水平,项目的发展虽然受到一定的限制,却依然提供了优质的人力资源和足够的图书馆设施。叶绥夫表示,同样位于武昌的武汉

---

① [美]柯约翰:《华中大学》,第 103 页。
② 参见 Memorandum of Conference with Professor Elisseeff, *Tientsin*, July 21, and 22, 1937, Box 11, Folder 261, UBCHEA。

大学较少关注中国历史和文化的教学与研究,它的重心似乎是在科学和政治学领域①。

韦卓民校长向哈佛燕京学社董事会提交了一个项目计划,并得到了叶绥夫的口头同意。这很有可能为湖北省的历史和考古学研究提供支持(湖北历史上曾是楚国的核心区域),当时外界对于这一地区知之甚少。从几个不同的研究方向所了解到的情况都是令人鼓舞的,而华中大学在韦卓民校长领导下所具备的学术氛围似乎也有助于在这一学术领域取得良好的研究成果。

1936年6月18日,韦卓民致信叶绥夫。在信中,他向哈佛燕京学社托事会申请基金,以增强中文系和历史系的实力,提高其中文和历史教学水平,并在中文与历史领域开展科学研究。韦卓民提到,当时华中大学中文系有三名全职教师,历史系则只有一名。显然,这仅仅能够满足基本的教学任务需求,难以开展更多的科学研究。考虑到学校计划在大四年级开始相关课程,训练学生开展科学研究,期待他们在毕业后能够独立承担研究工作,因为当时大部分学生都无力负担继续进入研究生学习深造。他在信函中特别强调,由于华中大学有限的资金,学校尚无用于开展中文和历史研究的图书馆。他向哈佛燕京学社托事会申请每年4 000美元的研究基金。叶绥夫将此提交教育委员会,并得到了首肯。诺斯博士(Dr. North)②认为,考虑当时(1936)的华中大学接收了大量公立大学的学生,注册人数增长了一倍,为华中大学提供支持无可厚非③。

1937年6月初,韦卓民取道西伯利亚赴英国访问。这次国外之行与三年前的美国之行大为不同。在韦卓民赴英国访问期间,华中大学由教育学院院长黄溥教授担任代理校长。相比而言,这次一切都显得那么乐观,而上一次出行时华中大学的一切都令人感到沮丧。这时,华中大学不仅在教育

---

① Memorandum of Conference with Professor Elisseeff, *Tientsin*, July 21, and 22, 1937, Box 11, Folder 261, UBCHEA.
② Eric M. North,哈佛燕京学社成立章程签署人之一,系哈佛燕京学社董事。其他成员包括:A. Lawrence Lowell、George H. Chase、James L. Barton、George G. Barber、Wallace B. Donham以及Roland W. Boyden,其中Wallace B. Donham为董事会主席。
③ Memorandum of Conference with Professor Elisseeff, *Tientsin*, July 21, and 22, 1937, Box 11, Folder 261, UBCHEA.

界取得了稳定的地位,成为华中地区具有大学资质的教会学校,还另外购置了土地,正在建设新的校舍和公寓,不久便拥有完全属于自己的校园校舍。这一切都使人充满希望,大家预计到1937年9月开学时,华中大学学生人数将达到额定的240人①。

韦卓民离校后不久,日本帝国主义者制造了卢沟桥事变,向中国发动了全面侵略战争。但华中大学代理校长黄溥根据时局和学校各个方面的情况作出判断,在1937—1938学年间,学校暂不西迁,仍然在武昌举办。1937年9月,华中大学常规入学人数达到244人,加上因为战乱而转入华中大学的98人,当年秋季入学总人数达到342人。

当时的外部环境虽不容乐观,但是对于华中大学而言,1937—1938这一学年学校的财务状况却出乎意料的好。在《私立武昌华中大学校长报告书1937—1938》中②,代校长黄溥多次用到"出乎意料"(to our great surprise)一词,流露出对学校资金来源及收入的惊喜之情。其中最重要的有三点:一是当时各差会对华中大学的拨款并未减少,甚至略微超过了学校的申请额度;二是当局教育部及湖北省政府对华中大学的补助和支持并未因抗日战争全面爆发而有明显的异动;三是额外的收入,包括英国庚子赔款将拨付华中大学的经费(每年拨付20 000美元,共两年)以及哈佛燕京学社拨给中文系的4 000美元资助基金。现在看来,华中大学这一学年暂时不西迁的决定无疑是正确的。

在现有文献中,大部分学者认为,华中大学于1937年收到了哈佛燕京学社第一笔捐助资金③。然而,根据亚联董档案和华中师范大学档案馆存华中大学档案,笔者认为,1937年的经费实际上是在1938年春才真正寄送给华中大学的。1938年5月16日,叶绥夫从美国纽黑文致信韦卓民,向他询问哈佛燕京学社4 000美元资助金应该寄送给哪位。1938年5月30日,

---

① [美]柯约翰:《华中大学》,第113页。
② 《私立武昌华中大学校长报告书1937—1938》(英文),1938年6月16日,华中大学档案LS11-62,华中师范大学档案馆藏。
③ 方燕:《韦卓民档案收集整理与开发利用综述》,载马敏、周洪宇、方燕主编:《跨越中西文化的巨人——韦卓民学术思想国际研讨会论文集》,华中师范大学出版社,1995年,第255页;刘祖芬:《韦卓民年谱》,载马敏、周洪宇、方燕主编:《跨越中西文化的巨人——韦卓民学术思想国际研讨会论文集》,华中师范大学出版社,1995年,第277页。在上述文献中,大部分作者还是把它算作是1937年的研究经费了。

韦卓民从英国回函表示,可以寄送给华中大学柯约翰(John Coe)教授。学社随即请学社司库将资助基金寄送给柯约翰,并收到了收据①。1938年7月1日,叶绥夫致函华中大学会计柯约翰,函中谓:"根据韦校长向我们提供的信息,我们已经请学社司库寄来第一笔经费4 000美元,用于韦卓民校长1937年6月18日信中所述之目的,具体如下:中文系主任4 000元(法币,下同),历史系主任4 000元;中国文化书籍2 000元;研究项目2 000元。"②

哈佛燕京学社这笔经费寄到华中大学时,学校仍然还在武汉。这一消息对于抗日战争中的华中大学,无疑是令人振奋的。

二、哈佛燕京学社对抗战时期及战后华中大学的支持

然而,好景不长。1938年6月14日,代校长黄溥分别在上午和下午召集了教师特别会议和校董会特别会议。学校校董会决定迁校,并决定由卞彭教授和薛世和(Paul V. Taylor)博士了解向西部及西南地区迁校的可行性。在1938年学位授予仪式之后的会议上,黄溥提出辞去代理校长一职,并出国享受学术假期。学校立刻给在英国的韦卓民派了电报,通知他学校即将搬迁,并要求他尽快赶回来。在此期间,孟良佐主教代理校长一职,桂质廷博士负责迁校的准备工作。

1938年7月上旬,华中大学便开始搬迁,准备从武昌经衡阳,前往桂林。8月,韦卓民校长乘机抵达香港,稍作停留后便前往桂林。1938年9月,华中大学被迫搬迁至桂林。然而,桂林当时迅速发展成为西南的政治军事中心,并为此受到了日本轰炸机的频频光顾。当年10月上旬,广东失陷,10月25日,武汉沦陷。为适应当时的紧急情况,位于汉口的董事会执委会召开了一次会议,主要讨论成立临时执委会的问题。会议最终决定,由华中大学教职员工中的几个人组成临时执行委员会,在校董会不能与在西南的华中大学联系的时候履行校董事会的职责。1938年圣诞节,日军频繁轰炸

---

① Letter to Mr. C. A. *Evans*, February 23, 1939, Box 11, Folder 263, UBCHEA.
② Letter to John L. *Coe*, July 1, 1938, Box, 11, Folder 263, UBCHEA. 1936年,上海商业储蓄银行总经理陈光甫、实业部国际贸易局局长郭秉文、上海孚银行经理顾翊群一行访美,与美国财政部长摩根生商谈货币问题。双方于5月签订《中美白银协定》。根据协定,美国政府以每盎司50美分的价格从中国收购白银5 000万盎司;法币和美元挂钩,100法币等于30美元。

桂林,临时执行委员会决定,第一学期结束后,华中大学即迁离桂林。

华中大学起初申请哈佛燕京学社计划系以长江中游历史文化为核心的研究,但由于战争以及西迁等原因,学校无法开展长江中游地区的文化研究。研究重心便转向了西南土著族裔的文化研究。在桂林的短暂停留期间,华中大学师生收拾整理相关材料,并在1939年春迁入云南后,就已收集整理的相关材料开始编撰研究报告,发给哈佛燕京学社。哈佛燕京学社为此追加拨款2 500美元,用于相关研究。1939年9月,华中大学从桂林辗转迁移至云南大理附近的喜洲镇,开始了新的学年。中文系的傅懋勣教授对西南地区的地方方言进行了考察研究,随后向哈佛燕京学社递交了中国方言研究报告,受到该学社的好评①。

华中大学落户大理喜洲后,中文系便开始了西南土著族裔研究,第一阶段的研究以云南境内为主。1940年,共有10篇文章发送至哈佛燕京学社,学社延长了三年资助,每年资助金额为4 000美元②。以下是华中大学于1940年发给哈佛燕京学社的研究计划中的文章目录:(1)1940年的研究报告和此后三年的研究计划(包鹭宾教授);(2)云南土著民族的分类与分布(包鹭宾教授);(3)"摆夷"的定义(包鹭宾教授);(4)"摆夷"的定义(续)(包鹭宾教授);(5)云南少数民族国家形成的历史(游国恩教授);(6)云南土著民族的文化(游国恩教授);(7)西南的古代的各种方言(游国恩教授);(8)"民家"族的定义(游国恩教授);(9)昆明"倮倮"族的方言(傅懋勣先生);(10)利普(Lip's)的语言(傅懋勣先生)。在发给哈佛燕京学社的资料中,还包括了中文系未来的研究计划,具体如下:(1)西南种族问题研究的参政提要(游国恩教授、包鹭宾教授);(2)西南民族的文字的编撰与分类(包鹭宾教授、游国恩教授);(3)云南倮倮族各种方言的调查(傅懋勣先生);(4)其他专题研究(包鹭宾教授、游国恩教授、傅懋勣先生)。

中文系和历史系师生主办的《西南边疆问题研究报告》,成为国内国际边疆文化资料的权威刊物。中文系包鹭宾、游国恩等教授对滇西南诏、白国、佛教、种族及各夷语研究,及其提供给美国哈佛燕京学社关于西南文化

---

① [美]柯约翰:《华中大学》,第134页。
② 《华中大学简报》,载《华中大学中文系研究计划》,1940年,华中大学档案LS11-61,华中师范大学档案馆藏。

的论文,更是深受美国汉学家们的珍视①。在哈佛燕京学社的资助下,僻处西南的华中大学的教师和学生的研究仍然取得了丰硕的成果,双方的学术交流不断深入。

1940年12月12日,哈佛燕京学社致信中国基督教大学校董联合会纽约总部,询问如何将5 000美元资助金转寄给华中大学,并提到当时他们最后获得的消息是"学校目前在云南大理喜洲"②。战乱使华中大学师生倍加珍惜哈佛燕京学社给予的研究资金,正是因为这一笔资金,华中大学才能添置图书,开展田野调查,取得令人瞩目的研究成果。

1944年之前,华中大学还成立了华中大学哈佛燕京学社③,在华中师范大学档案馆保存有当年华大哈佛燕京学社的纲领草案,但具体成立日期不详。在大理喜洲期间,华中大学的阴法鲁④、魏明经⑤等杰出的国学教授都曾受聘为其研究员。华中大学哈佛燕京学社还出版过一些国学研究著作,如徐嘉瑞的《秦妇吟本事》等。⑥

在哈佛燕京学社的影响下,当时的燕京大学、金陵大学、齐鲁大学、华西协和大学、福建协和大学和华中大学的"国学"研究也倾向古典主义,关注传统的人文、历史、诗词、文学、宗教和艺术,这一点既反映在所聘请学者的教育背景和研究方向上,也反映在"国学"相关的研究所开设的课程上⑦。韦卓民校长在1942年中文系研究室编纂的《西南边疆问题研究报告》第一期"弁言"中写道:"举校西迁,展转入滇,止于苍山洱海间。劳生甫定,系中诸

---

① 章开沅主编,张安明、刘祖芬著:《江汉县华林——华中大学》,河北教育出版社,2003年,第73页。
② Letter to Mr. B. A. Garside, December, 12, 1940, Box 11, Folder 268, UBCHEA.
③ 华中大学哈佛燕京学社的具体成立时间暂不确定,可能至少在1944年之前。据《民国人物大辞典》称,阴法鲁在1944年兼任华中大学哈佛燕京学社文学研究员。转引自:徐友春主编,王卓丰等编撰:《民国人物大辞典》,河北人民出版社,1991年,第1344页。
④ 阴法鲁,1942年秋应聘赴大理喜洲镇华中大学任中文系副教授,兼任该校"哈佛燕京学社"文学研究员,讲授国文。转引自阴法鲁著:《阴法鲁文选》,北京大学出版社,2010年,第237页;中外名人研究中心:《中华文化名人录》,中国青年出版社,1993年,第339页。
⑤ 魏明经,哲学家、哲学史家。1945年至1950年7月,在武昌华中大学任副教授,讲授中国哲学史、经书、子书等方面课程;其间为华中大学的哈佛燕京学社研究员。转引自《中国社会科学家辞典》(现代卷)编委会编:《中国社会科学家辞典·现代卷》,甘肃人民出版社,1986年,第865页。
⑥ 徐嘉瑞:《秦妇吟本事》,华中大学哈佛燕京学社,1948年;赵寅松主编:《情系大理·徐嘉瑞卷》,民族出版社,2003年,第221页。
⑦ 周旖:《近代中国教会大学图书馆史研究综述——以岭南大学图书馆史研究为中心》,载曹树金、张靖主编:《资讯管理研究进展》,中山大学出版社,2010年,第295页。

子即各就志趣所向,恣意研讨,或究方言,或征文献,或察其山川地理、风俗人情,三年以来孜孜不懈。凡先后撰文十余篇,邮致美国报告者四次,补助亦递有增加。"①华中大学师生的研究成果,受到了哈佛燕京学社的肯定。

1946年,华中大学在武昌复校,但与哈佛燕京学社的合作并未中断。在华中大学提交给哈佛燕京学社的战后计划中,学校对未来的发展提出了清晰明确的计划。《华中大学中文、历史系战后近期计划备忘录》②特别提出,"战后恢复和发展中文、历史系的关键在于教师、图书和教学资源以及学生",前两点都与哈佛燕京学社息息相关。学校认为,"学术研究虽不是中文、历史系的核心关切,但如果两系研究工作不够,就难以维持一个良好的学术氛围,让学生明白中国研究崇高的学术标准,更留不住中国学研究各领域最好的学者",可见,学术研究、教师和学生相辅相成的关系在当时就已经提出来了。

在学术研究方面,研究主题主要包括(1) 江西省宋代文化;(2) 湖南省朱子研究;(3) 长江中游地区的方言、民歌以及民间传说。其实,这些题目是在战前一年,华中大学还在武汉的时候,由中文系提出的。后来由于西迁云南,未能实施③。当然,战后华中大学的研究不仅仅局限于此。在哈佛燕京学社的支持下,傅懋勣、徐嘉瑞、魏明经等著名学者在各自的领域仍然不断开拓发展,为华中大学文史哲学科的强势崛起作出了重要贡献。

三、受哈佛燕京学社影响的学者及其学术成果

正是因为与哈佛燕京学社的合作,华中大学人文社会科学领域人才辈出,学者著书立说,成为华中大学校史上的绚丽篇章。同时,由于华中大学相关教授卓越的科研能力和著作成果,哈佛燕京学社对我国西南地区,特别是云南省少数民族的文化、语言、社会、历史等领域,有了深入了解,对哈佛大学的汉学研究作出了重要贡献。

---

① 韦卓民:《西南边疆问题研究·弁言》,载马敏、付海晏、文廷海主编:《包鹭宾学术论著选》,华中师范大学出版社,2005年,第282页。
② Memorandum of Plans for the Immediate Future after the War in the Department of Chinese Literature and History, Hua Chung College, 1940, Box 167, Folder 3102, UBCHEA.
③ *Ibid*. 同《华中大学简报》。

华中大学与哈佛燕京学社合作期间,包括包鹭宾、游国恩、傅懋勣、阴法鲁、徐嘉瑞、林之棠、钱基博、石声淮、王玉哲、邵子凤等十余名著名学者均参与其中,取得了重要的学术成果,为其后来的学术生涯奠定了发展基石①。

为了更好地呈现各位受资助学者的风采和成就,特将受哈佛燕京学社资助的主要教授和学者所开展的科学研究及其影响概括如下:

1. 包鹭宾②

包鹭宾(1899—1944),1899 年 9 月生于江西省南城县,1920 年考入北京大学哲学系预科,1926 年毕业于北京大学哲学系,曾任江西心远大学教授,1931 年 9 月,应聘到华中大学任教,执教 13 载,历任国学讲师、副教授、教授,并长期兼任中国文学系主任。1944 年 8 月,病逝于滇西边陲小镇喜洲,年仅 45 岁。

抗战期间,包鹭宾先生随华中大学迁往地处大后方的云南大理喜洲镇。包鹭宾教授对华中大学中文系的发展作出了很多贡献,在短短的时间内使中文系成为学术上很强的系,并与美国哈佛燕京学社进行了卓有成效的学术合作。在包鹭宾的领导下,中文系汇集了游国恩、傅懋勣、林之棠等大师级人物③。

包鹭宾先生本人的学术造诣主要在中国传统的经学及文学方面,著有《经学通义》(初稿)、《〈文心雕龙〉讲疏》、《韩昌黎年谱》、《老子述义》、《读韩三考》(韩退之籍贯考、韩退之生月考、韩退之子女考)等。在华中大学报送给哈佛燕京学社的报告中④,韦卓民先生特别提到,《经学通义》(初稿)全书共七章,约 7 万字,在他看来,相比已经出版的经学导论类大学生教材,包教授的著作要好得多⑤。尽管此书的手稿已三易其稿,韦卓民先生也曾多次催促尽快出版,但包鹭宾先生为了更好地修订《经学通义》并完成另外一本专著,毅然辞去了中文系主任一职,专注于学术研究。由此可见包鹭宾先生

---

① 傅懋勣:《关于旧华中大学几个问题的交代和揭发》(手稿,共 22 页),1969 年 6 月 14 日,华中大学档案 LS11-572,华中师范大学档案馆藏。
② 有关包鹭宾先生,参见包佶:《先父包鹭宾的学术遗产》,载《大理民族文化研究论丛》第三辑,第 536—540 页。
③ 章开沅主编,张安明、刘祖芬著:《江汉县华林——华中大学》,第 131 页。
④ Hua Chung College, 1943, Box 12, Folder 273, UBCHEA.
⑤ 指的是《韩昌黎年谱》,约 15 万字。

是一位多么严谨的学者,治学态度一丝不苟,精益求精。

此外,包鹭宾先生结合僻处西南边疆的实际,还开展了对西南边疆少数民族文化的研究,著有《民家非白国后裔考》《蒙氏灭南诏说》诸篇。其中《民家非白国后裔考》亦由哈佛燕京学社出版。2005年8月,《包鹭宾学术论著选》由华中师范大学出版社出版,流失60余年的遗著终于面世。包鹭宾先生的女儿,将其称之为包鹭宾先生"唯一的、真正的遗产"①。

2. 游国恩②

游国恩(1899—1978),字泽承,江西临川人。先后在武汉大学、山东大学、华中大学、西南联大和北京大学等校任教,任讲师、教授等职。1936年由于日本加紧侵略华北,游国恩离开山东大学到武昌华中大学任教,后随校辗转到桂林、大理等地。在教学之余,还考察研究西南少数民族的历史、地理和风俗民情,撰写了10余篇论文。1942年离开华中大学到西南联大任教。1946年,随西南联大迁回北平。此后,他一直在北京大学任教。

在华中大学期间,游国恩先生创办了"西南边疆文化研究室",专门从事西南边疆研究。在哈佛燕京学社资助下,游国恩先生发表了《说洱海》(A Historical Study of the Erh-Hai)、《火把节考》、《南诏用汉文字考》、《文献中所见西南民族语言资料》、《说蛮》、《云南少数民族国家形成的历史》、《云南土著民族的文化》、《西南的各种古代方言》等论文,对西南少数民族的语言历史文化研究作出了重要贡献。2003年,大理白族自治州文化局将游国恩先生在华中大学期间有关论文收入《游国恩大理文史论集》(杨政业主编),并由云南民族出版社出版发行。另外,在哈佛燕京学社资助下,游国恩先生还开展过楚辞研究③,这一研究也成为游国恩先生后来研究的重点。

作为著名楚辞研究专家、文学史家、北京大学一级教授,游国恩先生毕生从事教学和学术研究,在中国古代文学中,游国恩教授以楚辞研究与中国文学史研究著称于世,被称为现代楚辞学的集大成者。著有《楚辞概论》、《先秦文学》、《读骚论微初集》、《屈原》、《楚辞论文集》、《陆游诗选》(第一作

---

① 包佶:《先父包鹭宾的学术遗产》。
② 有关游国恩先生,参见游宝琼:《纪念父亲游国恩先生》,载《职大学报》2013年第3期。
③ 骆传芳:《哈佛燕京学社·雅礼协会》,1969年2月14日,华中大学档案LS11-572,华中师范大学档案馆藏。

者)、《离骚纂义》、《天问纂义》、《中国文学史》(第一主编)等,其学术论文后集为《游国恩学术论文集》于1989年出版。其著作《楚辞概论》被称为楚辞研究史上传统观点和现代方法之间的分水岭式著作。

游国恩先生对学术研究和传承具有强烈的使命感,他曾说:"我搞《楚辞长编》不是为了名利,而是要为后人留下一份可靠的资料。如果是为了名利,早就出版了。"①这与包鹭宾先生如出一辙,凡出版一书,必反复校对修改,以免出错。

3. 傅懋勣②

傅懋勣(1911—1988),字兹嘉,1911年5月生于山东聊城,当代著名语言学家。1935年考入北京大学中文系,1939年考入北京大学文科研究所,后在华中大学、华西协和大学担任讲师、副教授等职。1945年,傅懋勣接续包鹭宾教授成为华中大学中文系教授兼主任。其间,曾于1941年9月前往华西协和大学中国文化研究所开展教学和研究。1948年,休假赴英国剑桥大学研究语言学,1950年获剑桥大学博士学位,同年年底回国,仍在华中大学任原职。1951年2月调任中国科学院语言研究所研究员,后兼任少数民族语言研究组组长。1956年起任少数民族语言研究所副所长、研究员。1962年,少数民族语言研究所并入民族研究所,傅懋勣任副所长、研究员、学术委员会副主任委员,同时还先后兼任云南大学社会系、中国文学系和中央民族学院语文系教授,《民族语文》杂志主编,中国民族研究学会副理事长,中国语言学会副会长,中国民族语言学会会长,中国民族古文字研究会会长,北京语言学会副会长。他还是全国政协第五届全国委员会委员、国家民族事务委员会委员、中国文字改革委员会委员和中国文学艺术节联合会第四届全国委员会委员③。

在云南大理喜洲期间,为了将西南少数民族的语言研究推向更深的层次,傅懋勣深入云、川、康边区,跋山涉水,调查采访,获得了大批的第一手科研资料,并在此基础上发表了一系列具有权威性结论的科研论文和著作,正

---

① 游宝琼:《纪念父亲游国恩先生》。
② 有关傅懋勣先生的评介性文章参见刘月华:《傅懋勣》,载《语言教学与研究》1982年第2期;李森:《沉痛悼念傅懋勣先生》,载《语言与翻译》1989年第1期。
③ 刘月华:《傅懋勣》,载《语言教学与研究》1982年第2期。

是这些工作和成果,使他的边民语文研究驰誉欧美,名噪一时①。

傅懋勣教授在华中大学共撰写了七篇文章和两部专著,都经学校寄送给哈佛燕京学社。主要著作有:《昆明附近一种彝语的研究》、《纳西么些语研究》(分语音、语法和词汇三个部分),英文文章《凉山彝语的语音系统》、《彝文〈列仙传〉研究》和《彝语的谚语研究》,这些都是在傅懋勣教授赴华西协和大学之前写成。其中《纳西么些语研究》是全面研究么些(现称纳西)语的专著。书中部分内容后发表在1940年《华西协和大学中国文化研究所集刊》第1卷、第2卷和第3卷上。1946年,华中大学迁回武昌后,傅懋勣教授写了《丽江么些象形文〈古事记〉研究》一书(根据傅懋勣先生1945年在丽江搜集的材料写成)和《释彝文思乡诗兼论其韵律》一文。

1948年,傅懋勣先生赴英国剑桥攻读博士学位,1950年获博士学位。博士论文《彝语描写语法》是根据在华中大学从教期间,在云南等地做田野调查的基础上写成的。后来,李约瑟先生来信,征求傅懋勣先生意见,希望能够出版。不过,由于当时国内的实际情况,傅懋勣先生未能回信。美国著名汉藏语研究专家马提索夫教授(James A. Matisoff)对傅懋勣先生的博士论文评述道:"材料纪录十分仔细和准确,对音位系统和语法具有独特分析,对前人有关著作的总结和引用著作也完整有效,特别是作为第一部彝语现代语法论文,具有很重要的历史意义。论文用标准英文写成,是跨文化的杰作。"②

傅懋勣先生从事行政工作后,用于学术的时间就少了很多。不过,先生在日本访学期间,写过一本研究纳西文的专著《纳西族图画文字〈白蝙蝠取经记〉研究》(日本东京外国语大学亚非语言文化研究出版社,上册出版于1981年,下册出版于1984年)。这本书其实也是利用他在华中大学期间,即三十多年前搜集到的资料和研究心得写成的③。

马提索夫教授对傅懋勣给予了极高的评价。"傅懋勣是20世纪中国最

---

① 章开沅主编,张安明、刘祖芬著:《江汉县华林——华中大学》,第72—73页。
② 转引自付云起:《撒手竟长逝,慈容难再见——思念我亲爱的父亲傅懋勣》,2011年11月11日,http://blog.163.com/yan_rz@126/blog/static/3523937520111029105741274/(2016年9月13日访问)。
③ 傅懋勣:《纳西族图画文字〈白蝙蝠取经记〉研究》(序),日本东京外国语大学亚非语言文化研究出版社,1981年,第3页。

出色的语言学家之一。他对中国少数民族语言的研究和保护做出了巨大贡献。他的贡献体现在学术和在实际应用两方面。他对众多的语言和方言做了长期的和艰苦的调查,跻身于当地人的语言文化中。他掌握了彝族和纳西族的神秘而复杂的文字,并会释读、书写他们的表音、图画文字,甚至不亚于他们的经师。如果一种语言没有自己的文字,傅懋勣就会帮助创造一套科学性的,以罗马字母为基础的实用文字。他是中国语言学界先驱之一,把西方语言学理论应用于所研究的中国语言,与此同时,他把西方理论和中国传统音韵学结合起来,避免生搬硬套欧洲语言学来处理形态大为不同的东亚语言。"①

这一切都是与傅懋勣先生在华中大学受哈佛燕京学社资助,开展相关研究分不开的。

4. 阴法鲁②

阴法鲁(1915—2002),1915 年出生于山东肥城红庙村,1935 年入北京大学中文系学习,1939 年毕业于西南联大中文系。1942 年获北京大学文科研究所硕士学位,并留在研究所任研究助教。同年秋天,赴大理喜洲华中大学任中文系副教授,并兼任华中大学"哈佛燕京学社"③文学研究员。可以说,阴法鲁先生的教学生涯是从大理喜洲镇华中大学任中文系副教授开始的,嗣后又在北京大学中文系、图书馆学专修科、史学系以及政法学院任教。④

曾贻芬的《阴法鲁先生访谈录》特别提到,当时华中大学的研究条件特别好,阴法鲁先生在华中大学的研究工作特别顺利。1944—1945 年间,阴法鲁先生先后将《先汉乐律初探》及《唐宋大曲之来源及其组织》修改写定,并付诸油印。阴先生这两三年的研究积累⑤,为以后音乐史、文化史等领域的研究打下了坚实的基础。⑥

阴法鲁先生主要论著有《唐宋年夜曲之来源及其组织》、《宋姜白石创作

---

① 摘自马提索夫教授为《彝语描写语法》所作的序,转引自付云起:《撒手竟长逝,慈容难再见——思念我亲爱的父亲傅懋勣》。
② 有关阴法鲁先生,参见曾贻芬:《阴法鲁先生访谈录》,载《史学史研究》1997 年第 2 期。
③ 应为华中大学与哈佛燕京学社的合作项目。
④ 曾贻芬:《阴法鲁先生访谈录》。
⑤ 指在华中大学的工作并接受哈佛燕京学社资助的研究经历。
⑥ 曾贻芬:《阴法鲁先生访谈录》。

歌曲研究》(与杨荫浏先生合著)、《从敦煌壁画论唐代的音乐和舞蹈》、《关于词的发源问题》、《古文观止译注》、《中国古代文化史》(与许树安合编)、《利玛窦与欧洲教会音乐的东传》、《丝绸之路上的音乐文化交流》等。

5. 王玉哲①

王玉哲(1913—2005),字维商,1913年生于河北深县。1936年考入北京大学历史系,抗日战争全面爆发后随校前往云南,在西南联大继续深造学习。1940年毕业后考入北大文科研究所,师从唐兰先生。1943年起,王玉哲先生受聘于华中大学历史系,任副教授。在华中大学西迁期间,受哈佛燕京学社资助,王玉哲撰写了《鬼方考》一文②,获当时教育部1945年度学术发明奖金。抗战胜利后,随华中大学迁回武汉。1947年,王玉哲先生受聘于长沙湖南大学,任教授,次年受聘南开大学,任历史学教授,并将毕生精力奉献给南开大学的史学研究与教学,为南开大学历史学科的建设和发展做出了不可磨灭的巨大贡献③。

王玉哲先生是我国著名的先秦史专家,在古文献、古文字、古音韵等方面拥有非常深厚的造诣,他还是南开大学历史学科文物与博物馆专业的奠基人,为改革开放后的中国文物博物馆专业培养了第一批高层次专门人才,奠定了南开文物与博物馆研究在全国学术界的重要地位。先生在甲骨文字研究,特别是在文字考证、卜辞释读、甲骨分类、周原甲骨的族属和性质等问题上,具有独到的见解,形成了一家之言,在学术界产生了较大影响。

王玉哲先生主要著作有《中国上古史纲》《中华远古史》《古史集林》和《中国古代物质文化》等。

6. 徐嘉瑞④

徐嘉瑞(1895—1977),字梦麟,云南昆明人,著名文史学者、教授、诗人。

---

① 有关王玉哲先生,参见南开大学历史学院历史教学社:《著名历史学家王玉哲先生辞世》,载《历史教学》2005年第6期;南开学术名家志:《著名先秦史学家——王玉哲》,载《南开学报》(哲学社会科学版)2011年第3期。
② 傅懋勣:《关于旧华中大学几个问题的交代》,1969年6月14日,华中大学档案LS11-572,华中师范大学档案馆藏。
③ 南开大学历史学院历史教学社:《著名历史学家王玉哲先生辞世》,载《历史教学》2005年第6期。
④ 关于徐嘉瑞先生,参见徐演口述,张昌山、张志军撰文:《文史大家徐嘉瑞》,载《云南大学学报》(社会科学版)2012年第4期。徐演:《回忆祖父徐嘉瑞》,载《昆明师范学院学报》1979年第5期。

抗战前曾任昆明《民众日报》社社长、云南大学教授等职。抗战时期,任中华全国抗敌协会云南分会主席,主编诗刊《战歌》,曾在华中大学、暨南大学任教。后参加云南艺术界联合会,任《云南论坛》编委。先生在陆侃如、郑振铎等人的推荐下,先后到中国公学、暨南大学、复旦大学担任教授。其中在华中大学工作时间为1946年至1948年间。1949年后历任昆明师范学院校管会主任、云南省教育厅厅长、西南军政委员会委员、省人民政府委员、省文联主席、中国作家协会昆明分会主席、中国民间文学研究会常委、云南民族文艺研究会主席、中国人民保卫世界和平大会云南分会主席、云南省政协委员等职。

在华中大学期间,徐嘉瑞先生对大理的古代文化史包括从古代民族的迁徙、中原文化的影响、大理文化的来源,以及从西汉到唐宋时期大理与中原文化的交往流变和大理当地的神话、文学、音乐、宗教等各个方面进行了研究。尤其是着重研究了南诏和大理国时期的文字、建筑、父子连名制、生活用具、丧葬习俗、"民家"一词的来历、本主庙和本主崇拜、碑刻以及塔柱佛像等方面的问题,最终写成了30多万字的《大理古代文化史稿》[①],这也是徐嘉瑞先生最重要的著作了。另外,《秦妇吟本事》经傅懋勣先生交给哈佛燕京学社。

《大理古代文化史稿》概括并发展了时人研究的成果,以丰富的史料,以及神话传说、语言文字学、音韵学、考古学、民族学和文学艺术宗教诸方面,泛论了我国古代华夏族与云南各民族的源流关系[②]。徐嘉瑞认为,大理文化除羌族文化是"主流"外,还"含有楚文化"。该书论证了汉唐文化对南诏文化的深刻影响,进一步证明了大理文化和中原地区的密切关系。

徐嘉瑞先生主要著作包括《中古文学概论》《今古文学概论》《近古文学概论》《楚辞乱白解》《秦妇吟本事》《辛稼轩评传》《云南农村戏曲史》《金元戏曲方言考》《大理古代文化史稿》《望夫云》《驼子拜年》《多沙阿波》《徐嘉瑞诗词选》等。

---

① 徐演口述,张昌山、张志军撰文:《文史大家徐嘉瑞》。
② 黄有成:《〈大理古代文化史〉是有价值的地方史专著》,载《昆明师范学院学报》1979年第3期。

四、双方合作的延伸与影响

华中大学与哈佛燕京学社的合作,不仅仅局限于在中国学研究领域开展科研,而且为参与研究的项目学者提供了成长支持,也为华中大学文学系、历史系的发展提供更好的平台和发展机遇。如前文所述,哈佛燕京学社在资助经费中,有一部分是用以购买图书,方便华中大学教授、学者做研究之用。双方的合作应该说是互动、共赢的。

1. 图书馆建设

时任哈佛燕京学社图书馆馆长的裘开明本是与华中大学渊源颇深的文华图书专科学校的杰出校友,与华中大学的交往颇多,两校在图书方面的合作也较为频繁。1938年12月9日,裘开明专门邮寄圣诞贺卡给抗日战争期间的私立华中大学校长韦卓民,韦卓民校长于第二年2月17日复函感谢①。而华中大学中文系也经常为哈佛大学图书馆在中国代为购买书刊、古籍等。如1940年8月15日,私立武昌华中大学中国文学系研究室就曾致函裘开明,寄上7张购书发票以及代订购书清单②。

此外,至1948年间,华中大学中文系在傅懋勣教授的杰出领导下,已经成为文学院实力最为雄厚的系之一。有鉴于此,哈佛燕京学社专门为中文系拨款,用于购置中文书籍③。经过十余年的发展,华中大学哈佛燕京学社图书馆也成为该校中文系重要的资料中心。

2. 中文系和历史系的发展

在傅懋勣先生赴英国攻读博士期间,华中大学对校内图书馆进行整合,收归学校统一管理。时任中文系代主任林之棠于1948年9月22日致信韦卓民校长,提请校务会议讨论是否保留中文系哈佛燕京学社图书馆。林之

---

① HYI Archives: Letter of Francis C. M. Wei to Alfred K'aiming Ch'iu, February 17, 1939, 转引自程焕文编:《裘开明年谱》,广西师范大学出版社,2008年,第209页。裘开明,图书馆学家,美籍华人。1922年毕业于文华图书馆专科学校,后任厦门大学图书馆馆长,1933年获哈佛大学博士学位,1931年任哈佛大学图书馆馆长,直至1965年。

② HYI Archives: 私立武昌华中大学中国文学系研究室代订购书籍清单,1940年8月15日,转引自程焕文编:《裘开明年谱》,第247页。

③ [美]柯约翰:《华中大学》,第165页。

棠在信中提道:"哈佛燕京学会(社)特别研究室不问星期例假,由图书馆派人轮流负责管理,每日自早八时至晚十时,经常开放。既收图书集中之便,且宏学术造就之实。因中文系师生所研究对象多系古籍,书简浩繁,节约不便……古籍限制时间实多不便,图书馆开放之时即上课之时,阅读尤感困难,且图书馆阅书者,习惯不同,出入相扰,势必另开专室。若只为图书馆人员形式上办公方便计,则珍宝图籍,他系不看,国文系又无法看,即等于束之高阁,任虫吃尘封,纵汗牛充栋偶尔足以夸示家宝,未免与我校长苦心捐购之本旨背道而驰。"①

正是得益于哈佛燕京学社在抗战期间对华中大学人文学科的支持,华中大学迁回武昌后不久,便吸引了众多国内著名学者来校工作,其中不乏国学大师,钱基博先生就是一例。1946年10月,钱基博先生来到位于湖北武汉的华中大学任中文系教授,并将自己一生中最后的光阴留在这里。不仅如此,根据石声淮先生的回忆②,傅懋勣任中文系主任期间,曾向石声淮先生询问过钱基博先生的著作,并邀请钱基博先生和石声淮先生撰写论文。钱基博先生撰写了《江汉炳灵文谭》,主要记述明朝以来湖北诗人、文人的作品,并加以品评,由学校转寄给哈佛燕京学社。石声淮先生准备写《〈国语〉三君注疏》,但未写成。中华人民共和国成立后,钱基博先生还为哈佛燕京学社写过关于中国古代朴素的唯物论和辩证法的文章,有几万字③。哈佛燕京学社的影响可见一斑。1950年,钱基博先生将五万余册书籍无偿捐赠给华中大学。1952年,高校调整后,钱基博先生又将自己珍藏的二百多件文物捐赠给华中师范学院历史系。目前,钱基博先生捐赠的珍贵文物正在华中师范大学博物馆展出,承载着学校113年的校史文化,讲述着属于华师人的故事。

正因如此,华中大学以及后来的华中师范大学在文学、语言学、历史研究领域极为注重历史考证、田野调查、实证研究的严谨学风,各位文史大家,如钱基博、张舜徽、石声淮、章开沅、邢福义先生等代代相传,学术实力在传

---

① 《华中大学中文系代理主任向校长提交关于哈佛燕京学社图书馆并入校图书馆问题的信函》,日期不详,华中大学档案 LS11-61,华中师范大学档案馆藏。
② 石声淮:《我所知的哈佛燕京社》,1969年4月17日,华中大学档案 LS11-572,华中师范大学档案馆藏。
③ 同上。

承与发扬中愈发强劲。

五、结语

  哈佛燕京学社对华中大学的资助一直持续到 20 世纪 50 年代初。1950 年 8 月至 1951 年 7 月华中大学经费来源中,仅来自哈佛燕京学社的资助即有 232 500 元,占华中大学该学年经费来源总额的 12.72%[①]。此后,由于中美两国关系恶化,哈佛燕京学社在华项目中断,华中大学亦未能幸免。

  在评价华中大学的老校长韦卓民先生时,章开沅先生曾言:"华大虽然位于内地,但他(韦卓民)通过哈佛燕京学社和雅礼协会,把它与国内外的名校联结起来,在教学、科研、师资、图书、设备诸方面都受益匪浅……"[②]这句话不仅是对韦卓民先生的充分肯定,也说明了哈佛燕京学社给华中大学带来的深刻影响。

  华中大学其后的命运与中国其他十二所教会大学并无二致。经过院系调整,华中大学与中华大学、中原大学教育学院合并,成立了华中师范学院,后更名为"华中师范大学"。经过半个多世纪的发展与演变,华中师范大学继承了华中大学的优良学术传统,在历史学、语言学、中国文学等领域,仍处于华中地区乃至全国人文社会科学的前沿。百转千回,近年来哈佛燕京学社又再度恢复与华中师范大学的合作,将其纳入在华合作学校名单,此举必将为华中师范大学开展人文社会科学研究、提高科研实力、培养创新人才注入新的活力。

---

  ① 《私立武昌华中大学预算表(1950 年 8 月—1951 年 7 月)》,华中大学档案 LS11-34,华中师范大学档案馆藏。
  ② 章开沅著:《〈跨越中西文化的巨人〉序言》,载章开沅著:《辛亥前后史事论丛续编》,华中师范大学出版社,1996 年,第 408 页。

1925—1930年间中国基督教徒知识分子对基督教教育与国民性之探讨
——以《中华基督教教育季刊》为例

段 琦

20世纪20年代是中国基督教会本色运动的高潮时期,其中一个主要原因是非基运动对教会的冲击,迫使中国教会作出回应。非基运动的发起是在1922年,之后断断续续一直持续到1927年或者1928年(不同学者有不同的划分标准)。通常我们把1924年发起的收回教育运动视为第二次非基运动。这场运动与1925年的五卅运动及之后的废约运动、北伐战争等又密切相连。

第二次非基运动中提出的,从教会学校中收回教育权的主张影响深远,这种影响不仅一直持续到20世纪30年代,而且可以说一直持续到今天。1949年之后,政府将教会办的一切教育事业都收归国有,而且至今不允许教会办学校,一些地方政府甚至连教会办幼儿园都不允许,这些都表明了收回教育权运动的影响之深远。

本文仅就非基运动中提出的教会学校摧残国民性等提法,来考察20世纪20年代的中国基督教教育界一些知识分子是如何作出回应的。因那一时期教会办的杂志较多,为研究方便,本文重点选用了《中华基督教教育季刊》1925年和1930年中相关文章。

一、1925年基督教教育界就基督教教育与国家主义、国家教育、国民性等问题展开的讨论

1. 五卅前的有关探讨主要集中在教会教育是否违反国家主义,基督化教育与爱国的关系,教会教育的中国化怎么实施等问题。

1922年3月非基运动发起,其导火线是《中华归主》的出版和第十一届世界学生同盟在清华校园召开。这次运动是在新文化运动反宗教的基础上发展为专反基督教的,它首次提出了基督教代表了资本主义势力,在中国充当了经济侵略的先锋队,青年会是培养资本家的走狗等口号,从政治上反对基督教。但1922年这次非基运动因各种原因,持续时间不长,至同年7月因学生放假就中止了。

持续时间较长的是第二次非基运动。它是以收回教育权运动为起点。导火线是1924年3月广州圣三一学校的学生因学校不准其成立学生会向校方提出抗议,学校便采用提前放假和开除学生积极分子的办法应对,造成学生强烈不满,他们向社会上发表宣言,提出"反对那奴隶式的教育,反对帝国主义者的压迫与侵略"①。这一行动得到了社会广泛的同情和支持。共产党和共青团的刊物以及国民党的部分刊物都刊登了声援他们的文章,并提出了反对教会教育,中国政府收回教会学校管理权的主张。由此全国学潮迭起,一时间反对帝国主义文化侵略的口号人尽皆知。参加运动的部分组织在宣言中还提出"教育侵略,比任何形式的侵略都要厉害得多",它"使中国学生洋奴化","忘了其种族、国家、历史、政治、社会的观念"。

在这种情况下,同年10月,全国教育联合会第十届年会于开封召开,最后通过《取缔外人在国内办理教育事业案》和《学校内不得传布宗教案》两项议案。为推动这一运动的开展,《中华教育界》于1925年2月出版专号"收回教育权运动号",发表了一批教育家的有关论文,对为什么要收回教育权,如何收回等作了阐述。其中余家菊和陈启天的文章在社会上造成了很大的

---

① 《广州圣三一学生宣言》,原载《中国青年》第2集第32期,转引自杨天宏:《基督教与近代中国》,第245页。

影响。他们断定基督教教育造成的后果:一是推翻中国文化的历史遗传;二是完全破坏中国国民的意识统一。由此认为教会学校在中国是有百害而无一利,强烈要求收回教育权。这种收回教育权的要求在五卅惨案发生之后更为强烈。在这种形势下,基督教教育界不得不对基督教教育与国家主义的关系作出回应。

1925年3月,中国基督教教育界创办了《中华基督教教育季刊》,在创刊号中有数篇文章就是针对收回教育权运动的一些观点和做法作出回应的。

杂志的首篇是由主编、教育家程湘帆先生以"同人"名义写的"本刊宣言"①,阐明了教会教育界的观点。首先他表明对教会学校采取罢课退学的手段以及一些文章信口谩骂、恣意毁谤的做法不认同,认为这不是解决问题的办法。他主张,教育既要考虑国家主义的要求,又要顾全信仰自由的原则,对基督教教育以往的成绩、现在的贡献,以及将来的作用作一个公正全面的评价。文中提到经与基督教教育界各方交换意见,现提出了两则主张,即"贯彻基督教教育的中国化,发挥基督化教育之真精神"。他首先肯定宗教信仰自由的原则,认为这是宪法所保障的。然后对国家主义的教育原则提出自己的看法。他认为造就国民资格的教育是国家的权利,也是国家的义务,这是国家应当负责的。但今天国家无力承担起全部的教育任务,所以私立学校遍及中国,这些学校理应受到国家的监督。他指出当今的问题是教会学校随意设学,不在政府注册,对如何维持国家团体之国民教育课程的限度,学校设备标准,政府视察监督的权利,皆未尝尊重。由此他提出基督教所设的学校,必须尊重国家教育主权的精神。但国家规定的方式则应是积极的,而不是消极的限制,应给私立学校有自由试验的原则。

所谓自由试验的原则,程湘帆认为,基督教学校就要注重基督化教育。所谓基督化教育,则是指"以基督救世之热忱,与其乐于牺牲,勇于服务之精神感化学童,使其得着宗教上的无量力,庶爱国时,不为势利所屈服,而得忠爱国家到底;一方,使其得着基督之牺牲决心与丰满感情,庶服务时,不因险恶环境而缺望,而得服务社会到底。基督化教育的主旨仅在此点"。

---

① 同人:《本刊宣言》,载《中华基督教教育季刊》1925年第1卷第1期,第1—6页。

我们从上述基督化的阐述中可以发现,程湘帆认为基督化与爱国主义或国家主义毫无冲突。不仅无冲突,而且还有利于培养出于国、于社会有用的人才。程湘帆说,这种基督化教育要担负起培养出"撑持国家,促进社会"的人才。他认为目前的宗教教育不能满足这一要求,提倡教会学校的教育应该进一步的基督化。他说基督教学校假如对于国家社会欲作更大的贡献,必求其教育上更进一步的基督化,而现在的教育宗教的制度与方法必须彻底改造。

对于如何实施教会学校的彻底的中国化,该文从四个方面提出建议:一、"行政管理必须逐渐参加中国人,至完全由中国人主持之";二、授课"应以国语行之,国学及社会学科应特别注重";三、"各级学校应一律立案";四、"所有经济责任亦逐渐由中国之基督徒负之"。他认为基督教学校不能危及教育主权,其教育设施不能与国情隔阂。教会学校如要想在国家教育系统中占一席之地,必须由外国传教士的学校变为中国人的基督教学校,由外国教会学校变为中国基督教的私立学校。

该文将爱国与基督化相调和,又对教会学校如何中国化提出了很好的建议,反映了基督教教育界一批知识分子的爱教爱国的心态。在他们看来只要将教会教育中存在的问题加以解决,基督教教育与国家主义(爱国主义)其实并没有矛盾。

《中华基督教教育季刊》中"本刊宣言"中的观点得到一批基督教教育界人士的支持,我们从刘廷芳博士发表的文章中可以看出。刘文是以信条的形式写就的①。他说,他信宗教,信教育,两者并行不悖。宗教如忽视教育,有流入迷信愚妄的可怖,教育如仇视宗教,有流入偏僻残缺的危险。他认为教育是有国性的,中国的教育应该是中国国性的事业,而中国教会的教育应当是真有中国国性的国民信徒的责任。教会教育要合中华国民切实的需要。教会教育应该是用基督纯洁无私的爱去灌输一切工作。教会学校不应当受歧视,应与私立学校有同等地位,在国家教育系统中作贡献。教会学校要注册接受政府的检察。各差会应尊重华信徒的主张,力求华信徒自理,教

---

① 刘廷芳:《我对于基督教在中国教育事业的信条》,载《中华基督教教育季刊》1925年第1卷第1期,第14—17页。

会学校董事应改任华信徒。教会学校首先要注重公民教育,为中国造成热忱爱国,能实行民治的国民。教会学校要研究发挥中国文化,同时也应实际地输入各国文化。教会学校应竭力提倡创造中华本色的基督教会。教会教育应为培养基督化的人格作贡献。要反对国内外一切经济和文化的侵略,对一切妨碍中国人民生活改良,剥夺中国人民信仰自由,违反人道的行为,不管是谁都要坚决用爱力去抵抗。

刘廷芳提出的教育有国性,要合中华国民切实的需要,董事会应吸收华信徒,华信徒应自理、教会学校首先要注重公民教育,为中国造成热忱爱国,能实行民治的国民。教会学校要研究发挥中国文化,建立本色教会等内容都是在论述教会教育应该中国化、如何中国化的问题;而他提出的教会学校要以基督爱的精神,培养基督化的人格等属于发挥基督化教育真精神,也就是说,他的思想与创刊号中提出的口号:"贯彻基督教教育之中国化,发挥基督化教育之真精神"是完全一致的。

《中华基督教教育季刊》中有作者设法从教义上去论证基督教不违反国家主义,例如陈宝泉在《基督教义是违反国家主义的吗?》①一文中认为基督教教义从耶稣起都是爱国的,并不违反国家主义。早期传入中国的基督教,如唐以及明清之间传入的基督教也没有外国武力为后盾。只是到了鸦片战争之后,教会享有各种特权,由此人们认为基督教教义违背国家主义。这种看法不能认为全无理由,但这只是我国一时的宗教现象,不能视为基督教教义与国家主义相违背。陈宝泉认为要消除这种误解,只有基督徒组织自立教会,自动废除不平等条约。

复旦大学校长李登辉的《国家教育与基督教》②一文,也阐明了基督教并不妨碍国家主义。他认为历史上虽然宗教与国家主义有过矛盾,如中世纪的教皇与西欧国家,但今天已不是这种情况了。他认为国家主义是一种政治信条,与宗教不能混为一谈,但宗教对国家主义有贡献,其博爱思想可以改良爱国精神,使之从爱国家推广至爱人类。基督教教育更无摧残国民性的可能。对非基运动指摘教会学校用英语教学一说,他也作了辩护,认为

---

① 参见《中华基督教教育季刊》1925 年 3 月第 1 卷第 1 期,第 18—19 页。
② 同上书,第 25—31 页。

这主要是中国政府没有组织人力进行翻译工作,由此教育界没有合适的教材。如政府能组织这类翻译,基督教界必竭诚合作。他认为宗教是道德的基础,如今中国的学校无道德可从,无宗教可信,那些不信神的教员对学生的道德素不注意,造成今日的教育道德破产。他认为宗教对民众是有道德上的督促效力的。教育最终的目的不是只有物质上的训练。教育的目的是为造成将来有用的、健全品格的公民,那就必须注重学生的道德修养。这种道德只能在宗教信仰上建设其坚固的基础。否则就不坚固。他深以为,基督教是最足以救今日中国的。他列举基督教种种优点,如提倡博爱公义,服务精神,开办各类慈善事业。基督教的组织能力超过其他宗教,故对社会起的作用是其他宗教所无法比拟的。他认为当今的中国虽然政体是共和,教育也是新式的,但国事则日益险恶,这是因为我们只是在法律和理智上求救济,而不从人心中去求。今后唯一的办法是在教育界,要以真正爱国的勇气解决前途纠纷,不为外来势力所操纵,对所有未成熟的心理及非正当的政客们所倡导的时髦事业都要审慎,则国家才有光明前途。

从他的文中可以看出,他对无神论的教育是持否定态度的,他相信宗教可以改造人心,造就真正爱国的好公民。

2. 五卅运动后至北伐战争期间,中国民族主义高涨,非基运动主要攻击基督教与帝国主义的联系,把教会视为帝国主义的走狗。在这种情况下,教会作出了大量回应,许多教会学校的学生投身反帝运动中,很多人通过罢课配合当时工人罢工、商人罢市的爱国运动,他们积极参加沪案后援工作,强烈要求废除不平等条约等。这些行动的本身就很好地反驳了把教会学校学生视为不爱国、洋奴的说法。刘廷芳的《基督教与中国国民性——由沪案讨论之》[①]正是就这个问题作探讨的代表性文章。

刘廷芳对五卅惨案发生后教会内各方面的反映,主要是从四个方面:教会中固定的机构的表示、教会中中国基督徒的主张、基督教学校学生的言行、教会中西国宣教师的态度,作了详细的观察。

据他研究,在五卅惨案发生后不久,对英工部局下令开枪屠杀无辜事件

---

① 参见刘廷芳:《基督教与中国国民性——由沪案讨论之》,载《中华基督教教育季刊》1925年10月第1卷第3期,第33—46页。

很快发表反对宣言,认为沪案违反基督教义,是非正义的,这样固定的教会机构共有七个。笔者根据他提供的七个机构,发现其中有两个是直接属于教会教育系统的:一是燕京大学全体教职员会,举定委员,起草并经讨论一致通过,当夜发表(6月3日);二是北京全城教会十四校教职员,组织评议会,发表共同宣言(6月5日)。还有三个与教育界联系密切的机构,如北京青年会中西干事全体集议发表宣言(6月4日);北京女青年会全体中西干事及董事发表宣言(6月6日);全国青年协会干事部致查办沪案大员书(6月10日)。仅从这一点就可以证明基督教教育机构中的人并非都是帝国主义分子。

对基督教团体和个人的行动,据刘廷芳的调研,基督徒建立的沪案后援会全国很多地方都有,其中教会办的大学中金陵大学、苏州东吴大学等均成立了这类组织。至于基督徒个人参加沪案后援工作的则比比皆是。

刘廷芳着重对沪案发生后教会学校情况作了分析。他说,非基运动时期国立学校学生参加罢课的较多,但私立学校一般都反对这种做法,教会学校则更为守规矩,所以更加不主张罢课。但五卅惨案发生后,一般私立学校仍劝学生上课,但教会学校几乎全国一致地停课,以声援沪案后援工作,造成三罢的局面(罢工、罢市、罢课)。

他分析了参加为沪案后援罢课的教会学校学生情况,其中特别关注到有如下四类学生参加:一、他们不是从非教会学校转来的新生,而是多年受教会学校教育的学生;二、他们中大多是基督徒;三、他们不是背教者,有许多是热心的基督徒,有些是专学神学的学生;四、这些学生中不都是经济独立的,其中有不少是受教会学金补助的,包括受西教士帮助的。由此刘廷芳指出,通过上述事实,驳斥了下列的罪名:教会教育把国民性摧残了;基督教宗教教育必使人不爱国;热心宗教的学生是洋化、奴化,不为祖国尽力;教会子弟接受教会及外人补助学金便成为洋奴卖国贼。

西教士对沪案的态度,经刘廷芳研究,把他们归为十类。其中美国传教士中的多数是对沪案表同情的;英国传教士多数是听信工部局的。但他指出即使在英国传教士中也有部分西教士是确实真爱中国的,为中国人说公道话的。他还提到沪案发生后,在华的西人中真正替中国人说公道话的,只有传教士。在其他各界的西人,如外交界、商界的西人中找不到这样的人。

通过分析,刘廷芳得出结论:中国现在的教会不阻碍中国基督徒的国民性发展,也不使中国基督徒洋化奴化,中国基督徒的爱国心与一般社会爱国心无大分别;中国教会学校不少需要改良,以往教育欠缺国民性训练,亟待改良,但教会学校所造就的人才的爱国心与国立及私立学校相较,不出他们之下;教会学校中的学生爱国程度不比其他学校学生低,为国牺牲和为国致力的忠诚也不比其他学校学生逊色。

刘廷芳正是通过对五卅惨案发生后教会各方面对此作出的反应,很有说服力地用事实表明教会教育并没有摧残国民性。

在1925年《中华基督教教育季刊》上继刘廷芳之后较集中地讨论基督教教育与国家主义的关系的文章,有林步基的《基督教教育与国家主义》①。该文先谈到沪案后国人要求收回国土、废除不平等条约、收回教育权的运动接二连三地发生,这表明国家主义当今在我国思想界、舆论界、实行界已经占主动地位。接着林步基提到1924年第十届全国省教育会联合会提出的"取缔外人在国内办教育事业案"中的四条理由:教育为一国最要之内政;教育应有独立精神;学制课程应切符我国的标准等;基督教教育与国家主义相抵触。林步基认为这种看法应当加以研究。他从如下几方面对上述观点进行反驳。

一是从基督教教义看,他认为基督教教义中没有不主张爱国爱族的。他列举了《圣经》中很多人,如摩西、参孙、尼希米都是救国救民的,耶稣本身就是爱国爱民的,保罗也都是尊重国家主权的。这表明基督教与正当的国家主义非惟不背,实主张之。

二是从基督教教育实施上而言,他提出基督教是最早提出平民教育、女子教育的,科举时代重视"四书五经",新制时期采用新式教育法。虽初创时以西人为主,但不能以此认为教会学生不爱国。他又以孙中山为例说明基督教为国家和社会培养了一批有用之才。这些表明基督教教育并不违背国家主义。

---

① 林步基:《基督教教育与国家主义》,载《中华基督教教育季刊》1925年12月第1卷第4期,第16—21页。

林步基认为收回教育权运动是消极的,但国家主义的教育则是积极的。对此基督教学校应该促进之。为此,他从五个方面提出建议:一是政府立案。基督教学校当向政府工作报告注册。基督教教育年会一致通过决议案,请求立案,但希望允许基督教学校享有信仰自由。二是中华国性。中国是世界古国,有四千多年的思想文化,基督徒是国民的一分子,对祖国文化理应珍重爱惜。教会学校应保存民族性质和文化特点,保全独立的爱国精神。三是学制课程。国家规定的"新学制课程"是适合我国教育情况的,基督教教育年会已经提倡采用。但他指出,采取新学制的形式容易,但采取其精神则难。因此他提醒基督教教育家要注意不要换汤不换药。四是管理人员。林步基认为基督教学校应该由中国人来管理,这样可保国性。但如今做到此点很难,主要是人才和经济两个方面,尤其是人才。由此他提出教会必须用全副精神培养才德兼优之士。五是宗教教育。非教人士认为宗教与教育不两立。林步基则认为广义的国家主义绝不必超脱宗教。开明的宗教不仅不会妨碍爱国,还能助长爱国之心,培养广义的国家主义,因为基督教教育灌输基督的精神,陶铸基督化的高尚人格,这点是实现国家主义者所不可少的,其中包括见义勇为、疾恶如仇、独立不挠、和衷共济,这些都是能促进国家主义的。但基督教所强调的国家主义是广大的,而非狭隘的。

实际上林步基的文中所要讲的就是基督教教育不是破坏国家主义,而是来成全国家主义,帮助国家主义去除其狭隘性,使之达到完善。

二、1930年关于基督教与国性的讨论

1930年这次讨论是在第二次非基运动结束两三年之后展开的。1927年蒋介石发起了"四一二"事变,将共产党清除出去,但在基督教教育这个问题上,部分国民党人士却仍秉承非基运动中对基督教教育的否定态度。1930年教育部甚至还发布了《防止教会团体设立之学校宣传宗教令》,其中规定"应随时取缔以重教育而保国性"。由此基督教教育界再次就基督教与国性展开讨论。

1930年《中华基督教教育季刊》由缪秋生担任主编,他组织了有关专题的讨论,并于同年9月的《中华基督教教育季刊》以专号的形式将相关文章

集结成册。缪秋生在首页编辑小言"对于本刊专号说几句话"中把为什么组织专号的原因及讨论的范围作了说明。他说：年来国内人士对基督教教育表示不满。本社认为基督教学校应改良,以期达到基督教学校更中国化、更教育化、更基督化。现在多数西教会已经愿将教会学校移交我国教会,多数学校已立案。但从外界一般人看来,这类改革还不彻底,因为中国化与基督化是绝对不能并列的。基督教教育是戕贼国性的,侵略文化的,麻醉青年的,所以举国上下要想出种种方法来防备侵略,来保存国性。接着他提出了组织这次专号的三个原因：一是探讨什么是"国性",基督教教育是什么？它怎么能"戕贼"国性；二是作为基督徒教职人员为自身人格计,对这类批评有认真研究的必要；三是基督教教育界过去与外界不联络,造成外界的误解,对外界的这类指摘要有领教和略加说明的机会。

这些文章讨论的内容大体可以归纳为：

1. 什么是国性？对这个问题作者们的看法都不一致。

曾宝荪在《基督教与国性》[①]一文中对什么是国性这样说：国性就是国魂。它是活的不是死的。它是自由自在的,不受人指挥的。摧残国家容易做到,摧残国性恐怕比改变物性还难。中国的国性最大的表征就是它的"和平方式的融会贯通之力",就是一种"消极的人生观"。以佛教为例,从国外传入时都是门户各殊,意见相左,但经中国融会贯通,一经同化,便大放异彩。当今中国佛教亦非印度佛教,中国哲学处处受佛教影响,这是学术上的同化。历史上异族克服中华,如元清,但每次都是中华文化得到真正的胜利,这是民族上的同化。同化便是用和平方式融会贯通。我国各派哲学也都抱消极人生观,儒家的六合之外,存而不论,老子的清静无为,道家虚无寂灭等概括在"消极"二字之中。所以中国与异族竞争不如西方民族激烈。如今中国国性还在创造时代,在这创造时代,为供给国性以养生和发展的原料起见,不独要用自力在自己范围内来求满足,且要吸收外来的资料,所以与异族接触是应当欢迎的。佛教流入中国,虽韩愈等反对,但我们国性同化作用如此之大,连朱夫子这样的大儒都大受佛说的影响。今日20世纪,又与外族接触,况且交通之便,关系之繁,远非前代所能及,正足以供我国性以同

---

① 参见《中华基督教教育季刊》1930年9月第6卷第3期,第3—11页。

化的资料。历史上凡是采取闭关主义的,专以保守为事,则国势就衰亡,如罗马帝国后期就是如此。前车之鉴,我们想以锢蔽民智的手段,来促进国性的方法是断断不行的。

袁伯樵的《基督教教育是反国性的吗?》①一文中认为中国的国性,若以数千年来的民俗、人情、思想、行为来做研究的出发点,则可以分为"喜和平、尚中庸、先家族而后国家、重实行而轻理想"。结合今日的三民主义,他认为今后的中国国性应是"民族独立、民权普遍、民生发展、促进世界于大同"。

彭善新在《宗教教育的特性与中国民族性的比较》②一文中认为国性就是民族性。

陈筠的《宗教教育与国性的关系》③一文中对"国性"一词从《辞源》上进行考证,认为"凡一国之语言、文字、宗教等,足以表著其国之特质者,谓之国性"。

2. 基督教教育是否违反国性?对这个问题答案都很一致,即都认为基督教教育绝不违反国性。只是每个人的论证方法不同。

1) 有些文章从批驳社会上把基督教说成是"帝国主义的先驱,文化侵略的器械,科学进步的障碍",或者把教会学校的学生说成不爱国等入手,由此表明基督教教育不违反国性。

曾宝荪的《基督教与国性》④认为,把中国失地丧权的历史说成是基督教自愿为帝国主义先驱是不对的,这完全是帝国主义殖民思想的驱使,与基督教无关。他列举了朝鲜、印度、澳洲、日本、加拿大等国为例,说:有因基督教而受帝国主义侵略的,例如中国割胶州;有不因基督教也受帝国主义侵略的,如朝鲜、印度、澳洲;有基督教而不受帝国主义侵略的,如加拿大。有虽受基督教之宣传,而国家仍强盛的,如日本。可见基督教自基督教,帝国主义自帝国主义,并非互相表里。可见基督教不是帝国主义的先驱。

对文化侵略的说法,曾宝荪认为用"文化侵略"这个词就是错误的,一个文化是靠其本身固有的价值而存在,而不是靠政治的保障、律法的维持而苟延残喘的。假如一种高尚的文化,不幸而寓于一个弱国中,那弱国可以在政

---

① 参见《中华基督教教育季刊》1930年9月第6卷第3期,第19—28页。
② 同上书,第29—38页。
③ 同上书,第45—51页。
④ 同上书,第3—11页。

治上受攻克,但他的文化反而胜利,并不会因亡国就亡了文化,如罗马攻克希腊、元、清攻克宋、明都如此,文化攻克者和被攻克者都受益,两种不同文化接触汇合产生了一种更新的文化。一种文化如不经陶冶,便是自身,对世界无所贡献,不能在群雄角逐之场占一席之地,这种文化就会自死,而不是被杀,更无所谓侵略。故"基督教为文化侵略者的器械"说并不成事实。

对科学进步障碍的说法,曾宝荪也不赞成。他认为宗教与科学,表面上有许多冲突,实际上有许多相似之处。科学上的信仰不减于宗教,有些并非人亲自看见,是由经历和应用得来的证据,宗教也如此,只是科学是用能测量计算的事物,宗教、艺术、哲学都是兼有不能测量计算的灵性而已。科学与宗教并非不能相容,历史上大的科学家都是有宗教信仰的。科学精神与宗教生活并无冲突。如有冲突也只有淘沙得金去伪存真的好处。

基督教既然不是帝国主义的先驱,不是文化侵略的器械,又非科学进步的障碍,就不是洪水猛兽,不会摧残国性。不仅不摧残,还能对我国的国性作出贡献。他列举了耶稣的上帝观、平等精神、博爱与和平、牺牲服务、耶稣的彻底精神,都是有利于我国的国性的。由此他认为国性是活的,应当收入新原料,它是不怕侵略摧残的。基督教可以补国性之不足,可以将它的真精神编入教材中,对我国教育前途有利。

夏晋麟的《读教育部严防教会学校宣传宗教后之感想》[①]对教育部的做法很不认同,提倡教育官厅与教会学校,应各以稳健之道相处。他认为宗教与国性是两个不同的问题。中国固有的文化到今天也要尽量吸取西方文化,因此反对文化侵略的提法。基督教教义与我国固有善良道德无抵触和不相容之处。之所以把基督教教育视为造就不爱国学生,是文化侵略者工具,妨碍国性,是因为教育官厅与教会学校缺少联络,因误会造成。

2) 有些是从基督教的教育宗旨和对社会的贡献来看基督教教育与国性绝不相违背。

黄溥的《基督教教育与国性》[②]一文中认为基督教教育的真谛,就是养成学生"基督化人格",即是一种实行仁爱的精神。而仁爱是我国固有的道

---

① 参见《中华基督教教育季刊》1930年9月第6卷第3期,第39—44页。
② 同上书,第17—18页。

德,所以与我国的国性绝无相左之处。而基督教教育则能培养此种能力和精神。

袁伯樵认为基督教教育的特点就是完全以养成崇高伟大的基督化人格为宗旨,这就是"彻底的爱、彻底的真理、彻底的牺牲"。他从三方面来论证:一、从基督教教育的目的来研究。认为上述的三个"彻底",就表明基督教教育与国性并不矛盾。二、从基督教教育的贡献来研究。基督教在七个方面对中国教育有贡献,包括女子教育、女权运动、介绍科学与医药、提倡体育、实施平民教育、培养干练的基督精神的领袖、提供优良教育。他承认基督教教育在历史上有其弱点,如洋化过重、强迫宗教教育,但他认为这不能全怪基督教,它与政府放任有关。如今政府对教会学校立案,这些弱点已经得到纠正,因此从历史层面看也不能证明其反国性。三、从基督教教育目前改进情况看,基督教教育从六个方面作了极迫切的改进:各地基督教教育管理权已移交华人占多数的校董会;各校行政或重要负责人皆由华人充之;基督教学校逐渐在主管教育机构立案;各校课程悉照教育部规定标准;宗教课程和集会改为自由选择;党义课程及其教悉照定章办理。由此证明基督教教育并不违反国性①。

彭善新在《宗教教育的特性与中国民族性的比较》②一文中详细地阐述了什么是宗教教育。他认为国性就是民族性。民族性中有优劣。宗教教育是要把民族性中的优点保存起来,并加以发扬,绝非摧残国性。他从七个方面提出宗教教育需要发扬的:一、宗教教育可发扬中国固有的精神教育。他认为中国是一向提倡精神教育的国家,但受西方物质文明影响后,把这一特性分化了,一些青年人精神颓唐,沉迷享乐主义,一蹶不振。宗教教育可以发挥基督化精神,以挽回这种颓唐的局面。二、宗教教育发扬中国固有的人格教育——固有的伦理教育。他论证了基督教所奉行的德智体群四育,与儒家的三达德,即仁、勇、智和以诚意、正心、修身、齐家、治国、平天下为准则毫无抵触。三、宗教教育恢复中国固有的道德教育事业——仁爱、信义、和平,宗教教育所宣传的也无一不是忠孝、仁爱、信义、和平等,两者毫无冲

---

① 《基督教教育是反国性的吗?》,载《中华基督教教育季刊》1930年9月第6卷第3期,第19—28页。
② 《中华基督教教育季刊》1930年9月第6卷第3期,第29—38页。

突。四、宗教教育是确立青年人生观的教育,这与中华民族所主张的人生哲学,一向是伦理的、宗教的并不矛盾。基督教教育是要使青年于内部生活得永生,外部生活要自强不息,养成一种积极的入世观,使内部生活合乎伦理,外部生活合乎宗教,这与中国的民族性无妨。五、宗教教育是发扬全民主义的教育。中华民族过去没有民权主义,如今渐有自觉精神,但对民权所知凤毛麟角。基督教教育,要使学生养成自治精神和能力,以基督教的精义,发扬自由、平等、博爱的真谛,使民治思想于民族性上格外发展进步。因此宗教教育无妨于中国民族性。六、宗教教育是团结家族、宗族和民族的教育。中国民族之所以优秀伟大是由于秉承了宗教性,政治上神道设教,家族和宗族则以敬天法祖结合。佛教传入后在修桥铺路、建塔等艺术和市政上取得惊人成绩,这些都证明中国人的团结力。基督教的传入给中国整个民族生活和文化发扬不少,使一盘散沙的民心,重新团结起来,把以前无定散漫的宗教性,引入正确信仰。它无妨于中国民族性。七、宗教教育是发展中国思想能力的教育。中国先秦思想能力非常发达,但以后渐见消沉。到现代虽经屡次变更,但中国民族的惰性仍处处可见。宗教教育能发展人类博爱利他之心,给青年确立一种新思想、新能力。

曾杰华的《基督教教育是摧残国性的教育么?》①一文中首先表明基督教教育的宗旨是实现基督化人格:认定宇宙中一位至善的神,使之安心立命,且能见义勇为,解放人类的大无畏精神;与人类接触表现和平忠恕同情;在社会国家中表现公正牺牲服务,改良社会,使之渐进大同。基督教教育对中国作出很大贡献,沟通中西文化、促进妇女教育、造就所需要人材、补助我国教育之不及、提高国民道德、激刺国人办事热心。这些都表明基督教教育的真精神。五卅运动后,基督徒对之都有热烈的爱国表示,这些都表明基督教是有利于中国的。

3)有些是从中外基督教历史来说明基督教不会消灭国民性。王治心的《基督教教育与国民性》②一文认为,基督教教义虽然提倡世界主义,但绝非丢弃国家不讲,从《旧约》的先知到《新约》的耶稣都是主张爱国的,所以说

---

① 《中华基督教教育季刊》1930年9月第6卷第3期,第52—63页。
② 同上书,第12—15页。

基督教教育消灭国民性的说法不能成立。再从早期基督教传播到欧洲各国，并没有消灭他们的民族性，反而成为各国国民性的动力也证明了这种看法的错误。基督教传入中国后，中国革命的原初动力也是从基督教教育来的。他列举了孙中山的例子证明这点。他说，世界提倡革命的伟人，大多数是受过基督教教育的，所以基督教教育不但不会消灭人的国民性，更是世界一切革命的原动力。

4）有些是从分析中国的语言、文字和宗教，得出基督教教育的重要性。陈筠认同《辞源》对国性的提法，即把语言、文字、宗教特质视为国性。由此他考据了中国文字的形成，认为与其他国家的拼音文字是完全不同的。他认为我国文字作为传达思想的公用工具，其同化力极占优势，许多民族受中国文化熏陶，渐渐同炉合冶形成不能分裂的大民族。基督教无权无力，办的学校用中文，侵略何云。接着作者论及宗教，认为宗教是本于人心、出于自然的，宗教性是天赋的。他对中国儒、释、道三种宗教进行了分析，认为都不能算是真正的宗教。由此他认为，中国的国性，对于语言方面，还未统一。文字方面确已普遍。唯独宗教之立足点，尚游移不定，不能说它是宗教。中国国性既然缺少真正的宗教，对于文化方面尚有遗憾，因为宗教所以能够列在国性之一者，就是为了世界人类。若是没有宗教，断断不会发生文化。因为道德、伦理、学问、法律、艺术都是从宗教中来的，很多国家教育的起点也是从宗教中生出。人类不可能脱离宗教，中国欲求国性的发扬，对于宗教应当改善。教育本来是表显国性，其根本是养成本国的国民性。基督教教育是以基督教的精神贯彻于学校生活各方面，是适应中国学生之最深的精神要求的。基督教教育是中国新教育运动的先锋，而且它所贡献的西方文化学术，完全以中国语言说之，用中国文字阐之，并不是用西方语言文字来消灭中国的国性。基督教教育用中国文翻译《圣经》，更注重白话文，近来中国文字文学的发达，这是个重要原因。作者的结论是，宗教教育与中国的国性大有关系，今日中国政府和社会人士似不宜过于反对，又何必取缔宗教教育呢？[①]

---

① 《宗教教育与国性的关系》，载《中华基督教教育季刊》1930年9月第6卷第3期，第45—51页。

3. 对基督教教育遭到社会反对的原因探讨。

本次讨论中对这个问题的探讨不是很深入,几乎所有的作者都认为社会反对基督教教育是外界对基督教教育不了解和误解所致。由此提出要加强双方的联络。有些人更是认为这种误解造成反对基督教教育,这本身是违反信仰自由原则的,基督徒要起来捍卫这种自由。如曾宝荪提出如今革命过程中求自由平等,其中包括宗教教育的自由。今天民众反对基督教教育,政府认定基督教是危害全国的东西,所以要限制。这是对基督教的一种误会。如果基督教对他们的自由无妨碍,而政府却加以干涉,那就是刑之不以其罪,如若众基督徒居然屈服,那就表明没有为争自由而奋斗的精神①。

但也有作者指出造成这种状况,教会自身也有责任。如李培恩的《我对于基督教教育关于国性的小小意见》一文对教会学校办学方法提出批评,认为这确实造成学生洋化,对国家社会太不关心,由此引起党部和教部的反对是事出有因的。如果宗教是纯粹的宗教,而无政治意味,则中国社会无反对的必要。

陈筠也认为教会有些做法也有不妥之处。他说由于教会中的教育家常把教育与布道联在一起,只注重形式和教义,而忽略了精神和基督的人格,由此被人疑为文化侵略。中国外交的失败,也使人迁怒于基督教,以为基督教是帝国主义的侵略工具,由此要把宗教教育排除出教育之外。如果基督教教育家能将宗教教育变为完全中国性的,以发展中国学生的民族性和基督化的人格生活,自然能得到政府和社会人士的谅解与支持,不难在教育界恢复原有的位置及发挥应有的价值②。

4. 对基督教教育是否一定要专设宗教门(系)或宗教课程的探讨。

当时的讨论中对这方面的探讨极少,可能多数人没有思考这个问题,也可能是认为宗教教育必定要设宗教系或宗教课程,包括讲授《圣经》,所以无须讨论。只有谢扶雅一人谈到了这个问题。他认为可以不设专门的宗教门,但不设宗教门不等于没有宗教课,因为宗教课可以入其他门类,如宗教心理学入心理学系,宗教教育学可入教育系,宗教调研可入社会学系等。他

---

① 参见曾宝荪:《基督教与国性》,载《中华基督教教育季刊》1930年9月第6卷第3期,第3—11页。
② 《宗教教育与国性的关系》,第45—51页。

强调重要的是教职员本人要充具爱心,人格修明,即使无宗教课,宗教对学生仍有吸引力。弘道必须用内心之火去点燃他人内心之火,课程与集会未必是火柴硝药。对小学生,他认为特别注重实效保育及浅近的公民道德教育即可,不必令其礼拜神①。谢扶雅的这一思想也许在当时的中国基督教教育界属于少数派。

三、结语

总之,从上述基督教教育与国性的讨论中,我们可以发现这种讨论的产生常常是由于外界的压力所致。也就是说,社会对基督教教育有所攻击,把基督教教育视为与中国国民性相违背,甚至视为帝国主义文化侵略的工具,以致在国家的教育政策上对基督教作出不利的裁决时,基督教教育界不得不作出回应,才产生了这类的讨论。而这种讨论引发的思考,实际上更加增加了基督徒对自己中国人身份的认同。从这个含义上说,有时外界的压力反而有利于中国基督徒对本民族的身份认同。

我们从这样的讨论中可以感受到这批基督教教育界人士本身的爱国情结。从爱国出发,他们希望基督教与国民性无妨,希望基督教教育不要违背国家主义提出的各种要求,为此支持基督教教育按国家的规定作中国化的改进。这实际上也是一种承认和支持基督教教育要有民族身份认同。

在这样的讨论中,我们也可以感受到作为基督徒,他们也是爱教的。从信徒的立场出发,他们不希望基督教教育被外人所误解,为此站在护教的立场为基督教申辩,表明基督教教育与国民性无妨,不仅无妨,还能成全国民性。由此他们需要挖掘基督教教育中的优点,不仅要证明基督教教育不会破坏国民性,而且还要挖掘基督教教育中哪些方面是中国原有的教育所没有的,基督教可以补其不足,并由此使中国的教育更加完善,对整个国家更为有利。这种论证和讨论实际上使他们从爱教出发又进而表达了他们的爱国之情,从中又显示了他们的身份认同。

---

① 谢扶雅:《对于基督教教育与国性之各项意见》,载《中华基督教教育季刊》1930年9月第6卷第3期,第64—65页。

总之从上述讨论中充分展示的20世纪20年代中国基督教教育界的知识分子对国家和民族的认同。但这种自我认同似没有得到社会上的承认。今天社会的主流接受的仍是回收教育权运动中所提出的观点,对基督教教育,包括主日学等在一些地区和省份仍持相当负面的看法。要想改变这种状态,一方面需要基督徒不断地坚持中国化的方向,另一方面也需要社会对基督教持有更客观公正的态度和理解。

民初基督教教育与中国基督教徒知识女性的身份建构(1912—1922)
——以《女铎》为例

杨卫华

在近代中国传统认同逐渐崩溃,各种替代性现代认同渐趋成型,民族主义汹涌的时代处境中,信仰一种外来宗教的女基督徒必然面临如何自处的问题,她们处在传统与现代、东方与西方、信仰与国家、家庭与事业的夹缝中,分享着信徒、女人、国民等多重角色,在这种矛盾处境中的女基督徒如何自我定位呢?信仰认同与国家认同矛盾吗?基督教与妇女解放的关系为何?这些问题的解决对了解近代基督徒在时代洪流中的生存境遇与心路历程有很大帮助,也是正确评价与定位基督教在妇女解放中所扮角色的关键。"我是谁?"《女铎》[1]所代表的受过基督教教育的女性基督徒的自我表述给予了我们答案。[2]

---

[1] 《女铎》是近代中国最大的基督教妇女期刊,也是出版时间最长的妇女期刊(1912—1950),上海广学会出版,月刊。由李提摩太聘请美国女传教士亮乐月创办编辑,1921年亮乐月回国后,由华人妇女李冠芳和刘美丽接手。该刊主要的作者为中国基督教妇女(主要是教会学校学生或教师),其次为女传教士,间有男性基督徒或教外男女文章发表。

[2] 关于中国基督教妇女的身份认同,学界已有了一些讨论,Jane Hunter, *The Gospel of Gentility: American Women Missionaries in Turn of the Century China* (New Haven: Yale University Press, 1984)虽以传教士为研究中心,但专辟"中国妇女与基督教认同"一章,认为中国妇女的信仰认同使她们更易挣脱传统的束缚,走向独立解放,在女传教士的范式下走上同样的道路;Emily Honig, "Christianity, Feminism, and Communism: The Life and Times of Deng Yuzhi," in Daniel H. Bays ed., *Christianity in China: From the Eighteenth Century to the Present* (CA: Stanford University Press, 1996),以邓裕志为个案,探讨其在时代变化中的角色转变,作为基督徒、女人及积极与中共合作的教会领袖,邓如何处理三种认同之间的关系及三种认同如何消长演变;郭佩兰, *Chinese Women and Christianity: 1860-1927* (Atlanta: Scholars Press, 1992, p.155) (转下页)

弗里德曼(J. Friedman)认为人类认同空间经历了传统主义、现代主义、后现代主义的转变与更替,当一种认同发生危机,就会去寻找可能的替代性认同,当然其中有交叉区域。传统主义的认同是固定和具体的,现代主义认同并不是有固定内容的在文化上被界定的认同,它是"作为特殊的认同和自我发展策略的现代主义与对固定性的造反",它依赖个体和社会的发展、流动及非资本主义形式的具体的固有结构的解放②。近代中国的历史正处于这种传统主义渐为现代主义所取代的过渡阶段,原有的较为固定的认同空间渐趋消解,并为新的认同所取代。中国女信徒正处在这种挣破传统束缚,发展个体自主性,规划新的身份与生活的历史境遇中。卡斯特(M. Castells)也认为认同是建构的,建构认同的形式有三种:合法性认同(由社会支配性体制所引入,以扩大和合理化他们对社会行动者的支配)、抗拒性认同(为被支配者所有,不同于或相反于既有社会体制而组织起来的认同)、规划性认同(社会行动者根据一定的文化材料,建构一种新的、重新界定其社会地位并因此寻求全面社会转型的认同)。抗拒性认同也可以有一些规划,并有走向支配性地位的可能,规划性认同也常常以被压迫者的认同为基础③。开始从传统支配中疏离出来的基督教妇女正处在这种以抗拒性认同为基础,以规划性认同为方式,重新建构其新认同的旅途中。杨凤岗在其博士论文中用"叠合身份认同"(adhesive identities)来解释美国华人基督徒在信仰认同、美国认同、中国性认同间的认同定位,以这种认同模式来维持其美国华人基督身份,一些研究近代中国的日本学者也提出类似的"复合认同"概念,这些概念对理解近代中国基督徒女性的认同处境很有启发意义④。

(接上页)也讨论了基督教妇女在感觉到传统的角色不再合理之后,开始意识到性别角色的转变,以致最终意识到妇女的从属是一种文化建构而非先天赋予,视性别平等为妇女运动的基础。因基督教妇女的认同受时潮影响颇大,不能一概而论,特别是1922年非基督教运动爆发,对其认同表述冲击巨大,所以本文将其限制在1912—1922年。
② [美]乔纳森·弗里德曼:《文化认同与全球性过程》,郭健如译,商务印书馆,2003年,第142、288页。
③ [美]曼纽尔·卡斯特:《认同的力量》,曹荣湘译,社会科学文献出版社,2006年,第5—9页。
④ Fenggang Yang, *Chinese Christians in America: Conversion, Assimilation, and Adhesive Identities*, PA: Pennsylvania State University Press, 1999;[日]小滨正子:《近代上海的公共性与国家》,葛涛译,上海古籍出版社,2003年,第44页。

一、女性认同：基督教妇女的性别表述

19世纪以来，基督教一直是引领妇女走向现代的导路人，但随着西学东来及世俗新知识群体的兴起，教外引导的妇女解放运动蓬勃开展，基督教不再是中国妇女趋向现代的唯一动因。《女铎》的创办，正是因应这种情势，从基督教的道路，导引出的另一种妇女解放，扮演一种建构并规训女性认同的角色。

弗里德曼认为"现代主义认同的建立存在着特定的必不可少的前提，社会必须被个体化，以这种方式，主体才能以发展性的规划想象她们的生活"，"必须有一个现代的个体……将他自身作为有自主的有边界的总体来体验的个人。我们能在世界体系的领域中发现这样的人，在这样的体系中，来自资本主义部分的渗透在很大程度上消解了社区、亲属和家庭网络"①。中国妇女要消解传统网络的羁绊，关键在主体意识的觉醒，以一个自主的个体来自主规划其生活。而要创造这样的主体，杂志开出的药方是去除依赖弊，寻求自立。如福建毓英女学堂刘爱芳所言中国妇女一大弊在依赖弊，"在家依赖父母，出嫁依赖丈夫"，"不图自立"。许多信徒都将女性自立作为妇女努力重点。李绮琴劝导友人："窃思今之世界，觉非能自立者，不能立身于天地间。故妹欲求学问，为他日自立之基。"而夏澄璁则谓女子宜亟图自立，不能自立，与废人无异②。上海中西女塾谢铭久则认自立乃谋家庭幸福、走向社会的关键，古时"以为女子之责，惟治家而已。故类多依赖男子，而不能自立，以致为男子所轻视。然当今之世，与前古之时大异也。试观文明各国，其女子多与社会联络行事，而多习各国文字，其人格不亚于男子，故我国凡为女子者，宜识字明理，尤宜任事计功。苟女子亦能自立，则在家庭中可谋幸福，在社会中亦可同负仔肩，此非我女子将来之希望乎"③。镇江崇真女校的胡宗玫则将自立视为女子平权的根本之道，"我女界欲求平权，须从根本解决，根本者何，先求自立是也。苟我女界毅然修其德，求其学，输入种种

---
① [美]乔纳森·弗里德曼：《文化认同与全球性过程》，第322页。
② 刘爱芳：《中国女界不知向学其蔽安在论》，载《女铎》第1卷第10期，1913年1月，第52页；李绮琴：《与友人论求学函》，载《女铎》第5卷第7期，1916年10月，第47页；夏澄璁：《中国女子宜亟图自立说》，载《女铎》第6卷第9期，1917年12月，第51页。
③ 谢铭久：《女子将来之希望》，载《女铎》第5卷第4期，1916年7月，第51—52页。

新知识,从事文学、教育、宗教、新闻、法律、经济、医学等各成一家,养成独立不挠之特性,德行道艺,与男子立于同等地位,不争权而权自至矣"①。只有自立才有走出家庭、规划自己生活的可能,自立是走向自主规划的第一步。而欲求自立的手段则在教育,传统女性之所以难以自立自主,关键在于教育的缺乏,教育是其形成规划能力的重心,所以女子教育也是诸多文章关键词,并将其与自立、家庭教育乃至国家兴旺相联系。如陈佩清所言:"生今日危险之世界,处列强学战之剧场,于此欲争一立足之地,岂非甚难?然在此危急之秋,而欲求补救之法,则惟学识是也。吾中国大学、中学女子几于无分,即有一二私立小学,亦未能普及万一,然吾女子居人数之半,若皆无学识以立于世,又何以免于淘汰乎?"②汇文女子大学堂奚倩也力言推广女学于国家兴盛、富足及家庭教育之关系③。又如刘爱芳所言:"思国之强者,必教育其男女,根不固,而求木之长,源不深,而欲流之远,男女无学而求国之强,其可得乎?是以不惟男子向学,即女子亦宜向学,关系国家,诚非鲜也。尝观东西各国,称为富强者,其女子皆学术可观。"其并指出中国女子不欲向学之三大弊:斗室弊、家庭教育弊、依赖弊④。女子应受教育,女学普及是其共同诉求。自立与教育是女性意识到个体独立的前提,也是其突破传统、规划新生活的力量与准备。

李友梅认为认同是求同和求异相互促进的建构过程,参照特定的边界而成,在特定边界内部求同,超出则成为求异,在我与他的区分中建立认同⑤。基督教妇女对新女性的追寻实际上也是在与他者的区隔中重新确立自己的性别认同的,其可以对比的他者有四种:传统女性、流行的世俗妇女、西方妇女及男性。首先是对传统妇女地位的否定与矮化,为女性走向新的身份提供方便过渡⑥。《女铎》以"破除女界积习、增进女界智德为

---

① 胡宗玫:《自由平等之解释》,载《女铎》第 8 卷第 1 期,1919 年 4 月,第 21 页。
② 陈佩清:《论今日急应设立妇女宣讲会》,载《女铎》第 1 卷第 1 期,1912 年 4 月,第 39 页。
③ 奚倩:《中国当推广女学论》,载《女铎》第 4 卷第 7 期,1915 年 10 月,第 4—6 页。
④ 刘爱芳:《中国女界不知向学其蔽安在论》,载《女铎》第 1 卷第 10 期,1913 年 1 月,第 52 页。
⑤ 李友梅等:《社会认同:一种结构视野的分析》,上海人民出版社,2007 年,第 3 页。
⑥ 胡缨在《翻译的传统:中国新女性的形成(1898—1918)》(彭姗姗等译,江苏人民出版社,2009 年,第 8—9 页)中认为清末民初在对新女性的构建中有"清除才女"的现象,才女在现代女性的形成中少有贡献。与这种情况不同的是,杂志对传统妇女状况的批判并不是整体性的,杂志也利用传统的才女、能女等存在的事实作为规划与构建新妇女形象的资源,杂志频繁地追溯中国才女的历史,作为女子同样可资造就的证据(致觫:《中国女族小史》,载《女铎》第 8 卷第 3 期,1919 年 6 月,第 7 页)。

宗旨"①，在对传统的破除中确立新的身份，新旧的分野与转变分外明显。如许致和发刊词所言"庶几四千年，妇女柔弱之痼疾，可捐弃于一旦矣。不然蠕蠕焉，蝺蝺焉，如蠖之方蛰，如蚕之在茧。身且不知，遑问乎家国"，故创《女铎》以木铎警醒中国妇女②。中西女塾的赵淑敏也力呼："今我国女子始出自黑暗，曙色已启，其后发挥之、光大之、继长而增高之，导之入于光明。吾辈之责也。"③传统女性的活动范围主要在家庭，所以传统家庭成为杂志攻击的首要目标，被描画成滋生罪恶的摇篮、束缚女性的牢笼，亮乐月认为"今日中国人之家室，泰西人视为最肮脏、最不堪居者。我女同胞苟能结团研究家政，以井臼为城池，以闺闼为帷幄，以薪米为饷糈，以箕帚为干戈，相与同心勠力，以逐其肮脏之丑名"④。杂志载吴弱男《家庭改良论》，认为中国大家庭与西方小家庭相比，有五大弊：使民养成依赖性，缺之独立性；使人桎梏于家庭主义下，不识国家为何物；不利于强种且弱之；不利于发展国民生计；不利于培养人之品行。所以家庭改良乃当务之急⑤。山东胶县文德女中刘京英则认为旧家庭弊端重重，应以分家主义、男女同受教育、婚姻自主、废除迷信等加以改良⑥。这种负面性描画，是对女性家政改良、重塑新家庭观念和认同的理由凭借。在民国始造的时刻，妇女迎来了新的曙光，传统妇女身份急需改变，应在对这种传统身份与处境的反抗中开始新的规划与向往。

其次是对流行妇女运动的批判，为树立其理想女性认同扫除障碍。对传统的突破与疏离并不意味着走向流行的世俗妇女解放，民国初年热闹的女子参政、自由平等运动并没有被纳入，成为其规划认同的资源，反而作为反面教材加以批判与纠正，意图将妇女认同规训入其自认为理想的认同规划。杂志创刊号就请晚清进士丁宝铨写祝词，曰："晚近欧化东被，吾华人士习于自由平等之说，群言进化，言文明，几欲举先民之典彝礼教而芟夷之。惟泰东西各国之矩矱，是循极其诣乃波及于女子。而三五闺阁中号为维新

---

① 亮乐月：《女铎报编辑大意》，载《女铎》第1卷第1期，1912年4月，第1页。
② 许致和：《发刊词》，载《女铎》第1卷第1期，1912年4月，第3页。
③ 赵淑敏：《论志》，载《女铎》第8卷第3期，1919年6月，第47页。
④ 亮乐月：《敬告新民国女子》，载《女铎》第1卷第1期，1912年4月，第4页。
⑤ 吴弱男：《家庭改良论》，载《女铎》第1卷第2期，1912年5月，第6—7页。
⑥ 刘京英：《论旧家庭改良之必要》，载《女铎》第11卷第1期，1922年4月，第10—11页。

者,辄从而倡之。风气所趋,一发而不可遏。于是所谓女子社会主义也、自由结婚也、男女平权也,遂相继而作,过犹不及。寖越乎礼法之外。有识之士,慨然思有以挽之。夫是数端者,以旧习言之,几若必不可行。以新学征之,或亦改风易俗者所不废第。出之太激,持之太过,未有不滋流弊者,未受其利,先受其害,如之何其可。"①亮乐月也在《敬告新民国女子》中言:"近来学识程度极高之女子,每以干涉国事为文明之进步。然咸欲得一选举权,诚不足怪。而一般粗受教育学识未充者,亦相率挺身而出,随声附和,其壮志非不可取。而蹿等亦甚可忧也……好高骛远。妄欲干预国家大事,毋乃太不自量矣","中国女子误会平等自由之说,以致废弃道德,逾越规矩",对民初女子踊跃参军参政颇多不满②。杂志创刊号充斥着非常浓烈的规训意图,杂志的这种定调影响到本国信徒的言说,如中西女塾的许惠磊所言:"平等二字,不可误解,父子有伦,长幼有序,师道宜尊,人格宜守,若不识尊卑,不论长幼,见父执而曰平等也,傲不为礼,对严师而曰平等也,漫无规则,甚或婚姻之间,侈谈平等,醉心自由,礼义廉耻之大防,而亦所不顾,嗟乎,以此言平等,亦乱天下之祸源也。"③苏州景海女校薛琪英则曰:"近今女界复为自由平等诸说所激刺,矫枉过正,甚者边幅不修,是误会自由平等之真义,其弊也乃适为女界自由之魔障,而非能振兴女界自由者。"④南京崇淑女校蔡闺臣也认为"女界学子,常有造诣未深,已意气嚣张,目空一切,甚至侈谈平等,妄论自由。虽礼仪之大防,亦所不愿。噫若而人者岂提倡女学者之本意欤"⑤。李悦兰也对女子争取参政权,组织革命女子团表示忧虑,"吾女界于今日,不患萎靡不振、暴弃自甘,特患锐意进行、刚甚必折。传有之曰,男正位乎外,女正位乎内,男以女为室,女以男为家,可见男女虽有平等之权,不能无各执之役,必欲强男子之所为者女子亦得为之。倘一遇阻力,则竞争于大庭之上,冲突于广众之中。志愿未偿,反至嚣张不已,亦已甚矣"⑥。对流行妇女运动的否定与诋毁,自然是为自身认同形态的出台提供理由,她们是

---

① 丁宝铨:《祝词》,载《女铎》第1卷第1期,1912年4月,第1页。
② 亮乐月:《敬告新民国女子》,载《女铎》第1卷第1期,1912年4月,第4、6页。
③ 许惠磊:《平等说》,载《女铎》第4卷第12期,1916年3月,第53页。
④ 薛琪英:《说责任》,载《女铎》第1卷第11期,1913年2月,第2页。
⑤ 蔡闺臣:《女学宜注重德育说》,载《女铎》第6卷第6期,1917年9月,第49页。
⑥ 李悦兰:《女德宜柔和不宜卑下论》,载《女铎》第1卷第7期,1912年10月,第37页。

不好的,我们不应该如她们一样,她们的反面才是我们。从以上表述的热烈程度可知,女性基督徒在相关问题上已达成某种认同共识,而语言的一再重复是在加强这种共识。

当然杂志并非否定自由、平等本身,对这种处于认同优越位置的认同资源,杂志是加以肯定的,她们的敌人是误解自由平等的思想行为,在对敌人的否定与比较中建构自己的认同。以自由婚姻与交往为例,杂志多对自由婚姻表示肯定,但须谨慎以防其弊。陈瑞兰认为男女学生是倡导和实行自由婚姻的先锋,但"被自由误者,其祸亦最烈。呜呼,自由自由,曾几何时,而适成为婚姻之陷阱乎?"①基本的立场是"自由择配,惟不出于放纵斯已耳"②。即编辑耐庐所谓"我国婚嫁之制,前失之太拘,今失之太放,诚能于不拘不放之间,酌定适当之规例,则庶乎其不差矣"③。女生在自由交往中尤宜自重,不可放纵而为自由所误,所谓"渐被欧风,稍识泰西男女交际的自由,便取放任主义,一味随己意行之,以为男女之间,便无界线,大可以自由交际。殊不知欧西之男女交际中,亦大有约束之礼。所以我国今日之交际,任凭如何自由,亦万不能越一礼字"④。可见,杂志试图对流行的妇女解放中出现的弊端加以扭转和规训,在对"不合理"的想象中寻求她们自身的合理性形象建构。

再次是与西方妇女的比较,以建构适合中国妇女的性别认同。西方先进自然是中国妇女前进的目标,但中国并非西方,中国妇女也非西方妇女。中国妇女何以不能如英美妇女般于权力的舞台上表演,亮乐月有一个解释:"美国女子之得权,皆因办事已着成效。有可以得权之成独而后畀之。其所以有得权之程度,乃由道德学问而来,非若中国三年前女子各执军器,以强硬手段,争参政之权","余以为华女而不欲得权则已,华女而欲得权,亟宜效法美国,多立妇女会,先从事于道德学问,然后将残害中国之疟疾痨病诸症,研究治法,次第进行收拾街道、预备阅书报室等事,如此中国男子自然不敢不尊重女子,即不争权而权自在其中矣"⑤。赵敏淑也认为:"或曰今日中国

---

① 陈瑞兰:《论女子自由结婚之不可不慎》,载《女铎》第4卷第2期,1915年5月,第2页。
② 胡伊民:《结婚问题之研究》,载《女铎》第8卷第3期,1919年6月,第20页。
③ 东培:《读周官书后》之耐庐按,载《女铎》第2卷第8期,1913年11月,第9页。
④ 基督教女子节制会:《与女学生谈自重》,载《女铎》第4卷第2期,1915年5月,第15页。
⑤ 亮乐月:《美国女子得权之原因》,载《女铎》第3卷第11期,1915年2月,第4页。

女子,迥非昔比,女子教育颇为提倡,正我女权发展之时机也。何不效欧美女子,要求参政权乎? 余则曰,今我国女子教育,尚属幼稚时代。今日之女子,即应后日之所需也。今日之要务,非急于要求平权,而急于使女子受有平权之教育,备有平权之资格耳。伺可平权之时,则男女之权,自能平也。"①中西女子既有程度差异,认同定位自然不同。参政权并非不可得,只是中国妇女目前的程度尚不足以去争取与承载,应以增长女性智识程度为先导,错位认同可能会带来流弊,中国女性应该建构适合自己的认同。

因为男性的存在,女性才能界定自己。杂志也通过与男性比较,在差异中构建女性的认同。薛琪英认为:"女子所负之责任与男子截然不同,男主外,女治内,所由来尚矣。抚儿女,议饮食,洁室宇,寄心于家而不思宣力于国,非男子之天职也。忽家庭教育与任务,而奔走驰驱,日鞅掌于外,亦非女子所应为者也……使男女各能确然尽其责任,为分所宜,则蕲为昌盛壮健之国民。"②袁玉英也认为:"国政者乃上天赐给男子之礼物也,家政者,乃上天赐给妇女之礼物也。观今日中国之男子,既为国牺牲,使专制变为共和,岂不欲组织完善政治,使中国成一富强快乐之国乎? 然而欲求一国之快乐,必须先求一家之快乐。国之快乐在乎国政,家之快乐在乎家政。夫一国之政治,男子已担任其责任,则我女界何不振刷精神,以治家为己任。使中国多数家庭,改换一新,又何不教育青年子女,幼吾幼以及人之幼,使一般后生小子皆成为完全有用之人格,为治国平天下立一巩固之基础。"③明德女书院徐桂芳说得最为明白:"今女界之论政治者,莫不曰全国之民,半为男子,半为女子,世既有男、女两界,何以专有男子政体,并无女子政体,于是群起而争参政之权矣。噫! 此岂所谓明政治者哉? 记曰家齐而后国治,又曰国之本在家,是家政较先于国政。女子有治内之天职,苟于侍奉翁姑,管理子女以及烹调缝纫,一切有关治内者,竭力担任,分男子之仔肩,俾男子专心进取,从容展布,以成其志。否则博览列邦书籍,将异域之政策,世风之美恶,细心考察,默识胸中,辅佐男子,皆可筹制度改良之善策,立社会发达之根

---

① 赵敏淑:《平权说》,载《女铎》第8卷第1期,1919年4月,第50—51页。
② 薛琪英:《说责任》,载《女铎》第1卷第11期,1913年2月,第1页。
③ 袁玉英:《天伦叙乐图说》,载《女铎》第1卷第5期,1912年8月,第3—4页。

源,岂必身膺选举而后为圆满之结果哉？是即明政治以爱国也。"①杂志也不主张以同男性对抗的方式去争取权利,男女和谐、分工合作是其基本定位。如庐人所言："我非谓今而后女子将抗拒男子而革命也,何则革命于政治可,革命于种族可,革命于男子则断乎不可？革之者存,为所革者亡。苟男亡而女存,独阴不生,不亡何待？近二十年来,中国女子狃于平等自由之见,欲袭男子之名,欲争男子之利,几乎势不两立,何其是非倒置若是之甚耶。要知女子对于现在当抱之思想,所谓女权者,揭发女子固有之本性,克尽女子当尽之天职,以补助男子所不及,相与振兴国家而已。彼略受教育,粗识之无,稍知科学,短袖革履,嚣嚣然自命为新人物,乌得谓为有权哉？"②基督教女性基本的立场是男女不同,各有分工,流行妇女运动中的男女定位已越出了其所能认同的限度,她们所能接受的理想认同只是对传统男女关系的有限反动,家庭仍是女性重要的认同空间,在家庭中发现自己,在传统与流行的中间,找到其认同空间。

当然,基督教女性认同的家庭并非传统的家庭,而是改良后的家庭,家庭角色并非传统的翻版,也并非传统的整体性破灭,而是传统的修正与更新。其对家庭的认同也被赋予某种现代意义。基督教女子节制会来稿谈道："我女子今日之责任,专在造成完好之家庭,作培育大国民之园囿,以为建国基础之基础,兴国根本之根本。是其价值极高,其担负綦重。"③其职责在为现代国家培养现代国民,而其手段则在家庭教育。薛琪英认为："女子对国家之责任,纵非一端,究以育成忠毅之国民为最要","吾辈不欲爱国则已,如欲爱国,则凡事无专私,匪特实心教育为国造成良善之国民已也"。④ 来复女校周美林也写道："盖人之教育,首重家庭,家庭教育失人,国民之程度自下,国民之程度既下,国之贫弱自来,此妇人之于国家乃有密切之关系也。"⑤同为来复女校的仇荫兰则进一步认为："欲为完全国民,必受完全教育,欲受完全教育,必以家庭教育为起点","家庭教育,首在贤母"⑥。

---

① 徐桂芳:《女子爱国论》,载《女铎》第1卷第6期,1912年9月,第29页。
② 庐人:《女权思想之感言》,载《女铎》第6卷第7期,1917年10月,第4页。
③ 基督教女子节制会:《与女学生谈自重》,载《女铎》第4卷第2期,1915年5月,第17页。
④ 薛琪英:《说责任》(续),载《女铎》第1卷第12期,1913年3月,第1页。
⑤ 周美林:《教育宜普及妇人论》,载《女铎》第2卷第3期,1913年6月,第48页。
⑥ 仇荫兰:《家庭教育首在贤母》,载《女铎》第2卷第4期,1913年7月,第45—46页。

陈凤姿也认为:"凡人之出乎类拔其萃者,皆由贤母之教而成也","夫母者乃世间英雄所由出,无一职任可与匹"①。谢文耀更将其视为女子职业之要,"教育之道,职业中之首务,亦女子可为之事业耳。女子教育之所施,推家庭教育为最要。盖家庭教育,乃端人之本。学校教育乃启人之智,社会教育为应用之才,人必先端其本,次启其智,而后能应用于世矣。由是观之,家庭教育专资于母教者也……故曰女子之职业,莫若教育女子职业之最要,亦莫若家庭教育"②。将妇女停留在家庭的意义着眼于国家层面,这种意义的放大,实际上是在为妇女的家庭空间认同寻找根据,成为塑造和维持其认同的理由。

二、宗教认同:基督教女性的信仰表白

梁丽萍认为宗教认同是揭示个人与群体关系的概念,其可以通过家庭的社会化获取,也可以通过个体有意识的追求获得。宗教认同具有不同层次,它可能只是一种单纯的信徒名分,也可能是仪式行为或自我的深度投入③。从传统疏离出来的中国妇女,基督教的引入为她们提供了一种新的认同可能,民初基督徒知识女性借助《女铎》这个沟通和连接的平台,使信仰的群体性自我表述成为可能。

新宗教认同的确立是在对她者的区分甚至否定中建构起来的,杂志认为传统妇女的信仰世界主要为迷信所宰制,而观音是其主要信仰对象。所以第一步要把女性从迷信的流毒中拯救出来,杂志所描画的中国妇女多为迷信所笼罩,并屡屡数落迷信所带来的灾难性后果,亮乐月在创刊号上就写到一般未受教育的女子"忌讳多端,迷信不化,出门择日,沐浴择日,裁衣铺床必择日。或助资以建庙宇,或捐款以塑泥像。一岁之中,香烛纸锞所费甚巨,不分贫富,老少相习成风,牢不可破。欲中国财政之不困难得乎?"④景海幼稚师范的李明珠也谓:"社会之贫困,亦由于女子之迷信颇深。"奉化进

---

① 陈凤姿:《劝孝》,载《女铎》第1卷第7期,1912年10月,第8页。
② 谢文耀:《试述女子之职业宜以何为者最要》,载《女铎》第7卷第4期,1918年7月,第50页。
③ 梁丽萍:《中国人的宗教心理:宗教认同的理论分析和实证研究》,社会科学文献出版社,2004年,第18页。
④ 亮乐月:《敬告新民国女子》,载《女铎》第1卷第1期,1912年4月,第6页。

德女校的邬宋声也认为中国妇女多迷信,要以兴女学加以破除①。而其讨伐迷信的目的自然是为女性接纳福音铺路,杂志倡议家庭"除去宠神及家堂神之礼",以基督教祷告代替家庭迷信、偶像崇拜。杂志也呼吁迷信更盛的内地女子应享有宗教自由权,从传统迷信中解脱,自由信仰基督教,否则"身心灵魂都难得着安慰"②。鉴于观音是中国妇女转向基督教的重要障碍,但观音本身似乎并没有多少批判空隙,所以杂志并不断然否定观音,而是在将其与玛丽亚及基督本身的比较中凸显后者的优越。杂志首期就刊登《马利亚图说》,认为尽管诸国皆有女神,"然纵观洁净、温柔、忍耐、慈悲、怜悯诸德,齐集厥躬,道德完全,足以为吾人所信仰者,厥惟基督教中马利亚是也。夫马利亚一生,乃将以上所言诸德,信行实践,非徒托诸空谈,故基督教中谓马利亚不但可为女界模范,且足为天下万世之模范也"③。并在多篇文章中比较玛丽亚与观音,认为玛丽亚胜于观音,"胜于观音者,有马利亚,未尝离乡出家,削发为尼,甘心担任家庭教育,为母之职,打破蛇头。以此二人相较,观音清洁正似雪积山巅,其性冷,其质白而美,堆积无用。马利亚则如雪受曛,化而为水,下流渐成为小溪,愈流愈大,滋生万物,其清洁成极大之效果。盖因其曾见主,得以爱情满足,故有力成为清洁以能助他人成清洁也"④。这种对玛丽亚优越性的强调自然为消解观音在妇女中的影响而抬高前者,将其形塑为妇女新的认同对象。耶稣也作为女性的朋友而一再被强调,亮乐月写道:"女界最良之朋友,厥惟基督。何以知基督为女界良友,只因基督首先承认女子有灵魂,且使女子由卑升高,与男子平等也。"⑤女传教士狄文氏也认为尊敬妇女是基督教的特质,"妇女于基督教内,所得之位分势力,为从前所未有者,在他教中亦无之","耶稣不但男子之性质已达优美之极点。即其所具女子之性质,亦达极点。所以耶稣为万世万国妇女之

---

① 李明珠:《女子与社会服务之关系》,载《女铎》第9卷第6期,1920年9月,第50页;邬宋声:《说女学与社会之关系》,载《女铎》第9卷第9期,1920年12月,第48页。
② 《家庭祷告图说》,载《女铎》第1卷第2期,1912年5月,第23页;《中国内地女子应有的自由权》,载《女铎》第10卷第12期,1922年3月,第11页。
③ 《马利亚图说》,载《女铎》第1卷第1期,1912年4月,第21页。
④ 亮乐月:《圣玛格锐图说》,载《女铎》第1卷第2期,1912年5月,第2—3页;亮乐月:《马利亚之与观音》,载《女铎》第1卷第9期,1912年12月,第1—4页。
⑤ 亮乐月:《最初之女基督徒》,载《女铎》第7卷第11期,1919年2月,第2页。

榜样,并补足其最大之缺点,圆满其高尚之希望"①。基督教也被装扮成女性解放、地位提高的一种力量,李路得则从历史的角度,考察了基督教女子的地位,认为尊重女子人格,讲男女平等,是基督教的最早发明,且推行最力,并解释了许多关于基督教女子地位的误解,认为中国女子地位的低下,总原因是没有受基督教化②。康成则认为:"我中国妇女如果欲得一线之光亮,适宜之待遇,非倚基督教主义大行之时,恐不能成就希望于万一也。"③基督教既然是女性的朋友与解放的动力,那么中国妇女解放的出路,自然在基督教。一破一立,福音成为中国妇女替代传统信仰的应然选择。

杂志并以基督教过去在中国对女性的福利作为上述断言的佐证,著名医生石美玉就认为基督教是女子解放的先导,"中国女子数千年来,皆处于专制黑暗之地,如幽闭而无人知。今已渐近光明矣,其所以然者,皆由圣教东来,得耶稣基督真道之释放"④。而对于世俗女性解放中热议的自由平等,也多将其与基督教连接,给予一种基督教的解释,企图以信仰来规训妇女对二者的追寻。诚冠怡认为肉体自由易得,心灵自由难寻。妇女要获得的是"主的灵在哪里,哪里就有自由"的那种自由,自由不是放纵,后者是对自由的误用⑤。康成则认为中国妇女正处于过渡时代,不守贞节,社交随便,"妇女误解为思想自由,以致流入放纵",是过渡时代之恶毒,不去除这些恶毒,不能保证真正之自由,而去除的办法,关键在基督教,"基督能使我侪心、身、灵三者俱得真正之自由,彼将委任吾侪为发达我可爱之中国之先锋也"⑥。李冠芳也认为基督教是平等思想的起源,因而是中国社会走向平等的根本。"溯平等二字之原理,实发源于基督之教中。基督教人曰,凡世界无论智愚贵贱,均可称上帝为父,而世人皆为上帝之子女……自上帝目中视人类,则人皆为平等。中国今日之社会,不求平等则已,苟欲希望平等,非人人皆受基督教之教育不为功","世界优美之教育,舍我基督其谁归。吾尤望

---

① 狄文氏译:《妇女之性质》,载《女铎》第3卷第11期,1915年2月,第30—32页。
② 李路得:《基督教女子的地位》,载《女铎》第11卷第3期,1922年6月,第7—10页。
③ 康爱德:《中国今日之妇女》,李干忱译,载《女铎》第8卷第6期,1919年9月,第3页。
④ 石美玉:《中国现今妇女教育事业之进步》,载《女铎》第3卷第11期,1915年2月,第18页。
⑤ 诚冠怡:《妇女对于自由的贡献》,谢婉莹笔记,载《女铎》第10卷第11期,1922年2月,第4—5页。
⑥ 康爱德:《中国今日之妇女》,李干忱译,载《女铎》第8卷第6期,1919年9月,第7—9页。

基督门徒之教士,极力发扬圣教之真理,引导中国优秀之国民,纳人民于基督规范之中,即所以救人民不平等之痛苦,必令全国之人民,公认上帝为父而后可,同为上帝之子女,同受基督之教化。则凡所为社会者,皆吾基督之子女之社会,必如是然后社会可以言平等"①。自由与平等,出自基督教,基督教自然成为达到自由平等的必然路径,这种解释进路同样也是在为中国妇女接受基督教提供理论依据与契机。

除此之外,基督教也在多个层次上扮演改良的力量与资源。福建毓英女校的许鼎明认为笃信耶稣修身,是齐家之要道,"能恪遵上帝之圣诫,以正一己之心,修其身以为一家之法,将见同心同德,自然笃信圣道,以依赖耶稣。则夫妇之间,固未尝有荡检逾闲之失,平日之自修其身者,自有以教厥家矣。故曰齐家之要在于修身也"②。高葆真更谓家庭卫生之重,在灵性之卫生,乃为母者所必须,关乎强国也,为母者"必须诚敬上帝,依赖救主,早晚祈祷,无忌无荒,然后己所不能言者,主能助之使言,己所不能行者,主能助之使行"③。基督教也是道德之根,"夫宗教之观念,尤当使之稳固于其心,盖宗教者道德之根也。有宗教之观念而后道德之根深,道德之根深而后能公益普及,博爱施仁"④。基督教也是公德之源,"公德本乎天理,出于至诚,由宗教学问阅历中涵泳优游,自然儿发现"⑤。协和女子大学校陆凤轸也极言基督教之利,"基督教者,魔术尽脱矣。基督徒惟求上帝之意旨,以神为依归,故人人之心中,有一活泼之精神,使其精气团结,其遇不可制之私欲,则以此代制之。其遇不可平之党争,则以此代平之。若此者,莫善于基督教。基督教之精神,如精兵之精神也"⑥。这种对基督教价值多个层面的论证与强调,在为妇女走向基督教张目的同时,本身也是其信仰认同的一种体认,而对信仰意义的追寻也是维持其信仰认同的关键。

除这种理念的内在认同外,基督教妇女对婚姻的选择则可作为其认同边界设定、群体认同的一个注脚,成为其信仰认同的外在表现。文波认为信

---

① 李冠芳:《中国社会如何可以平等》,载《女铎》第9卷第6期,1920年9月,第6—8页。
② 许鼎明:《齐家在修身论》,载《女铎》第1卷第9期,1912年12月,第49页。
③ 高葆真:《家庭卫生关乎强国论》,载《女铎》第3卷第8期,1914年11月,第4页。
④ 洪启灵:《论女子教育》,载《女铎》第1卷第8期,1912年11月,第5页。
⑤ 黄翠琳:《公德为强国之本论》,载《女铎》第1卷第8期,1912年11月,第33页。
⑥ 陆凤轸:《宗教之原始与其进步》,载《女铎》第6卷第10期,1918年1月,第31页。

徒与非信徒不宜结婚。1922年社论也谓基督教提倡不与外教人结婚①。某女士作《我意想中愿嫁的男子》,认为自己是基督徒,愿嫁一个真实的基督徒青年。牛惠贞也希望自己的家庭是个信基督的家庭,每天有家庭祷告且积极参加教会的活动②。这种在婚姻上的内外区分和对非信徒的排斥是信仰认同的一种守护与认定,正是在对他者的区别中宗教的群体性认同得以彰显。

卡斯特认为:"认同是行动者自身的意义来源,也是自身通过个体化的过程建构起来的",它与角色不尽相同,尽管有一致性的时候,"只有在社会行动者将之内在化,并围绕这种内在化过程建构其意义的时候,它才能够成为认同"③。对告别传统信仰而走进福音的女信徒而言,上帝成为其意义的源泉,并内在化成为其生命的主宰及生命更新的力量,杂志所载信仰认同直白正是其信仰内在化的自我表白。亮乐月所谓:"吾人处天地之中,苟不信此真理,更有何种事可信哉。余信上帝有莫大之爱心,又信上帝操吾人隐秘之生命。伏愿上帝爱我,将隐秘之生命满注我等之身,且围绕我等身之四旁,譬如空气充于身之内外,由此我等一举一动,与主同心,可得永远之新生命矣。"④"我信"是基督教信仰中常见的认同表达,亮乐月作为杂志的编辑,无异于此期杂志的灵魂,对中国信徒的影响颇深。而高葆真的《我说》对"我"的诠释,则成为其宗教认同的最佳注脚,我是谁?"'我'字之真实意义何在,曰灵性也。夫此灵性,初由上帝之灵性出之,终必归于上帝圣前……灵性受之天父者,更宜如何谨慎保全,俾将来完完善善归于天父……救世之主,远来顾我,愿以身代,又赐圣灵常在吾身,以呵护吾身中之我,俾处浊世而无染,向道岸而无疑。常享永生之幸福,奈何世人率皆昏然不知感谢,不知感谢即不知有我"⑤。上帝已内化为其自身的意义之源,无上帝则无我,信仰成为维持其存在的根本。李冠芳自南京汇文女子大学堂毕业,作谢主

---

① 文波:《信徒与非信徒结婚之危险》,载《女铎》第8卷第1期,1919年4月,第11—12页;社论:《论结婚》,载《女铎》第11卷第7期,1922年10月,第4—6页。
② 某女士投稿:《我意想中愿嫁的男子》,载《女铎》第10卷第11期,1922年2月,第7—8页;牛惠贞:《我将来的家庭》,载《女铎》第11卷第4期,1922年7月,第13—14页。
③ [美]曼纽尔·卡斯特,曹荣湘译:《认同的力量》,第5页。
④ 亮乐月:《信真理贵乎实行论》,载《女铎》第1卷第6期,1912年9月,第19页。
⑤ 高葆真:《我说》,载《女铎》第4卷第3期,1915年6月,第5页。

恩文,正是对前者的回应,其将其所受主恩,列为七项,并谓:"父母师长之德,固当永矢弗忘,而我之所以得此慈爱之父母,仁厚之师长者,必非人力所能致。吾尝穆然深思,而知其中之默为主宰者,皆上帝之所赐也。使吾今但知感谢父母师长而不知感谢上帝,岂非忘其本而重其末哉。"①将个体生活与信仰相连接,上帝成为己身福乐的最终原因。蔡苏娟自述"娟自始迄终,每日晨夕祈祷,凡一己之动作云为,其功程与荣耀,均归于主","凡事让耶稣居首位"②,耶稣成为其生活的主宰。宁波女校的邬静娴则认为:"宗教虽多,最善者莫如基督教。"③而世道之恶化,也从反面说明远离圣道之危险,如袁玉英所言:"当今全球时局,无一太平年,无一安乐地,国乱民贫,以达极点,所以然者,吾敢断言,曰皆因未能贯彻宗教之教育而已。"④

美国宗教学家贝耶(Bellah Robert Neely)认为宗教为个人及团体提供一种认同感,宗教是一套社会共同感知,宗教提供了对现实的诠释、自我定义及生命的指南⑤。基督教女性身为基督徒,基督教身份时刻在场,其有一个宗教之我,除了直接的信仰表白外,基督教信仰不但影响其性别表述,被诠释成女性解放的一种力量,同时也成为其认同空间转变的动力,传统的信仰世界不再延续,信仰对象发生置换,对外在世界的理解也往往充斥着浓厚的宗教性解释,信仰认同关涉女性生活整体。

三、国家认同:基督教女性话语中的国家

传统妇女多拘囿在家庭,能心怀国家者较少,尽管杂志仍以家庭为妇女主要阵地,但已突破其限制及传统给予的较为单一的角色,将认同扩展至社会、国家,履行国民责任。从上节也可见,其性别表述也多指向爱国目的,为泛国家化话语所充斥,信仰也被诠释成一种救国途径。国家一定程度上获得了比性别、信仰更多的认同优越。不少学者已指出,在近代男性主导的妇女解放中,妇女往往成为国家、政治团体工具性驱使的对象。但应看到国家

---

① 李冠芳:《拟毕业谢主恩文》,载《女铎》第3卷第5期,1914年8月,第44页。
② 蔡苏娟:《个人布道自述》,载《女铎》第8卷第6期,1919年9月,第37页。
③ 邬静娴:《宗教之真精神》,载《女铎》第8卷第7期,1919年10月,第45页。
④ 袁玉英:《宗教之教育谈》,载《女铎》第7卷第8期,1918年11月,第32页。
⑤ 转引自梁丽萍:《中国人的宗教心理:宗教认同的理论分析和实证研究》,第18页。

也是动员妇女自身走向解放的一种理由,二者相互促动,并非完全以妇女作为国家这个更大目的的工具。基督教妇女的爱国诉求与世俗妇女解放不同的是她们的政治化程度有限,尽管屡将妇女解放终极目的指向国家,但往往与实践政治保持距离,以一种特殊的路径走向国家、爱国。与经受非基运动洗礼后的基督教不同,此阶段他们并不需要刻意地去向外界解释和展示自己的国家认同,来为自己的信仰寻求合法性证明,而是没有外在压力的自然式情感流露,这更能说明信仰并不会妨碍国家认同。

许纪霖借用哈贝马斯的概念条理出现代中国的两种民族国家认同:共和爱国主义和文化民族主义。哈氏认为民族有两张面孔,"公民靠自己的理论建立自由而平等的政治共同体,而天生同源同宗的人们则置身于由共同的语言和历史而模塑的共同体",它既是法律-政治共同体,也是历史文化共同体。政治认同和文化认同间有紧张性,但也有相互融合的可能①。从基督教女性的国家话语看,其民族国家认同建构也从这两方着力,政治性爱国主义和文化上的民族主义携手并进。

基督教注重个体改造,创造现代国民是基督教事功的核心之一。杂志呼吁妇女要走出传统领域,将国家与女性捆绑在一起,树立国民观念。苏州基督教女子爱国戒酒团谓:"同人等虽系女子,亦为国民一分子,岂国家兴亡匹夫无责乎?"②袁玉英也谓:"国家者国民公共的父母,亦因国家与我休戚相关,我敬之重之,乃是应尽的义务,亦是法定的天职","国民爱之即成国,国民不爱即不成国。"③中西女塾蔡绣云则谓:"国民爱国之心厚,则其国强。中国者,我四万万人之公父母也。不爱其父母与不爱其本国,皆逆人类之天性,是怪物也。夫国之于我,恩义深矣。"④徐桂芳也力呈"国之强不强,视乎民之爱国不爱国。民爱国则国强,民不爱国则国弱。此一定之方针,不待智者而自决。然环球各国,民有男即有女,男子对于国,有当尽之责任,女子亦莫不如是。苟非黑暗时代,颓弱国度,女子未有不爱国者。是故为女子者,

---

① 许纪霖:《共和爱国主义和文化民族主义:现代中国的两种民族国家认同》,载刘海平主编:《文化自觉与文化认同:东亚视角》,上海外语教育出版社,2008年,第292、296页。
② 杨徐明:《苏州宫巷基督教女子爱国戒酒团缘起》,载《女铎》第8卷第8期,1919年11月,第39页。
③ 袁玉英:《真爱国之演说》,载《女铎》第6卷第9期,1917年12月,第3—4页。
④ 蔡绣云:《救国储金之画饼》,载《女铎》第5卷第1期,1916年4月,第51页。

当提倡知识,欲尽此爱国之责任,于事事先立其基础,有国者当提倡风化,引导其爱国之诚心,使事事能达其目的",并认为女子爱国之道有三:兴教育以爱国,明政治以爱国,正风俗以爱国①。这种直接的爱国诉求将女性与国家联系起来,个体是国民群体的一分子,爱国成为女性天职,国家是女性的国家,女性是否爱国也成为国家强盛的关键,妇女于国家的重要性得以凸显,国家已成为其身份建构的一部分。

而要确立现代国民的身份与资格,以基督教个体改造的视角而论,首先应在破除私德的狭隘,拥抱公德。中西女塾俞梓连谓:"人之生也,不能离社会而独立,社会为公共所组织,其兴盛及衰败,人人皆有其责任,故事之有利于社会者,必保护之。事之有害于社会者,必祛除之,公德之谓也。公德、私德皆为人所不可缺,人必兼此二者,方得为完全之人格。然处今之世,万国交通,社会之改良进步,较之个人之敦品励行,尤为重要。默察我国情形,公德实为缺乏,甚可痛也。"②黄翠琳更指出公德乃强国之本,认为中国家族主义牢不可破,需破之而有公德。"公德则熏陶涵育,知行并进,人皆有合群爱国之思想,人皆有合群爱国之精神","今日中国不欲求强则已,苟欲求强,焉得不自民有公德始乎"③。从"私"走向"公",成为基督教女性身份扩展、认同空间转变与拓展的关键,也是其成为现代性意义上国民的根本,国家仍为其诉求的归宿。

这种政治性国家认同话语的宣泄并没有影响其从文化的层面走向国家,对现代性民族国家的追寻并不意味着要舍弃传统文化,恰恰相反,对传统文化的守护也是走进并维持民族国家认同的一种手段。杂志对本国文字和国粹的认同与维护,正是从文化上想象国家的一种方式。安德森(Benedict Anderson)认为民族是用语言而非血缘构想出来的,语言之于爱国者,就如同眼睛之于恋人一般。通过伴随一生的语言,"过去被唤回,想象同胞爱,梦想未来"④。女性基督徒也意识到本国语言在维系爱国意识及民族存亡中的意义,对教会学校及学界流行的贵外文轻国文的现象表示忧虑。

---

① 徐桂芳:《女子爱国论》,载《女铎》第1卷第6期,1912年9月,第29页。
② 俞梓连:《公德说》,载《女铎》第7卷第6期,1918年9月,第55页。
③ 黄翠琳:《公德为强国之本论》,载《女铎》第1卷第8期,1912年11月,第34页。
④ [美]本尼迪克特·安德森:《想象的共同体:民族主义的起源与散布》,吴叡人译,上海人民出版社,2003年,第172、181页。

广东郇光女校的周五妹认为:"文字者,文化之所从出,智慧之所由增,谓之为一国之精神也,可谓之一国之血脉也亦可。爱其身者既爱其精神血脉,然则爱国之士,又宁肯放弃其国家之精神血脉耶,此爱国者所以必爱其国之文字也。"①语言被视为国家生命的根本,爱国必爱其文字。上海养性女塾龚肇英也认为:"近代欧风东渐,吾国人民厌故喜新,甚有本国文字,目不识丁,而遂习欧文者。若对于本国历史之观念,更无论矣。噫嘻,同胞乎同胞乎,此种人民,欲其爱国也,能乎不能,欲其完全人格也,能乎不能,呜呼,文字,呜呼,我中华之文字。"②语言是承载本国历史、爱国的渠道,本国文字的丧失无异于斩断国家认同。前中西女塾女教员汪凤韶也对偏西文而轻中文的现象表示忧虑,言道:"吾恐再阅数十年,中国未亡,而中国之文字先亡,中国文字既亡,则中国化为西国,亦随文字而俱亡矣,所以吾侪不欲为文人则已,欲为文人必先求中文之精奥,然后再习西文以便交通。"提倡中西文并重③。文字的丧失有亡国的危险。胡彬夏也呼吁基督徒应在中国文字上用力,认为基督徒只有精通中国文字,才更能将基督真理融入中国④。对本国文字的守护与认同实际上是其民族认同的一个侧面,而这种守护同样与忧国意识缠绕在一起,成为其国家关怀的一部分。

其次是保护国粹,为新文化运动中摒弃传统的极端化倾向所刺激,杂志中充斥着浓烈的守卫国粹的呼声。赵敏淑认为在此学术变迁的时代,"保存中华国粹,亦有责焉","不患外国学术思想之不输入,惟患本国学术思想之不发明。设徒有西国文学充满新知识与思想,而不能融会贯通,是不特于教育前途有所阻碍,且于社会国家必受无穷之影响也"⑤。仲屏更作《国学不可抛弃说》,倡言国学对我国政教仍有帮助,应保存习之,并加以西学参习⑥。镇江崇实女子中学吴孝荣也对唾弃国粹、向慕西学的现象表示忧虑,

---

① 周五妹:《问爱国者何以必爱其国文字》,载《女铎》第5卷第5期,1916年8月,第52页。
② 龚肇英:《说文字》,载《女铎》第5卷第9期,1916年12月,第62页。
③ 汪凤韶:《论中西文孰重》,载《女铎》第6卷第1期,1917年4月,第29页。
④ 胡彬夏:《基督徒应当在中国文字上用力》,载《女铎》第11卷第4期,1922年7月,第29页。
⑤ 赵敏淑:《现时一般学堂趋重国文其义安在试详言之》,载《女铎》第7卷第2期,1918年5月,第50—51页。
⑥ 仲屏:《国学不可抛弃说》,载《女铎》第6卷第11期,1918年2月,第25—26页。

识其为亡国之兆,认为应该保守国粹,采摘新学,融会贯通,取长补短①。对国学的守护同样指向国家,国家无处不在,文化认同也是其国家认同的一种体现,信仰外来宗教与守护中国文字、文化并不冲突。

四、性别、宗教与国家：基督教知识女性的复合性认同

近代中国向现代转型的过程中,妇女认同空间发生了较大的转变,突破家庭的限制,成为家庭、社会、国家等多重空间的混合体,由传统的较为单一的认同向复合性认同转移。基督教的引入为处在认同危机中的妇女提供了一种替代性的认同抉择。但在信仰之外,中国基督教知识女性同时拥有女人、国民、信徒等多种身份,在对"我是谁"的追问中（知识女性是掌握一定话语权的群体,使其自我表述及走向公共性成为可能),她们清晰地意识到了自己的这三种身份及其代表的责任。从上面的讨论可知,三种身份之间并没有形成大的张力,她们颇能将各种认同叠加在一起,融于一身,建立起比较和谐的多重认同结构（当然个体在认同比例的拼接中存在差异)。上海养性女塾的吴蕾提议将传统的四德改为"爱国、爱家、爱身、爱名誉"四德②。同和认为妇女应爱神、爱家、爱国、爱天下,使圣道一新,使家政一新,使国家一新,使世界一新③。薛琪英也认为妇女有四大责任："曰己身责任,曰家庭责任,曰社会责任,曰国家责任。"④这种在多重空间上的责任表述,正是其复合性身份认同建构的注脚。

信仰一种外来的宗教并没有消磨其国家认同,爱国与信教并不冲突,其自身解放的归宿及存在的价值也多指向国家目的,甚至信仰本身也被诠释成兴旺国家的一种神圣资源,"复合性认同"概念的引入是消解"多一个基督徒,少一个中国人"话语的武器。对妇女地位的诉求也没有导致与男性及社会有较大的冲突与摩擦,她们的抗拒性认同并没有流行的妇女解放那么强烈,她们遵循一种温和的妇女解放,开放中有保守,走渐进发展之路,在解除

---

① 吴孝荣：《保守国粹与崇尚新学说》,载《女铎》第 8 卷第 11 期,1920 年 2 月,第 49—50 页。
② 吴蕾：《女子之责任》,载《女铎》第 5 卷第 12 期,1917 年 3 月,第 53—54 页。
③ 同和：《妇女四爱歌》,载《女铎》第 6 卷第 3 期,1917 年 6 月,第 32—33 页。
④ 薛琪英：《说责任》,载《女铎》第 1 卷第 11 期,1913 年 2 月,第 1—4 页。

妇女束缚的同时又担心其走得太远,在对她者的比较甚至否定中建构和规训妇女的认同,所倡导的新型男女关系与传统女性不同,也与流行的妇女形象有一定距离,过去男性压制女性的历史必须去除,但男女并非对抗,男女各有分工,互助合作。她们只是部分接受了现代主义所规划的认同内容,这可能和现代主义本身与基督教信仰相互有所分离有关①。本文所采摘的言说主人,除个别不可考及女传教士和男信徒外,均为女性基督徒(可以从其文章中看出),与其他妇女期刊相比,其作者群基本为女性,从她们的自我表述中发现她们已具有较为自主的个体自觉,并开始挣脱传统的纠缠,去规划新的生活,建构新的认同。更为重要的是,借助《女铎》这个公共空间,不同的个体汇聚到一起,以一种类似的方式诉说信仰、国家和性别,"我"意识到类似的复数"她者"的存在,个体被引入群体的同时创造群体,为群体性认同建构与维系提供可能。正如安德森所言:"印刷资本主义使得迅速增加的越来越多的人得以用深刻的新方式对他们自身进行思考,并将他们自身与他人关联起来。"②

---

① [美]马泰·卡林内斯库:《现代性的五副面孔》,顾爱彬、李瑞华译,商务印书馆,2004年,第70页。
② [美]本尼迪克特·安德森:《想象的共同体:民族主义的起源与散布》,第36页。

中西书院与中体西用：民族主义还是世界主义

李天纲

我做宗教研究，但学的专业是中国思想文化史。我看当代学术史，仍然是把它作为近代思想文化的一部分，是一个大概念。这三十多年的学术重建，其实也是中国近代思想文化重建的一部分。我把从清末民初以来的中国思想，按着它与外来文化的关系分为四个时期。在这四个时期中，"西方"一直是困扰我们的一个主要议题。自李鸿章有"三千年未有之大变局"的说法以后，清末以来的学者一直都认为"古今中外"是近代中国文化的两大命门。古今之变革，中外之冲突，成了中国社会的两大议题，今天所谓的"改革、开放"也不例外。在那些持有民族主义和中国中心论立场的人看来，"中外"之大防，是比"古今"之崖岸更加重要的坚守，这种思想清末就有，比如京师同文馆里学了几十年英语，只会一句 Good morning（早上好）的满贵师生。按"中外"议题上的不同主张和实践，大致地分为清末、民国、近四十年三个时期。今后的历程算第四期，我们在前三期中客观地谈历史，只在第四期中谈理想，谈未来，谈可能性。这四个时期，分别采用某一种主义或口号，也选一两个人物做代表，来描述大致的思想和主张。在此：我会把这四个时期看作是一次思想的循环和复归，看一个半世纪以来的中国学术走过了怎样的曲折，在沉潜往复中艰难重建。

第一期思想在清末，我用"中体西用"来标示，人物代表则选陈寅恪（1890—1969）先生。陈先生是民国学者，但他的学术却坚持了清末的理想——中体西用，与民国学界的"西化"主张并不混同。陈先生做的学术，明明白白是中国人的问题意识,隐隐约约又有很多新方法在里面。为什么说陈先生的方法是"中体西用",我们可以看他的陈述,他在《冯友兰中国哲学史下册审查报告》中说:"思想上自成系统,有所创获者,必须一方面吸收输入外来之学说,一方面不忘本来民族之地位。"我们知道,"中体西用"是"同光中兴"中汉族士大夫的开明思想,陈先生自陈他的"思想囿于咸丰同治之世,议论近乎曾湘乡、张南皮之间",明确说明了这一思想渊源。

这么多年来,"中体西用"是革命派,以及国、共两党意识形态的批判对象,很是不堪。严复嘲笑它是"牛之体",配马之用,牛头不对马嘴。这种批判在当时环境下是正确的。在张之洞的解释版本中,"中学为体,西学为用"被用作政治口号,其实是要把清朝最后的专制统治,涂上表面上的"西式"油彩,来保存旧制度,李鸿章的说法就是说给清朝做"糊裱匠"。但是,"中体西用"的理论提出来的时候,远比李鸿章、张之洞的解释深刻,"洋务派"不能代表当时学人的想法,真正的"中体西用"不是这样解释的。"中体西用"在一开始不是一个文化保守主义的理论,更不是一个政治保守主义的说法,相反是一个更好接受西方现代学术的理论。张之洞在清末的政治行为,不能代表"中体西用"学说;陈寅恪先生在民初的学术主张,倒是真正实践了"中体西用"理论。

"中体西用"原来是基督徒学者提出来的,是他们利用传统的书院制度,提倡和学习西学,改造科举制的做法。学校借用传统的书院体制,这是"体";书院里传授西学知识,这是"用"。上海的传教士学校中西书院(1881)、中西女塾(1892),就是这个意思。后来,戊戌变法前后各省举办新式学校,都叫"中西学堂",都是从传统书院改造过来的,上海的格致书院、徐汇公学提倡,蔡元培在绍兴办"中西学堂",李提摩太在山西筹备"中西大学堂",都是这个意思。大家要注意,当时中国还没有针对"西学"的"保教"理论,康有为版本的民族主义还没有形成。在"中外熙洽"的氛围中,大部分人觉得西学有助于中国文化的进步和发展,传教士认真地说:"救世教成全儒教。"这个时期的学术既有中国的根底,又是中国的问题,同时在引进西学,解决当时的问题,这是陈寅恪先生父、祖一辈从事的,也是他自己喜欢的。

1896年之前,基督教批评中国文化的裹小脚、吸鸦片、论风水等是有的,但全面否定儒教的理论是很少的。因此,说清末士大夫的保守,一般是指他们的故步自封的惰性,以及面临"教案"时的激愤,而不是针对"西学"的系统排斥。曾国藩、李鸿章、郭嵩焘、容闳等提倡中西交流,一直到康有为、梁启超、章太炎,清末两代人的思想基本上在"中体西用"的框架下形成的。甲午战败后,康、章一代学者意识到清朝和儒教的全面危机,开始激进。很多人认为康有为是"文化保守主义",我看他倒是"文化激进主义",他的"侪孔子于耶稣"的说法,暗含着"全盘西化"的思路,抬孔子,改孔教,最后却害死了儒教。

第二期思想自然是以胡适为代表,标语就是"全盘西化",而尤以北京大学文学院为阵地。胡适把自己的口号修正为"充分世界化",这就没有什么大问题了。但是问题不是口号,而是做法。1915年的《新青年》、1919年的新文化运动,"打倒孔家店""人过四十该枪毙",还有"线装书统统扔进茅屎坑里",这些话说出来以后就是板上钉钉了,后来建立的国、共两党的意识形态,确实有人去实践"全盘西化""全盘苏化"。第二期的"新青年"们觉得中国文化不行了,真理只能从西方输入。他们也确实是言必称希腊、罗马、莫斯科。

民国初年的学术本身是不错的,清末中西会通,沉潜往复的探究精神保留在清华、燕京、交大、东南、圣约翰、震旦、复旦等各类高校中,陈寅恪先生读过复旦,游学海外,在清华教书,就是其中之人。1906年科举制废除以后,各省建立的大学都独立运行,自由发展,有国立、省立、私立、教会等综合体系,并不是像日本帝国大学以及德国、法国大学区制度那样的中央集权体系,和美国比较像。中国的教育传统深厚,书院林立,幅员庞大,生源充分,这个多元体系是比较合适的。民初高等教育继承了明清书院的讲学风气,独立办学,自由竞争,民间有热情,政府也投入,初创之功甚伟。我们看到,马相伯在徐家汇办了震旦办复旦,到北京后又筹办辅仁,说着说着就办成了。民国初期的中国学术,理工科还不比欧美,但是就学术思想来讲,并不落后许多,文科尤其如此。不要忘记,美国的高等教育体系也是在20世纪以后才发展成型的。

但是,民国教育也有一个大问题,就是党派意识形态对大学、研究院的影响越来越大。1928年以后,"收回教育权"运动,教会、私立大学的空间越来越小,大学区制度推广后,政府财政集中投入到中央大学,"一个政党,一

近代中国的外来宗教与文化认同

个领袖,一个主义"开始进入校园。在这个过程中,"全盘西化"的治学主张处处可见,先是"全盘欧化",搞德、法大学区制,后是"全盘苏化",所有学科都聘请苏联专家。而且,无论推行什么主义,都是采用轰轰烈烈搞运动的激进方式,而不是温和的学术方式讨论。在此过程中,西学的翻译、介绍、实施并没有大的突破,反而还有倒退。这样的情况延续到20世纪80年代,到了我们这一代人开始反省,"全盘西化"可不可以再做下去,这是在"改革、开放"以后我们一代人中最关心的问题。

第三阶段是我们时代的问题,用谁来做代表呢?就用李泽厚吧。李泽厚现在的看法改变了,1985年复旦大学召开中国文化史国际学术研讨会,他在会上提出"西体中用"。他的发言稿当时由我记录、核对后发表。"西体中用"是《历史研究》主编黎澍先提出的,李泽厚扩展了这个概念。李泽厚讲:为什么要用"西体中用"这个词,"其目的是想与'中体西用'和'全盘西化'相对立"。"西体中用"的概念提出后,李泽厚也没有认真定义,详细论述,只是说"西体中用"和"中国化""中国模式"差不多的意思,"我的'西体'实质就是现代化"。这个概念提出来的时候确实有点随意,但是我们看"改革、开放"以来的实践,仍然是死死地盯住西方,认为"现代化"是一种输入的东西,而不是我们自身可以发展的东西。改编龚自珍"药方只贩古时丹"的说法,我们想的是"治病全赖洋药丸"。当然,治不好的病也就全部怪在"西方"头上,怎么洋老师给的药又是不灵?因此很多人又反过来批判西方,说他们卖的是假药、毒药,回到了原教旨的民族主义。

我理解李泽厚、黎澍的"西体中用",是要把张之洞版本的"中体西用"反过来,兼而对"全盘西化"做出修正。就是说,以西方制度为基本,涂上中国文化的色彩,以西方制度为本,以中国文化为用,相当于教义传播中的"本土化"。我一直在思考,采用"体用二分"的方法,讲"西体中用",实现政治体制的现代化,意思大概是对的。1898年张之洞《劝学篇》中的"中体西用"其实是一个文化保守理论,但在随后的革命思潮中,由于他的保清立场,被批评为一个政治保守主张。中国搞现代化、全球化,应该采用全世界通行的现代政治、经济和社会管理体制,这不是问题。问题在于中国文化是否也要"西体中用",人文学者研究的哲学、宗教、思想、历史、文学、语言、文字等"传统文化"并不能随便替换,主体变更。"西体中用"的模式,在学术、思想和文界显然是不行的,但也不是没有做过。曾经想用"罗马拼音"替代汉字,普及"世界语"为通用语言,用某一种不断更新的"先进理论"来解释一切,都属于这类行为。

政治体制和文化传统当然有关,但它不是文化问题本身。中国的主流学者似乎还没有充分注意到"政治进步"和"文化多元"是20世纪最重要的两项精神遗产,两者并行不悖。或者说,具有"现代性"的制度,逐渐"现代化"的生活,是可以和本民族的文化传统同时发展的。最近十几年里,我们讨论"亚洲的现代性""江南的现代性",都是在"文化多样性"前提下讨论"普世价值"。近年来有机会和一些印度裔的学者对话,他们提示说印度保留了自己的宗教信仰和多元文化,却并无违和地建立了宪政和民主,而中国似乎走的是另一条相反的道路。回到民国初年,章太炎等人一面整理"国粹",一面主张宪政、民主和自治,还和日本、印度学者一起讨论"东方文化",这是一种与"五四"以来"西化"主张不同的思路。文化归文化,政治归政治,这样的关系有点像基督教讲的"恺撒的归恺撒,上帝的归上帝"。20世纪80年代"文化热"的一个教训就在于混淆了政治与文化两个不同概念,两者纠缠在一起,承担了不必要的责任,最后出现了毁灭性的结局。

从"中体西用"到"全盘西化",再到"西体中用",中国学术界是否找到了与世界各民族的现代文化的相处之道?下一阶段,中国学术界会用一个什么样的理论来总结我们这"古今中外"的一百五十年呢?我觉得,中国学者处理中西文化之间的复杂关系,还是应该回到"中体西用"的模式,中西熙洽,文化会通,文明对话,近代中西文化关系的第四期应该这样发展。我当然知道"中体西用"在涉及政治体制改革的话语中,是一个被批臭了的名词。张之洞用过"中体西用",用来为清朝政治保驾,成了一首挽歌;严复批过"中体西用",批为牛之体,配马之用,不能接在一起。但是,以我的体会,张之洞的版本,不是"中体西用"的真正含义。陈寅恪先生,还有钱锺书先生的治学实践,即所谓"东海西海,心理攸同",那才是"中体西用"的真精神。钱锺书先生在《管锥编》《谈艺录》中有一个很重要的思想,他认为说中文,用汉语也能像西方学者一样讲哲学,讲思想,讲艺术。西方汉学一直有一个看法:中国文化是很了不起,用中文讲诗歌是行的,讲文学、艺术是行的,可是讲概念、形而上这些东西就不行,中国就没有逻辑,没有科学,没有哲学,没有形而上学。别看陈寅恪、钱锺书等先生做的是考据,其实他们是憋着一股劲,要把中国的学问说出来,说到中国人懂得,外国人佩服,古今中外融为一体,这种以中文为本,参照西学的新学问,才是真正的"中体西用"。它是中国学者从自身的文化出发,站在中国的实际,学习世界,跟世界融合,借鉴人类经验中一切有用的东西,这是我们今天的"中体西用"。

我并不是在这里重新编排"中体西用",这个解释版本的"中体西用"早就有人说过。这些人是谁呢?就是同光年间上海的报人群体,如沈毓桂(1807—1907)、王韬(1828—1897)和林乐知(Young J. Allen, 1836—1907)。大家可以看我们三十年前编的《〈万国公报〉文选》,其中有"中西书院掌教"沈毓桂写的《西学必以中学为本说》(1889)一文,说:"美国进士林乐知先生与仆商立中西书院于沪上,假西学为中学之助,即以中学穷西学之源。"沈毓桂在另一篇文章《救时策》(1894)中说:"中西学问,本自互有得失,为华人计,宜以中学为体,西学为用。"你们看,上海中西书院(1881)的"中体西用",比《劝学篇》早十多年,一点都不是保守主义的理论。1986 年,我在复旦大学历史系思想文化史研究室做的硕士论文中说,中西书院的"中体西用",是"通过主体文化的发展提高来更深刻地洞察外来文化"。在这里,中学和西学是相互帮助,相互发明的合作者,并不对立,"体"所谓者,不过是在华言华,一个出发点而已。

我希望第四期中国近代思想,能够回到"中体西用"的本义上,回到一个中外熙洽,寰球合作的局面中。但是,今天中国的民族主义十分强烈,正确解释"中体西用"还有困难。我们现在有一种"中国中心主义",是当代的"新民族主义",比清末民初康有为、章太炎的"老民族主义"还要保守得多。他们较少考虑 20 世纪的普遍价值,即民主、宪政、自由、平等等现代性,较多地执着于自己理解的"中国性"。"中体西用"如果按"新民族主义"的想法来解释,当然是比张之洞的版本更糟糕了。但是,中国显然不应该是按着这种理论往下走,我们应该积极正面地解释"中体西用"。从这个角度来讲,今天的中国学者仍然还需要克服中国中心论的自大,同时更需要面对现实本身,借鉴外来经验。从这个意义上来说,中国学者在解释中国的时候,是和西方学者在同一个语境中,并不需要特别区分中国学者、西方学者。还有,今天的中国学者,再也不应该不分青红皂白地谈"西学"。我觉得根本没有什么"西方",地球是圆的,中国也在别人的西方。从文化类型上来讲,西方是法国、是英国、是美国、是德国、是西班牙、是葡萄牙,而不是一个整体概念。在今天,"西学"仅仅是中国以外文化的代名词,都需要仔细区分着使用。

在中国近代学术发展的第四个时期,我们仍然要立足本土,跟世界对话、交流,把中国看成是世界的一部分,而不是它的中心。中国文化固然有一些特点,但绝不是不可交流的"中国性"。另外,当中国站在世界面前的时候,中国学者固然有更大的义务来解释中华文明。因为我们对中华文明有认同,学业上也有些特长,研究中还有些积累,所以以汉语为母语的学者有更多的优势,也有更大的责任来解释中华文明。所谓的"主体性",不过如此,不能再多了。"中学为体,西学为用",也只能在这个意义上得到正确的理解。这就是我对中国近代学术重建过程的一个分析。

日本近代教育与国家主义

◎ 近代东亚国际视阈下的基督教教育与文化认同 ◎

日本基督教大学的战争责任及罪责告白

寺园喜基

徐亦猛　译

    2013年是日本学徒出阵(大学生服役)70周年。从1937年7月全面爆发的中日战争,到1941年12月日军成功奇袭登陆英国殖民地马来半岛及偷袭珍珠港,使战事扩大成为太平洋战争,之后,因为中途岛海战的失利使日军失去了制空权,日军接二连三地吃败仗。1943年日军在瓜达尔卡纳尔岛的撤退,山本五十六联合舰队司令官的战死,阿图岛守卫部队的失利等不利战况继而发生。在这极为不利的战局下,日军为了增强兵力,于1943年10月颁布了所谓学生动员令,因此大学、高中、专门学校的在籍学生以学徒兵的身份被送往前线参战。

    在学徒出阵70周年之际,日本几所大学陆续举办了一些纪念活动。京都大学举办了一场名为"战争中的京都大学及学徒出阵70年"的展览会,在这场展览会中展出了一些学徒兵与家人之间的来往信件和个人日记等相关资料。立命馆大学也在得到京都工艺纤维大学的协助后,举办了类似的展览会。此外,庆应义塾大学也成立了名为"庆应义塾与战争"的档案项目。在"二战"中庆应义塾大学共有2 200名学生阵亡,为了对"二战"作出反省,庆应义塾大学积极地把收集到的相关资料,在展览会及网络上公开。2010年神户大学举办了名为"神户大学与战争"的展览会,2011年龙谷大学举办了名为"战争与龙谷大学"的展览会。

    上述介绍的纪念活动只是停留在资料展览会而已,各个大学并没有举行任何追悼仪式的活动。但是西南学院在纪念学徒出阵70周年之际,特别举行了学徒出阵中阵亡学生的追悼纪念仪式。这个追悼纪念仪式的举行是受到了明治学院的影响。明治学院早在1995年(战后50年)公布了明治学院的战争责任及战后责任的告白。在明治学院自我反省并检证战后50年历史的同时,青山学院大学也成立了"青山学院大学项目95",专门检证青山学院在战争与和平中的角色。

本论文以作为高等教育机关的大学与战争的关系为主题,从而探讨青山学院、明治学院、西南学院的战争责任及罪责告白。

一、青山学院大学项目95

1993年即学徒出阵50周年之际,为了从多角度记录考察青山学院与战争的关系,以雨宫刚教授为中心成立了"青山学院大学项目95"的有志研究小组,从1995年到2001年共发行了4册合计2 800页刊物。其内容包括了学徒出阵、战争体验的记录,涉及青山学院的战争责任的证词,以及对开拓未来和平的提案等青山学院与战争相关联的资料。参加这个项目的学生约150名,协助该项目开展的校友及支援者达到200名以上。因此可以说该有志研究小组持有很大的影响力。

从"项目95"中可以看到研究小组的基调是:理解战争牺牲者和受害者的苦恼,怀有对和平的志向,以及作为战争加害者的战争责任的意识。这一点在1993年学徒出阵50周年全国私立大学272名校长发表的共同声明中明确地反映出来。在简洁的共同声明中,提到了以痛惜之念追思在前线阵亡的学生,在阐述了阵亡学生遗族的悲痛、战后存活下来友人的苦恼、对当时大学在籍学生的残酷命运等感到心痛之后,叙述了面向21世纪的大学使命。但是这个声明中没有涉及广义的战争责任,例如对于把青年学生送往前线参战的责任,以及对战争的庇护责任等。

青山学院大学项目95中还刊登了曾经参加过学徒出阵的学生所撰写的关于出阵学徒也必须承担战争责任的文章。作者在文中提到"许多出阵学徒认为自己的命运被战争年代所捉弄了,对此不去思考。其结果是成为侵略战争的帮凶,无视自己成为战争加害者的事实,以此认为自己是战争的受害者"。此文的作者也极力呼吁在"二战"中幸免于难的学徒兵觉醒起来。

其他的毕业生提到,"与青山学院有关联者遍布广阔的亚洲及太平洋区域,那个地方曾经流过别国士兵的血,牺牲了手无寸铁一般无辜市民的生命,这些罪行都是不可忘记的事实。同时作为祈祷的话语,再一次对于十四年战争的真相是侵略战争而认罪悔改,在神和其他民众的面前乞求饶恕,开拓未来新的和平之路"。

"项目95"不仅仅出版刊物,还举办一系列的活动。例如为学生举办和平演讲会,在菲律宾举办国际协力的体验学习,为被关押在日本集中营中死亡的英军俘虏举行追思礼拜。

"项目95"是一项意义非常深刻的活动,但是很遗憾,它只局限于有志的研究小组,并不代表整个青山学院。因此这个项目的主要负责人雨宫刚教授冉三要求青山学院当局应该正视战争责任与罪责告白。雨宫刚教授在文集第二、第三、第四册中控诉道:"回顾历史,坦率地承认在二战中我们所犯的过错。这个过错是多么地令神痛心,诚恳期待母校能拿出勇气与谦卑在主的面前忏悔自己所犯的罪。这个忏悔告白的对象是向神、向学院、向日本社会、向在日本发动侵略战争中牺牲的广大亚洲人民。真正的和平与和解不就是从这里开始的吗?"

虽然雨宫教授有这样的美好愿望,但是青山学院至今还没有做出任何战争责任及罪责告白。

二、明治学院的战争责任及战后责任告白

1995年明治学院中山弘正院长提出,在战后50年之际,必须告白学校的战争责任。为了响应中山院长的发言,明治学院成立了"明治学院21世纪论坛——战后50周年事业"委员会。委员会委员由学院同窗会理事,法人评议员,大学教授,高中、初中教师等10人组成。该委员会在中山院长的主导下,再次思考明治学院在战前、战中做了哪些事、没有做哪些事。为了把那段历史铭刻在心里,学院举办"战争与明治学院"的座谈会,开设思考战争的课程、讲座及以"战争与和平"为主题的礼拜,并举办相同主题的资料展览会。同时出版《铭刻在心,战败50年,明治学院的自我检证》《对未来的记忆,告白,战败:明治学院的自我检证》这两本小册子。

在这一系列的活动中,最为人注目的就是1995年6月10日举行的战败50周年纪念礼拜。在礼拜中,中山院长公开发表了明治学院对战争责任及战后责任的告白,并作了以"窄路"为主题的讲道。

中山院长以祈祷的形式展开告白:"在日本战败50周年之际,我在主的面前告白明治学院在二战中袒护战争而犯的罪。同时也向朝鲜、中国等国的人民谢罪,也为战后没有公开自己的责任而谢罪。"从这祈祷的用词上可以看到,明治学院所作的告白与把阵亡者作为英灵来祭拜的英灵思想是完全不同的。明治学院告白在政府的强权下,向当时的军国主义政府妥协并协助战争,其结果把无辜的年轻学生送往了前线,侵略亚洲各国而犯的罪行,并在神的面前、在受害者的面前告白罪行,表明乞求谢罪的决心。

在罪责告白中,中山院长还列举从战前到战后学院的具体事例并公开实名。也就是把当时学院的领导(日本基督教界的领袖)亲自参拜伊势神宫,强行带领朝鲜的基督徒参拜平壤神社,迫害基督教徒,或是在学院中推行参拜靖国神社,宫城遥拜,敬奉天皇像等事件公开。战后学院的领导仍然继续保留其职,对于自己在战争中的行为没有任何的反省。中山院长认为这就是明治学院整体的战争责任和战后责任所在。在公开学院罪责告白之后,表明了共创美好未来和平的决心。

这个告白公布后,被整个日本媒体所关注。例如在《朝日新闻》的"天声人语"中就被评论道:"当听到中山学院长要作告白的决定后,我们振奋起来。"《东洋经济日报》中报道说:"小小的一个日本民众的良心展现在亚洲各国面前。"同时这个告白文被翻译成韩语、中文及英语,并在海外引起了强烈的反响。韩国的主要媒体都报道了此事,其中《中央日报》的社论中提道:"我们期待这种有勇气的谢罪反省能渗透日本知识界。期待日本的文人可以带头探讨政治家无法解决的这一难题。希望明治学院的反省成为起点。"

明治学院承认作为教育机关参与战争的责任,以及战后没有任何反省的战后责任,并对此谢罪,在战败50周年之际,表白了学院要走和平之路的决心。笔者认为明治学院这个告白是日本高等教育机关袒护战争的罪责告白的最好范本。较之其他大学至今还没有任何行动来作这样的告白而言,这份罪责告白确实是一种难能可贵的行动。

三、"西南学院与战争"的检证

西南学院在明治学院罪责告白的影响下,学徒出阵 70 年(2013)纪念之际,学院组织了一场追悼纪念仪式。这是"西南学院与战争"的历史检证的一个成果。

笔者在担任西南学院院长时,2006 年正好迎来了西南学院创立 90 周年纪念。在回顾学院的历史时,笔者发现,在第二次世界大战中,当时的院长及学院的领导们口称宣扬皇风、奋勇杀敌,把学生们送上了前线,战后,学院对此事一直保持沉默,始终也没有对此给出任何的回应。笔者当时强烈地感到我们必须诚实地去面对这段历史,故此通过学院月报来呼吁学院应该去正视历史。

此外学院的一位毕业生,原橄榄球部的队员(坂本让先生)在编辑橄榄球部史中发现,橄榄球部队员中竟然有多位在"二战"中阵亡。在调阅本学院的学生及毕业生作为学徒兵出阵的资料后,确认了 42 名阵亡者的具体名字、阵亡日、阵亡地。2010 年坂本氏来访时,提出请学院组织举办一次追悼仪式的请求。当时笔者十分慎重地接受了这个请求,并向学院常任理事会报告。

为了商讨是否要组织举办追悼仪式之事,学院特别召开了三次咨询委员会,常任理事会也成立了"西南学院与战争"检讨委员会专门讨论以下三个问题。

第一,西南学院如何看待西南学院与战争这个主题。

第二,关于西南学院的战争责任,应该以何种形式来回应。

第三,回应坂本让先生提出的学院组织举办追悼仪式的请求。

委员会经过慎重讨论之后,于 2012 年向院长提出意见书。在接受委员会提出的意见书后,理事会当即决定首先具体实施第三件事。2013 年 6 月 1 日,西南学院举行了西南学院学徒出阵阵亡者追悼纪念仪式。毕业生、阵亡者遗族、教职员工共计 200 人出席了这场追悼纪念仪式,第二天的西日本新闻也对此次追悼纪念仪式进行了详细的报道。

在追悼纪念仪式中，常任理事、西南学院附属高中伊原干治校长祈祷说："这些阵亡者，心怀大志，期待等到毕业后，要报效社会。这些 20 来岁的年轻人，选择自己美好人生的道路的权利被剥夺了，枪代替了笔，为何要参加这场战争呢？残酷时代的牺牲者，用一个词来表示自己的心情，那就是无念。但是另一面，我们不能忘记，我们的国家在这场战争中，给亚洲各国带来的伤害，在战后 60 年来至今还没有消除。西南学院虽是以基督教为办学理念，持有开创和平使命的学校，但是祖护协助战争，把学生送上前线。之后没有任何的悔改。"

伊原校长祈祷之后，笔者作了致辞。那年虽然笔者已经卸任，因为后任院长是美国人，固辞作致辞，使笔者作为前任院长不得不担当起大任。笔者在致辞中代表学院表达追悼之意，叙述对和平的憧憬。对于战争责任与罪责告白，笔者阐述了以下的告白："本学院有必要表明战争责任和战后责任。今年正逢学徒出阵 70 周年之际，《圣经》中耶稣说过饶恕 70 个 7 次（《马太福音》18：22），如果这句话适合本学院的话，那么我们乞求 70 个 7 次的饶恕。回顾本学院的历史，学院在战前、战中都做了一些遗憾的事，无法贯彻学院创办人的遗训，忠诚于基督。学院没有批判当时政府的战争政策，用学院的名义把学生送往前线，因此牺牲了许多无辜年轻学生的生命。也因此给亚洲邻国带来无法用言语表达的伤害。本学院必须承担教育上、道义上的责任。我们必须向神祷告，神啊！求你赦免学院的罪。另外，学院也要承担战后责任。也就是之前提及的在'二战'中当时的院长及学院的领导们口称宣扬皇风奋勇杀敌把学生送上了前线，战后学院对此事一直保持沉默。确实学徒出阵是当时政府的决定，学院不得不遵从也是事实。但是至少在战后，学院必须对学徒出阵的阵亡者、对亚洲邻国、对神表明认罪悔改之意。因此，我们今天牢记学院的战后责任，乞求神的赦免。"就像这样，笔者在致辞中非常明确地表明了西南学院的战争责任及罪责告白。

上述纪念仪式是"西南学院与战争"检讨委员会的意见书中第三点的实施。意见书还列举了另外两点。也就是学院应该如何看待西南学院与战争这个问题，以何种形式表明出来。

这两点提案在 2016 年学院百年校庆之际，以公开发表战争责任及战后责任告白的形式得到具体实施。

西南学院的战争责任及战后责任告白文共有五个段落。

第一个段落叙述了告白的主体与告白的必然性。告白的主体是西南学院,告白的必然性是西南学院没有持守住建校精神"西南,忠实于基督"。因此学院袒护战争。西南学院虽然是一所以耶稣基督的福音为基础,重视和平及人权教育的学校,但是学院袒护过去的亚洲、太平洋战争,给韩国(朝鲜)、中国等国家的人民带来极大的痛苦。

第二个段落叙述忠实于基督的内容。基督是我们的和平,跟从基督的人就是实现和平的人。因此只有连敌对的异资分子都能面对,彼此相爱,那才是人类的普遍价值。

第三个段落叙述了西南学院违背建校精神的一些行为。学院请求政府赐予天皇、皇后的肖像画之后,把天皇、皇后作为神来敬拜,在学院的典礼中,宫城遥拜(面向皇宫行最敬礼),齐唱国歌《君之代》,宣读教育敕语,把体育教育改为军事训练,以学院名义把学生送往前线,导致学生战死。当生活在同一个校园内的传教士们被视为敌国的敌人,被迫离开日本返回美国时,学院也无法很好地共有这些传教士们的苦恼、悲伤。在当时的状况下虽然可以轻易地想象出继续忠实于基督是件非常困难的事,但是这并不能逃避对于过去的责任。

第四、第五个段落是自问过去的罪责和战后的责任,表明对和平的决心。如果对于以天皇名义发动的侵略战争中受到伤害、被杀民众的加害责任也无法铭记在心,学院就不能超越民族和国界,不能对于战争的受害者及遗族的愤怒、痛苦、悲伤给予充分的理解。西南学院如果只记住负面的遗产,就无法面对现在和将来。最后表明了学校要努力学习与构筑和平的决心。

四、结论

以上是青山学院、明治学院、西南学院关于战争责任、罪责告白的事例。这三所大学共通点,都是以基督教为办学理念的学校。但是每所学校都参照了德国对于"二战"的反省。特别是里夏德·卡尔·冯·魏茨泽克总统在战后 40 年纪念国会演说。笔者想说，德国政府从 1945 年《斯图加特罪责宣言》以及德国教会的罪责告白中作了许多学习调查。

最后笔者想介绍一位德国著名的神学家潘霍华。潘霍华对于德国教会的罪责告白起了很大的影响。潘霍华在 21 岁时就已经取得学位，并在 25 岁成为柏林大学的讲师，可谓是天才神学家。潘霍华早年投身抵抗纳粹运动，之后因参与暗杀希特勒失败被逮捕，关入集中营，最后被处极刑。他生前，在参与抵抗运动时，把纳粹德国所犯的罪，视为教会的罪，视为自己的罪，并写下了告白文章，在告白文章中，潘霍华写道："教会眼睁睁地看着无数毫无罪过的人在肉体、精神上受苦、受压迫、被杀，而不敢为他们申冤，不敢去寻求帮助他们的道路。教会必须对于那些最软弱的耶稣基督的弟兄丧失生命之事要承担责任。""耶稣基督的弟兄们"是指犹太人，潘霍华认为迫害屠杀犹太人是教会要承担的罪。1980 年莱茵州教会发表了这样的告白："我们德国的基督教会要承担屠杀犹太人的共同责任与罪责，并沉痛地告白自己的罪。"

潘霍华还指出："真正地对于罪的认识，不是从堕落的经验中产生的，而是在基督的恩典之下，被基督俘虏之后才会产生。罪的认识只有在基督恩典认识之中，罪的告白才会被包含在拯救的告白中。"基督教大学承认战争责任作罪责告白，对大学而言不是可耻的事，也不是可以自夸的事，而是出于办学理念的喜乐、感谢而做出的行为。

参考文献

1. 寺園喜基：「中国における農村の宗教に関する研究―キリスト教を中心に」,『日本の神学』第 53 号,新教出版社,2014 年,第 1—4 页。
2. 『西南学院史紀要』第 9 号,西南学院,2014 年。
3. 「西南学院の戦争責任・戦後責任の白告（案）」,作業部会編,『西南学院創立百周年に当たっての平和宣言―西南学院の戦争責任・戦後責任の白告を踏まえて』,西南学院,2016 年。
4. 岩波ブックレット五五：『荒れ野の四〇年：ヴァイツゼッカー大統領演説全文：一九八五年五月八日』,岩波書店,1986 年。

5. 明治学院敗戦 50 周年事業委員会：『心に刻む：敗戦 50 年・明治学院の自己検証』，明治学院，1995 年。
6. 明治学院敗戦 50 周年事業委員会：『未来への記憶：こくはく敗戦 50 年・明治学院の自己検証』，ヨルダン社，1995 年。

附录

西南学院创立一百周年和平宣言
——关于西南学院的战争责任及战后责任告白

西南学院在迎接百年校庆之际,展望未来的百年,再次把学院的创立者C.K.多爵"西南,忠实于基督"的校训铭记在心。我们在回顾学院作为一所基督教学校到目前为止的历史时,不得不铭记对过去的责任。西南学院虽然是一所以耶稣基督的福音为基础,重视和平及人权教育的学校,但是学院袒护过去的亚洲、太平洋战争,给韩国(朝鲜)、中国等国家的人民带来极大的痛苦。对于其责任,在战后的历史中没有公开表明过。今天,我们对于没有持守住建校精神在神和邻舍的面前告白,对于没有忠实于基督的行为而发自内心地谢罪、悔改。

耶稣基督说:"你要爱主你的神。要爱人如己。"(马可 12:29-31)又说:"你们要爱你们的仇敌,为那逼迫你们的祷告。"(马太 5:44)神说:"我是耶和华,你的神,曾将你从埃及地为奴之家领出来。"(出埃及记 20:2)《圣经》中所说的神,是把我们从所有的压迫中,从这个世界上存在的特定价值中,无论是基督教会还是家族、民族、宗教、国家、财富的支配中解放出来的神。此外,基督通过十字架,"使我们和睦,将两下合而为一,拆毁了中间隔断的墙"(以弗所 2:14-22)。"跟从他的人,就是使人和睦的人,有福了"(马太 5:9)。我们相信只有连敌对的异资分子都能面对,彼此相爱,那才是人类的普遍价值。

西南学院应该是完全忠实于圣经教导的学校。但是回顾过去的战争,当时在军国主义体制之下,学院请求政府赐予天皇、皇后的肖像画之后,积极募款,用于建设存放天皇、皇后的肖像画及教育敕语(明治天皇颁布的教育文件)的奉安殿,在学院的典礼中,宫城遥拜(面向皇宫行最敬礼),齐唱国歌《君之代》,宣读教育敕语。此外,学院迫于配属将校(军方派来的军训教官)的压力,默认把体育教育改为军事训练,以学院名义把学生送往前线,导致学生战死,杀害他国人民。当生活在同一个校园内的宣教士们被视为敌国的敌人,被迫离开日本返回美国时,学院也无法很好地共有这些宣教士们的苦恼、悲伤。在当时的状况下虽然可以轻易地想象出继续忠实于基督是件非常困难的事,但是这并不能逃避对于过去的责任。

当然这不仅是战争中的问题。在战后的进程中,学院也没有公开告白自己的罪责。这种行为使学院不仅无法感受到因战争而带来的本国受害者的痛苦,同时对于以天皇名义发动的侵略战争中受到伤害、被杀人民的加害责任也无法铭记在心,学院更不能超越民族和国界,对于战争的受伤者及遗族的愤怒、痛苦、悲伤给予充分的理解。

在学院创立百年,回顾过去展望未来之际,我们要表明决心,不能再重犯把自国本位的价值观绝对化,使用武力、暴力压制他人尊严的过错。西南学院的所有学生以及教职员工要警醒行动,立志成为国际社会中的真正一员,并生活在作为实现和平人们的祝福当中。

学校法人　西南学院

中日战争时期有关中国的论述
——神职人员眼中的他者镜像

金丸裕一

朱　虹　译

基督教所主张的教育本质是指神的面前人人平等,以及以神为媒介告知每一个人都要践行爱与和平。如果这一原理真能奏效的话,那么每一个人就应以其高贵的人格直接与神进行对话,并作为神所恩宠的幸运使者、和平使者降临人世。然而,至今为止,这仍只是一个梦幻故事,有待历史的考证。因此,回顾与探讨教会或是教会教育如何论述日本与中国的"邻居"关系就显得尤为重要。

我们无法直接聆听神的话语,只得通过阅读《圣经》或聆听牧师、神父、司祭的转述这两种途径来获知。神职人员的话语对信徒及学生来说有着与神的话语同等的重要意义。换言之,神职人员的一字一句都有可能被认为其背后有一种信仰在支撑着。因此,以说教为代表的神职人员的言论内含诸多需向信徒传达的信息,这或可看成是某种诱导作用。

本文拟基于上述问题,深入考察中日战争时期基督教界有关"中国""战争""和平"等问题的论述。主要就两国交战时神职人员的言论,即神的面前人人平等的"他者"在战争中是如何被论述的,以及其论述的背景为何等问题展开初步分析。

一、研究动向概述

为了便于了解本文的主要研究对象——贺川丰彦的概况,在正式进入议题前,先就20世纪90年代以后日本学界关于贺川丰彦的研究动向作一个简单的梳理。为何要以这个年代来划分呢?因为就笔者个人而言,在这个年代以后才真正诞生了贺川及其弟子以外的人士所撰写的回忆录以及批判性使用非贺川本人及其相关人士编著的史料所开展的研究。

米泽和一郎介绍了大量在海外搜集到的英文新史料,并依次公开了"侵略谢罪"及其海外反响和对中国新生活运动的影响等相关研究成果①。布川弘则根据米泽所提供的史料介绍了有关以工会运动为载体的贺川与中华民国基督教联盟之间"基督化、合作化、国际化"的连带关系,《爱的科学》中文版序文②,谢罪说教,"流泪告白"等内容,从而刻画出贺川形象的双面性,即既是"祈愿国际和平的非暴力主义者",又是"崇拜天皇的爱国主义者"③。

浜田直也的贺川研究则立足于对中国近代史的见解,具有划时代的意义。其通过日中双语史料阐明了贺川于1920年以后在中国的一言一行以及与中国基督教相关人士、政界要人的详细交往过程④。但其却将1934年3月公开出版的《爱的科学》的历史意义误认为"明确记录了对中日战争的谢罪意识"(中日战争于1937年全面爆发,因此"作者序文"其实是对九一八事变以后的局势的回应,第148—149页)。此外,关于贺川1944年作为"宗教使节"出访之谜,又断言其是"抱着必死的决心,依靠内山完造的帮助在访问上海后赶赴南京的"(第60—70页)。在对贺川的个人行为的描写上,隐约透露出浜田对于贺川的维护姿态。

及至21世纪,贺川在满洲基督教开拓团所犯下的"罪责"逐步得到论

---

① 米泽和一郎:《贺川丰彦战时下侵略谢罪的意义》,载《贺川丰彦研究》第31期,1996年;《灵魂外交》,载《贺川丰彦研究》第40期,2000年;《Realistic Pacifist 贺川丰彦与中国》,载《明治学院大学基督教研究所纪要》第38期,2006年;等等。
② 关于《爱的科学》中文版的发行,有评论认为这只不过是"广学会为了讨好日本侵略者",邀请贺川到中国演讲鼓吹"中日提携",要求中国人民要像"爱主内兄弟那样"对待日本侵略者。参见韩荣钧:《抗日战争时期的天主教和基督教略论》,载《江苏科技大学学报》2008年第4期。
③ 布川弘:《1930年代贺川丰彦的和平运动》,载《日本史研究》第424期,1997年;《和平的纽带——新渡户稻造与贺川丰彦以及中国》丸善,2011年。但令人遗憾的是其未对日中战争激化后中国国内对贺川的评价进行深入探讨,这可能是困囿于史料多为欧美转述的贺川评价所致。
④ 浜田直也的《贺川丰彦与孙文》(神户新闻综合出版中心,2012年)及"五卅运动"与日本劳农运动家——铃木文治、贺川丰彦、芳川哲的足迹》(森时彦编:《长江流域社会的历史景观》,京都大学人文科学研究所,2013年)是阐明五卅运动时期中国工会与贺川之关联的重要研究成果。

证①。松谷晔介所阐明的史实,即通过论证贺川在战争期间访华过程中的种种举动和中方的反响,以及以"大东亚省特聘人员"的身份从事安抚活动的详细经过,使得贺川访华是基于其原有的"纯粹的宗教动机"这一虚构的结论也随之崩溃②。对于贺川在战争期间协助战争的史实已无任何辩解的余地③。

可见,贺川的评价多受史料的局限。首先,仅对于贺川本人及其亲信的言论进行单一解读的话,无法作为论证的凭据。其次,使用"英语之贺川",即贺川面向海外发布的言论(英语史料),在很大程度上可能会构建出贺川是"和平使者"的形象④。然而,解读"日语之贺川",即贺川面向日本国内发布的言论(日文史料)所剖析出的却是其顺应时局而变的人格形象。面对"和平主义者"与"战争协作者"的双重评价,笔者不禁感到一丝疑问,那就是贺川到底有没有"转向"⑤。

近年来,学界开始从学术的角度剖析贺川丰彦。从严格意义上来说,贺川既非专业的教师,亦非牧师。其并没有埋没在战前、战中、战后这一动荡的时代之中,而是在阳光大道上阔步而行的近代日本具有代表性的基督教徒及基督教界的领袖。在对史料的研读过程中,笔者从其著作中直接论及中国,抑或使用了历史的对比和隐喻的叙述中,发现了极为深刻的、内在的且本质的问题。接下来将对此一一梳理与介绍⑥。

---

① 有关这一点,请参阅仓桥正直的《满洲基督教开拓团》(《东亚研究》第48期,2007年)与《贺川丰彦与满洲基督教开拓团》(《季刊at》第15期,2009年)以及渡边祐子等的《日本的殖民地统治与"热河传教"》(生命之语社,2011年)等精通中国近代史的内在理论及史料的研究者所发表的实证研究成果。
② 松谷晔介:《贺川丰彦与中国——围绕"宗教使节"问题》,载《基督教史学》第67辑,2013年。
③ 据气贺健生的《阿部义宗与贺川丰彦》(《贺川丰彦学会论丛》创刊号,1985年)所述,贺川与阿部是在1941年12月10日太平洋战争爆发后访问中国的,这可能与松山常次郎有所混淆。
④ 分析塔平如何"翻译"贺川的言论对于考察贺川的世界观形成来说是不可或缺的重要课题。
⑤ 有关这一点,小南浩一的《战时下贺川丰彦的思想与行动》(《贺川丰彦研究序说》,绿荫书房,2010年)对战时下的文本进行了重新解读,指出其中不只有"英勇果敢的文章",也有"柔和温煦的文章",强调后者对于"弱者"的关怀。小南还指出面对欧美列强的侵略,弱小的日中两国联合起来解放亚洲的构想是贺川思想的精髓所在,并把贺川在战争期间的一系列言行称之为支持战争的"转向"而非单纯的"转向"。
⑥ 众所周知,24卷《贺川丰彦全集》(基督新闻社,1962—1964年)已经公开出版,但在编撰的过程中,编者貌似将表现贺川好战的作品都排除在外。依据《贺川丰彦全集》探究其立场的方法可能从一开始就会产生诱导结论的危险,因此,笔者致力于仔细考证其他著作。

二、神职人员口中的"中国"镜像——贺川丰彦的言论①

作为讨论的前提,笔者先简单回顾一下贺川丰彦所论述的"中国"。贺川通过在美国的生活经历,认为"以日本为首,印度、支那都很黑暗",并推断"贫民"皆出自于"朝鲜""支那"。这一事实早已广为人知(《贫民心理的研究》,1915年)。贺川在首次访问中国之后,观察发现"在中国,掠夺者与底层的贫民、政治家互相勾结,肆意压榨人民",由此得出"中国自汉、唐以来无丝毫进步"(《从支那回来》,载《劳动者新闻》1920年9月17日)的观点。他还提到"支那的资本家在工厂经营方面完全没有才能,像支那人在上海经营的纺织公司几乎都濒临倒闭"的传闻,认为"如真有意愿开发支那,(日本资本)未必需要撤走"。直至20世纪30年代,贺川在"人道主义觉醒……摒弃迄今为止的私欲,进一步致力于日支亲善"(《从劳动问题看在支日本纺织业的将来》,载《东京朝日新闻》1926年10月6日)等提议保护劳动者的发言中仍数度重复"落后的中国社会"这样的说辞。

"在支那,人与人之间不行仁义,无论是一家工厂还是一座村庄,都处于经营困难的状态","为了建设新的支那,不可不复苏国民道德"(《彷徨与巡礼》,1933年3月)等针对男女关系和家族制度的批判,以及"被夹在黄河与长江中间的所谓河南地区至今仍是一片沙漠","居民……仍然延续着穴居生活"(《以赛亚书第35章瞑想》,《云之柱》18-10,1939年10月)等说教是以何为依据而展开的,仍是一个未解之谜。由于这些言论多数是在贺川为消灭日本社会的贫困、酗酒、毒品、卖春等现象而以中国为参照物时被论及,或许只是其脱口而出的比喻而已。

及至20世纪30年代,贺川历经数次访华,提出了通过合作社重建中国的言论。"我们认为在日本,在支那,除合作社外没有拯救农村、拯救工农阶级的第二条路。而基督教爱的运动只有通过合作社才能实现其经济价值"

---

① 拙稿《贺川丰彦眼中的中国——论述与被论述的阐释方式》(《基督教文化》2016年春期,日本KANYOU)中有更为详细的分析。此外,有关中国学界对于贺川的评价,拙稿《关于中国对贺川丰彦之评价:1920—1949年》(《立命馆经济学》第65卷第6号,2017年3月)中附有实证性论述,请一并参阅。

(《读"外国传道再考"》，《云之柱》12-3，1933 年 3 月)，这一信念对于贺川来说或许就是加深其与中国的合作社运动之间联系的原动力。在记载着蒋介石邀请其担任指导事宜的回忆录中(《对谈：温和谈论支那》，《周刊朝日》通卷987，1939 年 4 月 19 日)表露了其作为领导者的自负心理。

"日本挑起"的九一八事变爆发后，对于两国关系，贺川提出通过合作社开展贸易互助胜于军事活动(《战争能够防止吗》1935 年 11 月)。这个想法看似是一种和平的构想，但从逻辑上来说却是以维护"满洲"权益为前提的一种言论。满洲国成立以后，贺川又展开如下说教："今后如若经营不善的话，大量的支那人会从满洲蜂拥而来，大阪的工作或许都会被支那人抢走。……如今，用鲜血开拓得来的满洲也已完全被支那人和朝鲜人抢占势力。"(《社会生活的宗教化》，《云之柱》13-3，1934 年 3 月)贺川还称："有人说日本失业者增多是由于朝鲜人的大量涌入。同样，一旦满洲衰亡与日本合并，支那人也将源源不断地涌入日本内地，形势将愈加困顿。"(《关于申命记的瞑想》，《云之柱》12-7，1933 年 7 月)贺川借由这一比喻是否能令倾听者联想到基督教所倡导的放弃种族偏见救济弱者的爱呢？早在九一八事变爆发前，对于工资低廉的中国，贺川就曾预言："支那一旦恢复和平就会发生大的骚乱，日本的绢丝产业也会遭受巨大的打击。"(《农村文化的建设》，《云之柱》9-3，1930 年 3 月)这番言论可以说充分反映了其在推进农村合理化发展的同时劝告国人要熟知中国境况的真实意图。

确实贺川从很早就开始谈及要与中国和睦相处。学术、良心的世界里无国界之分，人类无关种族皆有灵魂，且因"日本人的血液中混合着中国人的血液是无可争辩的事实"，所以"朝鲜移民"的数量众多之类的认识都成为其理论的依据(《耶稣与社会改造的精神》，《云之柱》4-12，1925 年 12 月)。贺川抱持着"基督已经恢复神的意识，不会区别对待支那人、朝鲜人、日本人，这是其作为亚当之子应尽的责任"这一信念(《关于十字架的瞑想》，1931 年 6 月)。而这种"平等"意识在九一八事变后催生了以下祷告："如今的民国血腥一片……愿民国和日本改过自新，早日恢复原貌。"(《为了东洋和平》，《火之柱》74，1931 年 12 月)贺川还称中日战争只是"互相争抢满洲这个饭碗"，"如考虑到支那有困扰，日本也会随之产生困扰的话，那么战争就不会发生……各自如果都顺从神的意识，大家就能互助共处"(《基督的神之意识》,《云之柱》11-7,1932 年 7 月)。上述说教表明九一八事变时期贺川所谓的"和平"仅是兼顾彼此的讨巧想法。

同时代的中国是日本应救济的对象吗?关于这一点,贺川的信念是极为明确的①。

"日本从某种意义上来说拥有与以色列民族相似的一种特色。那就是几千年来不可思议地固定在一个地方的国民","欧洲的基督教日渐衰退,随着帝国主义的扩张,在教授《圣经》时神通过大和民族的纯真心灵究竟想要暗示什么?"(《新的圣火燃烧》,《云之柱》4-10,1925 年 10 月)贺川的这种犹如信仰般的坚定信念在其理解中日关系时衍生出如下理论,即"支那的耶稣会道德水准低下。我们肩负着重大的使命。如果我们不能坚定地开展基督教运动,那么针对东洋十一亿人口的基督教运动将毫无成效"(《不可不信须坚信》,《云之柱》11-2,1932 年 2 月)。

贺川认为昭和恐慌下,真正的国难并非经济危机,而是"潜藏在我们的灵魂之中",鼓励国民秉持在进军海洋以及开拓满蒙时所表现出来的"爱与服从、奉献"的精神推进"日本民族的海外发展"(《神与苦难的克服》1932 年 10 月)。其还提出"没有日本的话,支那如今早已四分五裂",应发挥"国际亲和力","打造有支那共同参与的东洋,而非日本独霸的东洋"。在这一使命感的驱使下,贺川产生了"日本民族须运用世界精神来指导支那"的坚定信念(《热爱支那民族吧》,《云之柱》14-12,1935 年 12 月),甚至还衍生出"支那人没有道德方面的组织能力,如果不借助日本人在道德方面的组织能力,将无法展开资本运作"这种歪曲的认知(《产业协会的本质及其出路》,1940 年 4 月)。贺川所谓的传教与进军海外事实上是互为一体的。

虽然没有相比较的对象,但是若将贺川有关中国的"论述方式"评价为与日本同时代的论坛、学界的见解完全隔绝,甚至与街边闲聊差不多水准的话是否会太过严苛呢②?

---

① 参阅贺川于 1937 年日中战争全面爆发后亲自撰写的以反战诗而闻名的文稿《泪语》。其中,"吾弟前去毁灭'支那'的新闻"等词句不再是之前所熟知的"兄弟"这一表述,而是使用了渲染长幼有序的"弟"这一字眼,这个事实值得关注。米泽和一郎:《人物书志大系 37·贺川丰彦》Ⅱ,日外协会,2006 年,第 591 页。

② 例如参阅西村成雄:《日中战争前夜的中国分析》,载《"帝国日本"的学识》第 3 卷,2006 年。

不幸的是，贺川兼具名声与信仰，可以掩饰其漫天胡侃的中国认识。总而言之，贺川的"中国认识"从战前开始就始终处于相当低的水准，达不到可以在战争中"转向"的高度①。

三、战时的贺川丰彦与"中国"

从中日战争到太平洋战争，随着战局的日益严峻，贺川并没有表现出沉默抵抗或是不合作的姿态。相反，通过对"日语之贺川"的追踪研究，我们可以发掘出其全然不同的姿态。接下来就其具体的言行一一详述。

贺川在中日战争全面爆发后有过这样的论述。"支那人……没有希望的福音……如果支那与日本相接近，在精神上、经济上保持更为密切的关系，并且日本居于指导地位的话，日本需立足于基督教的邻人爱精神全力进行指导"。"支那有三分之二的居民至今仍处于穴居生活的状态"，救济贫困，"指导友邦支那等重任都落在我们的肩上"（《近代支那教化的教训》，《云之柱》17-2，1938 年 2 月）。

贺川对于"指导"的意义作了如下阐述。"日本人如果接受赎罪爱的净化，即能光明正大地跻身于世界前列，不仅可以成为支那的优秀指导者，还能如我们所祈祷的那般确保东洋和平，最终为世界和平作出贡献。"（《兴亚与十字架》，《云之柱》18-5，1939 年 3 月）

这一言论表明日本的使命就是救济方方面面都处于落后状态的中国。显然，贺川是在诱导日本以上下级关系为前提与他者展开交往。甚至可以说，贺川缺乏中国在《圣经》翻译和教义理解方面是日本的前辈这一历史感知。

有一个事实一直不太被提及，那就是中方很早就注意到贺川的"变节"问题②。中日战争全面爆发后的 1937 年 10 月，从东京前往上海访问的传教

---

① 与此相关联，京都帝国大学特意在《天界》第 226 期（1940 年）介绍了贺川丰彦有关天体运行与地震的杂文《先知天》（收录于《皇纪二千六百年信仰者日记》），并借由次月《天界》第 227 期上刊登的山本一清的《观宇宙，观世人》一文对贺川进行了严厉的批判。作为一个人要通晓所有领域还是不太可能的。

② 拙稿《贺川丰彦相关汉语文献目录（初稿）——1920 年—1949 年》（《立命馆经济学》65-1，2016 年）是中国有关贺川丰彦史料的初步整理成果，日本研究者历来欠缺这一视角，但在考察中国对于贺川的评价时却是一项基础作业。

士在其信中提到了贺川的态度。即"对于日军在华强暴行为,则不置可否。且向某西教士声称:此次上海战事先由中国军人发动。言外似诿过于中国,所以此次并未见贺川氏有何悲愤作品,亦无抱歉之意。观察日军之轰炸无辜平民摧残文化机关……均属正当"①。这一评价相较于1933年6月金陵神学院的学生张雪岩拜访位于东京的贺川宅邸时对于九一八事变中贺川的沉默所发出的质疑,显然是更为具体的一种批判②。

对此,贺川以中国人同化异民族的能力很高为由对中方的武力抵抗进行了批判,并称"我们始终热爱支那民族,帮助支那民族"。贺川还具体指出"贯彻近卫内阁针对日支事变的声明,通过祈祷为拯救支那而不断努力。这对于考虑如何攻占南京会有所暗示吧"(《近代支那教化的教训》,《云之柱》17-2,1938年2月),这种手法完全是以追认现状为出发点的论调。

1940年8月,贺川因反战嫌疑遭涉谷宪兵队逮捕。1941年12月,太平洋战争爆发前日美共同举办世界和平连续祈祷会。1943年5月,贺川因反战、社会主义思想之嫌遭神户相生桥警署拘留,同年11月遭东京宪兵队总部审讯。这一系列可能将其误读为和平主义者的抵抗事件事实上却加速了其著作倾向国粹主义化。

贺川认为现今的战争是从"遮蔽真理,残暴肆虐弱小民族的丘吉尔和罗斯福"的手中"拯救东亚的新的出埃及记","坚信真理之神会给予庇护"并号召"基督的弟子背负着十字架为皇国献身"(《为国难献身》,《火之柱》169,1943年10月)。无论战势如何恶化,国内如何悲惨,贺川都不断呼吁民众为国献身,诸如"朋友,倾听全能者的呼声吧。你即使身躯佝偻也请坦然面对。空袭是什么?空中要塞是什么?对以命相赌的战斗者们来说又有何惧。我们为了大东亚拼死卫国……我们为了大东亚被要求牺牲生命"(《身躯佝偻也要坦然面对》,《福音之语》27,1943年11月)。此外,还有诸多含有类似论调的教材,研读时不禁深感哀痛。而这正是好战主义者——贺川丰彦的生动面貌。

接下来的祷告,贺川将基督教的"神"与"神国日本"融为一体,这不仅有

---

① 济泽:《贺川丰彦近讯》,载《兴华周刊》34-41,1937年10月。
② 张雪岩:《东瀛归来》,载《金陵神学志》15-8,1933年10月。

其自身的信念潜藏其中,也是向信徒及听众解释的绝佳证据。"慈爱的天父:你是历史的使配者,我们确信着天父是日本在这二千六百年之间加以庇护之神……越过了所有苦难,给我们背负着十字架的赤心。无论前线或后方的兄弟姐妹们,都保护国家,起到基督耶稣赐予他们为国家而牺牲的精神。阿门。"(《宗教和波浪的生活》,《长江青年》43,1944年8月)

败战色彩渐趋浓厚的1944年10月至1945年2月,贺川作为"宗教使节"被派往中国各地时仍不断宣扬"圣战论"。即产业协会制度、保险制度、邻组制度、工会制度完善的日本在社会制度方面优于美英两国,加之其经济实力和大东亚宣言在道德方面也极具优势。贺川还极力主张"必胜论",因为其认为"为了国家甘心奉献生命的想法已渗透至所有国民的心里",并"为一部分中国人已逐渐觉察到大东亚宣言的意义而感到高兴"(《国民道德也不会败/贺川丰彦氏的必胜论》,《大陆新报》1944年11月5日以及《日基督教领袖贺川谈话》,《申报》1944年11月4日)。其形势分析中所含的乐观倾向暂且不论,由于宣扬日本优于英美等问题是贺川在崭露头角时期唯一专注的事业,恐怕其曾傲慢地认为按他所想的来经营中国,就可解决所有问题吧。

被贺川视为万能药的独特理念——"赎罪爱",也同样在其访问中国时遭强调。贺川称"福音是神的赎罪爱的表现。虽然美英表明相信福音,可是最终却成为物质力量的信徒。日本是为了抵抗他们长期以来对东亚的侵略而崛起的,因此在战争的过程中动辄揪出一些小事就把日本归为侵略者的做法"是错误的,"因神的赎罪爱而获得救赎的中日两国的基督徒通过福音衷心互助,并从历史的角度阐明大东亚共同宣言的主旨,开创人类世界的永久和平是神的本意"(《通过福音的信仰复兴精神上的东亚/贺川等人的在华活动》,《中外日报》1944年12月26日)。诸如贺川以交通事故或者抢劫杀人案件的罪犯家人与受害者本着"赎罪爱"的精神互相宽恕为主旨的说教就是其中一例。

在贺川回国后的1945年4月26日至28日期间,日本基督教团东亚局以"关注大东亚传教者"(约10名)为对象,主办了学习"支那宗教经济思想等相关问题的基督教史"的大东亚传教者培训会。会上,与① 大东亚省平出书记官"关于支那的思想问题"、② 大东亚省秋元理财课长"关于支那的经济问题"、③ 大东亚省久保田事务官"关于大陆宗教文化工作事宜"、④ 松山常太郎"关于推进日支亲善关系"等并列记录在册的是⑤ 贺川丰彦"关于支那传教的史实"的报告计划,这无疑表明其一连串的访问是与占领中国的国策密切相关的间谍活动①。

此外,贺川的亲信公布的证据也显示贺川访华时在南京逗留一周(1944年11月20日至26日)所开展的活动都绝非个人访问,诸如工厂演讲2次,中国信徒大会3次,中方欢迎会与恳谈会,面向使馆工作人员演讲,主持礼拜,朝天医院讲话2次,国立中央大学演讲2次,教会欢迎会,兴亚报告会演讲2次,参加大使、民团团长、原商工会议所会长举行的宴会等②。

有意思的是还事先通告了贺川丰彦将于1945年8月16日12时20分至13时,在日本基督教团战时活动委员会在银座教会会场主办的"战意昂扬音乐礼拜"上进行鼓励一事③。此计划虽因8月15日的战败无疾而终,但通过这些新的事实可知"他因不得已的挫折而苦恼"④等善意的解释早已不能成立。

总之,贺川丰彦在战争的苦难中并没有表现出沉默或抵抗的姿态,而是以始终屹立于现实社会这一光辉舞台为优先,积极协助战争进行。虽然"贺川数次访问中国,也曾对日本的对华侵略感到痛心,甚至在访华演讲中以及《流泪告白》等诗篇中表示谢罪",但仅选择这些合适的事例进行整合,这种欺瞒行为必会遭到抨击⑤。如不能真诚地对其负面形象进行批判,21世纪的历史神学研究将无法成立。

四、时局与日本式基督教

和平时期,经由与神的对话思考自身的生活方式及个人、社会的救济

---

① 同志社大学神学部研究室・小崎道雄所藏资料(03-14)《大东亚传道者炼成会》及《大东亚传道推进协议会》。
② 黑田生:《贺川研究会在华中诞生》,载《火之柱》第2期,1945年7月。
③ 《战意昂扬音乐礼拜》,载《朝日新闻》东京版,1945年8月14日晨报第2版及8月16日晨报第2版。
④ 林启介:《跨越时代的思想家・贺川丰彦》,贺川丰彦纪念・鸣门友爱会,2009年,第188页。
⑤ 《贺川丰彦入门》,贺川丰彦纪念出版会,2014年,第159页。

时,"赎罪"这一想法对于缺乏永恒性、绝对性、普遍性的个人来说可能会催生某种有意义的谦逊。然而,贺川在论述"赎罪爱"时,是否符合上述说法呢?他提出"道德有阶级之分,一个阶级的道德在其他阶级无法通用",不仅如此,"一国国民的道德,也与他国国民的道德大相径庭,分裂对立成为家常便饭,即使为了真理而遮蔽真理的时代"已经到来,"神也会给本应战栗的罪人发放特赦令,开辟赦免之路"。"你的罪名已被全部赦免,由耶稣代为承受","即使我们因仇恨和参与仇恨的行为该被判为死刑,您仍一如既往地爱着我们,我们感念、信任、希冀您的慈爱,今后将作为您的孩子而非好战之灵继续前行",所以"请赐予我们洁净的灵魂,为了不再让赎罪爱的鲜血白白地流淌,请先将我涤净"(《对神和赎罪爱的感激》,日曜世界社,1938 年 5 月,第 1—4 页)。这些信仰告白与祈祷完全超越了现实境遇与国际关系,才使得有心虚举动的个人及国家都无条件地得到了宽恕。类似的现象在日本近代史上不断重复发生着。最后,笔者将对此进行简单的考述。

"日本式基督教"之称谓一般特指 20 世纪 30 年代至 40 年代日本主导对外战争时期,为迎合统治阶层推行国体明征及振兴皇道精神的尝试,强调或解释基督教与日本传统民族精神间积极关系的一种风潮。作为本土化、语境化的"日本化"现象是明治以后屡屡出现的事物,将其视为"迎合国策"和"拥护对外侵略"的判断基准是极为危险的①。

除了探究武士道与基督教在精神上的相似性,或思考内村鉴三对于著名的"两个 J"的奉献之外,通过很多事例都能确认基督教与"日本文化"相协作的立场。但是,正如植村正久所主张的那样,"最为理想化的基督教徒,仅心醉于本国的历史,满足于既得的荣誉,怠于阐明十字架的福音挽救民众罪责的必要性,这对于天国的主义与日本的国粹来说是不忠的行为"。其言论在一定程度上阻止了基督教向现世权力的一味靠拢。植村还曾毫无顾忌地公开发表过对作为邻国的中国的蔑视:"阻挡吾日本国民的进取之路,消弭健全的道德之心,任意破坏理想之梦者都是欲将日本变为支那之徒。"②

根据隅谷三喜男的回忆,1929 年至 1930 年期间的日本基督教界对社

---

① 请参阅武田清子在《本土与叛教》(新教出版社,1967 年)中罗列的经典论证或近年芦名定道在《近代日本与基督教思想的可能性》(三惠社,2016 年)中详细梳理的先行研究。
② 植村正久:《信仰之友》,警醒社,1901 年,第 42—43 页。

会有着很强的批判力,虽在 1931 年九一八事变爆发后这种批判大幅衰退,却仍出现了要求恢复和平的声明。然而,日中全面战争爆发后,日本基督教界的立场发生转变,开始为日本的军事活动进行辩护①。有关日中两国间的境况也呈现出相同性质的变化。

诸如古屋孙次郎作为上海中日联合基督教会的牧师在其 1934 年出版发行的书中强调虽然中国"总是不断地在反日,我们日本人很难一心坚持日中亲善","但无论国家与国家之间,民族与民族之间如何争斗,作为基督教徒都不可卷入战争的漩涡之中","且无论何时,为了建设超越国境,超越民族、种族的人世间的神之国度,需信任神灵,跟随基督,共同合作"等原理和准则②。

但随着日中战争的泥潭深陷,这种见解也在不断地倒退。正如海老泽亮所声称的那样,"支那的抗日教育及其事态认知的欠缺虽使得事态扩大为全面战争",但导致兄弟国家之间产生这一不幸事态的元凶却是"一只魔手,打着支援支那的旗号行蹂躏支那,激化战争之实,意图通过战争巩固获取的权益,将东洋永远殖民地化、奴隶化"。其还指出"发挥完美无缺的国体之美"的日本民族在此情势下"毫无预期地被推选为东亚盟主,并被赋予长期建设的使命",这"实际上是创造之神的寄托",借此将理论进一步升华③。海老泽亮的见解与倡导农本主义的基督教,主张神道神与唯一神相一致的"日本信仰"的加藤一夫的世界观在本质上是相同的。加藤认为七七事变既不是武力战也不是经济战,而是"八纮一宇的日本信仰与侵略东洋的世界思想间的战争"④。

海老泽还进一步指出中国不仅"接受了欧美传教士的指导并有形无形地获取了巨大的利益","在这次事变中,对于传教士能成为其伙伴也多有感激"。由于"其他宗教均无力进行抗衡","兴亚宗教工作,至少在支那仍需把重点放在基督教上"。这不仅是"单单赋予我国基督徒的使命,也是单单留给拥有同样信仰的人的特权"。上述言论催生了基督教积极宣扬自身"优

---

① 久山康编:《日本基督教教育史·思潮篇》,基督教学校教育同盟,1993 年,第 499 页。
② 古屋孙次郎:《日本的使命与基督教》,不二屋书房,1934 年,第 50 页。
③ 海老泽亮:《国民精神总动员宗教运动资料(第一辑)兴亚之使命与基督教》,日本基督教联盟,1939 年,第 8—9 页。
④ 加藤一夫:《侍奉主》,龙宿山书房,1941 年,第 114 页。

势"的姿态①。

1941年12月太平洋战争爆发后,这一姿态似乎使其忘却了原先建立"自由教会"的初衷,明确表示要与国家政策保持一致。即不仅"对内要通过日本基督教的建立,启发和培养国民信仰,对外作为指导东亚各民族的我国宗教要肩负推进共存共荣的使命","基督教还需基于日本精神进行净化,为彰显我国土、我国民的建国理念而贡献力量"②。

在这样的风潮下,出现了诸多不同观点。诸如欧美各国对于中国人生活的改善、妇女地位的提升、迷信的破除、物质上思想上的改革发展具有"巨大功绩"③以及"虽然相信欧美基督教在亚洲地区的传教并非为了其殖民地政策和帝国主义的扩张,但作为自然的情感流露,传教士对于我国在东亚共荣圈内建设新秩序并不具好感,甚至还会进行干扰"。还有以谨慎的表达方式写就的批判,即在欧美一方进行反省的同时,"只有我们与他们之间获得共同的理解与认识,我国基督教对于这些民族的贡献与服务才能得以实现","在日本基督教的美名之下,不可强行索求他们的理解与共鸣"④。然而,这些都是被封印在专业理论空间里的事例。相对于专从实际利益出发接受基督教的中国,日本"坚信并领会成为基督教信仰基础的各种教义,诸如神的创造者属性、耶稣·基督化身的启示以及通过十字架赎罪获得救济、复活、圣灵等"。如此维护自我的历史神学"见解"⑤蔓延于整个学界,可想而知其具有多大的影响力。

到了战争末期,日本基督教团在其机关报上力劝信徒"殉国"。其全文如下。

主张:殉国即殉教

殉教之血使基督教会延续了两千年之久。实际上,教会是经由圣司提反、圣彼得、圣保罗、圣约翰等众多著名或无名的殉教者的鲜血筑就并保存下来的。殉教精神衰落之时便是教会衰亡之际,回顾教会的

---

① 《关于兴亚宗教工作》,载《教团时报》第3期,1941年10月15日,第1页。
② 阿原谦藏:《日本基督教团的使命》,载《教团时报》第15期,1942年10月15日,第2页。
③ 松冈洋子:《支那的基督教》,载《支那宗教的研究》,日本国际协会,1942年,第55—56页。
④ 乡司慨尔:《大东亚与日本基督教》,载桑田秀延编:《神学与教会》,长崎书店,1942年,第187—191页。
⑤ 气贺重躬:《东亚基督教史》,新光阁,1943年,第212—213页。

历史可知,无殉教即无教会并非言过其实。"有意跟随我者请背负着十字架跟随我"此类耶稣之言亦是在劝说殉教,冀望吾等信徒皆铭记于心。

然因我国允许自由信仰,故时至今日殉教已非必行之事。而且,现今正处于战争期间,需极力避免宗教斗争之类分裂民心之事。因此,笔者私以为殉教一事在今日可谓无用之举。

现今正是国民全部武装之际。一亿多国民为悠久之大义而生,私利私欲尽弃,仅求以身殉国。且殉身于国难之举含有向福音"立证""殉教"之意。吾等基督信徒应该毫不迟疑。被征召之前线者更应在前线成为天皇陛下的护盾,迎难而上,此即为殉教;而置身于后方者虽无须参战,但也应忍受万难,为增强战力而奉献,此亦为殉教。

如今正是需要殉国精神之际。全体国民皆充满此精神吧。此时此刻会卷起神风,希望坚信基督的福音的信徒们在此刻自殉国中发现殉教的意义,为拯救国家危机而竭尽全力。①

1943年11月,所谓的"大东亚宣言"发布后,日本基督教团旋即撰写书信对外宣扬国民接受此宣言是神学意义上的正确做法,并将其实践设定为自身的重要课题②。关于这一点,想必无须再做过多的补充。

本文从贺川丰彦的事例开始写起,最终确认其"变节"并非个人的问题,而是日本新教界之大势所趋。由于这一风潮席卷了整个时代,可以说个别教会及教会运营的学校教育也基本上熏染了同样的思想③。如果不将此歉疚再度设定为如今研究的起点,那么我们的未来可能仍将处于忘却反省的世界之中。

超越、普世、永恒是神的属性。基督教徒坚信神的力量超越时代与情

---

① 《殉国即殉教》,载《日本基督教团教团新报》1944年9月10日,第1版面。
② 《日本基督教团致大东亚共荣圈的基督教徒的信函》(日本基督教团,1944年11月)及海老泽亮《大东亚宗教教化的职责》(日本基督教团东亚局,1944年12月)。
③ 有关这一点,请参阅土肥昭夫:《日本新教基督教史》,新教出版社,1980年;日本基督教团宣教研究所教团史料编撰室编:《日本基督教团史资料集》1-2,日本基督教团出版社,1997—1998年;基督教学校教育同盟百年史编撰委员会编:《基督教学校教育同盟百年史·年表》,教文馆,2010年;《基督教学校同盟百年史》,教文馆,2012年;《基督教学校同盟百年史·资料篇》,基督教学校同盟,2012年;榑松薫、大岛宏等:《战时下的基督教学校》,教文馆,2017年;等。此外,川端纯四郎在《战争与教会》(新教出版社,2016年)一书中详细论述了各个教会的动向。

势,无论何时何地均会持续给予助力。因此,以贺川宣扬的"赎罪爱"为首,神职人员所讲述的内容也成为佐证《圣经》诗句的依据,且被认为是普遍的真理。但是,日本与中国在现今之所以陷入苦难,存在着历史的特殊性和偶然性,把这些通过信仰这一回路都隐藏起来的做法无疑是一个巨大的错误。

此外,须指出的是也有人身处教会和学校之中,虽未曾受到社会的关注和政府的施压,但仍没有违背心意,始终坚守节操。

圣战和教会

栋方文雄

有道是大战的紧张与生活的凋敝相伴而来,道义的堕落演化为严重问题。这不仅事关战后的国民教育,还直接关乎战争的进程。在历史长河中几乎再无一物能高远如大东亚共同宣言,这无疑是一场圣战。但是,宣言不单单是面向他者的标题而已。

时至今日,我们不禁想起弗里德里希·施莱尔马赫说过的"人若是无法忍受生活的艰辛,其战争便无法称之为圣战"这句话。与圣战相应的不仅是回归全新的神之秩序,连战斗的主体也必须真正成为神一般的人。崇尚这一精神的同时,自身亦应朝着神圣之彼方前行。这不正是圣战嘛。自古有关狭路的议论便频频出现。然而结构也好体制也罢,因皆出自人之智慧,故不过是人为的策略,难免有欠缺之处。人唯有知足,忍受不足并以自我牺牲来补足,才能算作完整。这就是所谓的辅佐。如狭路一般,与其说是结构的缺陷,不该归因于应为而不为之人的罪责中吗?

如今,无论敌友皆立于神的面前。我们思虑祖国的命运,爱国就如念佛一般在口中吟诵,且看见那些将自己的生活置于圣战之外者,我们都不得不恸哭,不得不与预言者一同心潮澎湃斥其厚颜。让我们的战争成为圣战吧!仅有义才是强民之证据。

待我们进一步去思考,圣徒称"你们对所行诸事,既无怨怼亦无怀疑"。诸事乃一切事宜,既不单指对敌之事,也不单指对本国国民之事,但又必为自身之事。神告知我们要自我前行,但由于仍无法舍弃自我,我们亦须与自己战斗。多灾多难的现实并非人事,而我们也只是置身于其中不断呻吟,但至少教会、至少基督徒是不会拘泥于世间任何缺陷,如雅典娜一般的贤者,甘愿效仿基督的顺从并贯彻始终,克服一切事态,为胜利来临之日欢呼雀跃。此为圣战下最重要之证明。最重要的证明必须由教会列举。教会实际上是"为此存于这一刻的"。若非如此,我们能有在敌前高歌圣战,以福音之名相遇同胞之权利吗?亦能堪堪得保今日教会之完整存续吗?①

这篇短文写于1944年栋方文雄33岁之际。彼时他结束了在韩国的日本公理会京城教会的传道士工作,在兵库县的日本基督教团武库教会担任牧师一职。从文章内容判断,可知是受托所写,用来鼓舞民众共同应对时局。而年轻的栋方接受了该委托。笔者试对以下内容作简单分析。

开篇的第一段落,虽然栋方确实由于"大东亚宣言"之"高远"而称其为"圣战",但是所谓"走走!咚咚!"般高扬之感的表现却未尽数演绎出来。倒不如说其是在忧虑战争期间"生活凋敝""道义堕落"之类现象的蔓延。"大东亚宣言"实际上并非面向他者的标题性存在,其中所写内容源于必须通过自身实践来体现这一问题意识。在第二段落中引用弗里德里希·施莱尔马赫的话,主张"圣战"不仅仅是让敌人服从于神之秩序下,身为战斗主体的我们也必须神圣化为"神一般的人"。后述有关时局陷入困顿狭路般的境况中,栋方虽然认为其如结构、体制那般是因"出自人之智慧,不过是人为的策略"所导致的结果,但自省"应为而不为之人的罪责",即前一段落中指出的"严重问题",是遭遇瓶颈的原因。

第三段落,在栋方的认知中"敌我双方立于神的面前"和"我们思虑祖国的命运"是相同的,其字里行间都在暗示着"敌人也思虑着祖国的命运"这一事实。栋方在严厉批判那些将自己的生活"置于圣战之外者"的同时,对于自己则将"仅有义才是强民之证据"的生存方式作为最大的课题反复强调。

在结尾的第四段落中的结论部分,栋方指出尽管我们自身面对"多灾多难的现实"也"只是置身于其中不断呻吟",然而身为教会之人、基督教徒,宣扬学习基督的"顺从并贯彻始终,克服一切事态,为胜利来临之日欢呼雀跃",这一证据表明了处于非常时期仍屹立不倒的"场所"正是"教会"。

---

① 《日本基督教团教团新报》第2501号第2版,1944年9月1日。

无论如何,虽然栋方使用了若干时势之言论,但这里所阐述的本质却是信仰论,更是教会论。"即将来临的胜利"这一表述并非是指眼下正在进行的"大东亚战争",而是强烈预示着经历主的再次降临和最后的审判之后到来的"信仰之胜利",不啻为完美的论述。

如此一来,虽无法将其言行评价为抵抗,但定义为远离时代潮流的选项还是可行的。

五、结语

本文在最后不禁要问抵抗这些激流的到底是哪些人?众所周知,他们就是美浓教会、无教会领袖矢内原忠雄、圣座教会以及因耶和华的证人而闻名的灯台社主编明石顺三。除作为东京帝国大学经济学部教授且兼具强权地位与世俗名声的矢内原之外,其他人明显抱有只有极少数人才有的原教旨主义的信仰倾向。换言之,由于他们的立场基本与"国家""权力"无关,因此受纯粹培养的信仰所感化而选择了殉教的道路。

近年来,一部分教会对于把日本传教、宣教事业的不景气视为战后基督教界对过去的反省以及基督教史研究表明的负面评价等论调持有不同意见。即肯定"大东亚战争"对世界历史的积极意义,从本土化、语境化的角度"昭示基督教是帮助日本民众实现自我认同,给予希望与勇气的宗教",以此打开日本宣教的突破口。这一动向不啻为信仰与国家主义的再结合[①]。对于学会上把完全不被认可的反知性主义的俗论作为"历史事实"议论的粗暴行为,笔者认为这是一种蔑视专业知识的欺骗行为。对邻国投以憎恶、不信任目光的信仰未来会走向何种末路,或许可从本文概括的诸问题中得到启示[②]。

以贺川为首的战时日本基督教的领导者们不仅随波逐流地迎合国家权

[①] 手束政昭:《日本宣教的突破口》,Malkoushu Publication,2013 年。作者是日本最大的新教联合教会·日本基督教团高砂教会的牧师。

[②] 土肥昭夫的《小崎道雄》(日本基督教团灵南坂教会,1972 年)与本文所探讨的诸多有关贺川丰彦的评传的基调截然相反。在小崎常年传教的灵南坂教会,曾经作为传教士辅佐小崎的土肥在小崎在世时即对其战争期间的行为展开了猛烈的批判,记载着这些内容的手册即使已经过了 40 多年,现如今仍然可以被誉为历史神学的经典名著。但可惜的是这些手册都是非卖品,难以获取。

力,还通过形形色色的"神学"解释积极拥护并协助日本的对外侵略战争的事实通过本文已得到论证①。在企图将"自由教会"转化为"国家教会"的背景下,外务省、兴亚院、大东亚省与日本基督教团之间围绕面向中国等亚洲国家"传教"的补助金到底处于何种关系状态有待今后进一步深入研究②。

　　试问笔者自身将来万一遭遇类似的事态是否能够始终如一地坚定信仰与节操,甚至不惜殉教呢？答案恐怕是否定的。当置身于危险境况时,笔者担心自己也会有所动摇、妥协、软弱,或许会选择与他们相同的行为。若是如此,为了防止战争的到来,笔者认为平时更应切实地践行身边力所能及的每一件事,时刻铭记这正是神赋予我们的使命,安度日常的研究生活。

---

① 本文虽不一一进行详述,但并没有忽视权力对于基督教的镇压也是导致其"转向"的这一因素。有关这一点,需通过同志社大学人文科学研究所基督教社会问题研究会编《特高资料中的战时基督教运动》1-3(新教出版社,1972—1973年)等史料进行补充。

② 有关这一点,同志社大学神学研究室公开的"小崎道雄所藏资料"有关东亚局的档案中内含围绕补助金增额策划的一次文献。有关整体的动向,请参阅石川照子、桐藤薰、仓田明子、松谷晔介、渡边祐子:《首部中国基督教史》,日本 KANYOU,2016 年,第 149—150 页。

近代日本的形成与基督教学校
——以明治学院与中国的关系为线索

渡边祐子

朱海燕　译

基督教与国家主义(nationalism)究竟有什么样的关系？从这个角度凝视近代日本和近代中国的基督教史和基督教教育史研究时，我们不难看出中日之间的研究有如下的不同点：中国的基督教史研究，留心于与帝国主义连接在一起的基督教是如何接受来自中华民族主义的挑战这一点上，所以在考察上注重压迫国家主义的一面和拥护或提倡国家主义的一面，至于国家主义则作为反抗帝国主义的主体给予高度的肯定。

与此相反，日本的研究则倾向于将国家主义看成支撑天皇制国家主义和殖民统治的工具，对它采取否定和批判的态度，并且达成一种共识，即应该致力于克服国家主义的基督教，在日本却轻易地屈服在国家权力之下，走了妥协之路，未能超越国家，并以此共识作为研究的前提①。对基督教教育的研究也是以此为出发点，在关注它对日本近代化所做出的贡献的同时，往往将焦点放在各基督教学校是如何抵抗国家对教育的介入并受挫折的②。

---

① 原诚：《没能超越国家的教会》，日本基督团出版局，2005 年。
② 在日本基督教教育史研究中尤其受关注的是参拜神社问题。此方面具有代表性研究的可首推驹达武：《世界史中的台湾殖民地统治：从台南长老教中学校的立场出发》，岩波书店，2015 年。至于日本统治下朝鲜的参拜神社问题，李省展发表了多篇论文，如《美国传教士与朝鲜的近代：教会学校的形成和在殖民统治下的矛盾》，社会评论社，2006 年；《在朝鲜近代教育史上的围绕"信教自由"的问题——在殖民地的教育控制和道德的相克》，《殖民地教育史研究年报》第 18 号，2006 年 3 月；等。

为避免误会,我们在上文确认了中日研究的不同,而且我们知道这种不同并不能用基督教的本质主义为前提进行说明,即不能说这是叫作"日本基督教""中华基督教"等的基督教本身所固有的问题。正如徐正敏所指出的那样,基督教的动向应该在个别的政治及社会脉络中被解读。考察中日基督教的不同点,也应当从基督教是如何面对个别国家或地域的社会政治状况这一立场出发进行考察①。

基于上述认识,本报告试回答"日本的基督教教育有没有超越国家主义的极限?"回答时作为具体事例将以长期担任日本最早的基督教(基督新教)学校明治学院的校长(日语称"总理"),对明治学院和近代日本基督教教育发展做出巨大贡献的井深梶之助的思想和行动,论述他是如何抵抗国家对基督教教育的介入的,同时探讨他与中国的关系。

一、井深梶之助与基督教的相遇

对于井深梶之助其人,姑且不提在中国和韩国,在日本也算不上一位广为人知的人物。可是如果我们将目光锁定在基督教教育史研究上,谈起近代日本基督教教育的黎明期,他是影响至深、不能不提的一位。井深在"二战"前具有代表性的基督教学校——明治学院担任校长长达30年。共12次被选为日本最早的基督教教会——日本基督教会的大会议长,而日本基督教会的大多数的牧师都是明治学院神学系毕业生。他还担任过从创办时起就参与其中的日本基督教青年会同盟的委员长、日本基督教主义教育同盟的会长、万国主日学校同盟的副议长等要职。此外,为了出席世界宣教会议、世界基督教学生同盟大会、世界主日学校大会等与基督教相关的国际会议频赴海外,凭借在美国留学时练就的一口流利的英语,无懈可击地完成了作为日本代表应尽职责的井深,在战前的基督教教育界也是一位首屈一指的国际人。换句话而言,讲井深也等于俯瞰他所从事基督教教育的19世纪末至20世纪20年代的日本的基督教教育。

1940年6月27日的《福音新报》(日本基督教会的专刊)是这样报道井

① 徐正敏:《日韩基督教关系史研究》,日本基督教团出版局,2009年。

深去世的消息的:

"(井深)久病在榻,在家疗养中于 24 日上午 11 点在东京芝白金的家去世。享年 87 岁。他安政元年(1854)六月出生于福岛县若松市,在旧会津藩校日新馆、横滨修文馆、布朗学塾、东京一致神学校等校钻研学问,明治十二年(1879)就任麹町日本基督教会牧师,明治十四年(1881)成为东京一致神学校教授,明治十九年(1886)明治学院成立后任理事长兼神学系教授,明治二十年(1887)被任命为该学院'副总理'(副校长),明治二十四年(1891)继合文博士之后任该学院'总理'(校长),并兼任神学系主任及教授,大正十年三月(1921)从校长职退下来,被推荐为名誉校长(后略)。"①

从 1854 年至 1940 年间,井深目睹了 1858 年的开国、从 1859 年开始的基督新教的布道、1868 年的明治维新——它对井深意味着一场深刻的自我认同感的丧失,19 世纪 70 年代以后的基督教解禁、自由民权运动、议会设置、宪法制定、中日甲午战争及日俄战争、关东大地震(1923)、九一八事变、日中全面战争等近代日本的剧变,时而受到时代洪流的冲击,艰苦挣扎地走过了 87 个年头。

生为会津藩士家长子的井深,从小就接受了以骑马、剑、弓、枪等武艺和忠君、孝养等思想为主要内容的武士教育。1868 年戊辰战争爆发,政府军开始了对会津藩的攻击,当时年仅 14 岁的井深作为小姓(武将的随侍)参加了固守会津城的战役,支援了后防②。不久会津军被政府军完全击溃。在此次战争中井深不仅失去了很多友人和相识之人,而且还经历了被政府军追得走投无路的祖母、伯母、堂姐妹们自杀身亡等一辈子都忘不了的悲惨遭遇。除此之外,这场战争还带给了井深很深刻的精神危机,他失去了尽忠的君主(藩主),陷入了自我崩溃的无底深渊。藩被解体,失去所依,生活陷入极度困境的井深,暗暗发誓一定要向政府军即萨摩藩及长州藩报仇,并决心将誓言化为力量钻研学问。1871 年他打听到横滨英学校即修文馆招募学仆,随即应聘成功,开始了一面打理杂务一面免费听课的学习生活③。

---

① 《福音新报》1940 年 6 月 27 日。
② 《井深梶之助及那个年代》第 1 卷,明治学院,1969 年,第 25—38 页。以下简称《那个年代》。
③ 《那个年代》第 1 卷,第 41—42、142—144 页。

在这所学校,他遇到了作为受聘外国人在学校教英文的美国归正会传教士萨米尔·布朗,与布朗的相遇,改变了他的一生。这里所说的布朗,就是1839年渡澳管理马礼逊教育会,1847年带容闳等3名中国最初的留学生回美的那个布朗。回美后在教会牧会的他,在日本开国的第二年即1859年就立志赴日本传教并来到日本,与比他先到的美北长老会传教医生合文(James Curtis Hepburn,日文名平文)——合文曾在1843年至1844年间在厦门从事过传教工作——在修文馆执起了教鞭。在这里我们可以确认中国传教和日本传教的关联性。

有一天井深看见了布朗使用的英语初级教科书里的一幅画,画面中基督将手放在周围的孩子们的头上祝福他们。井深问布朗:"这位叫基督的人是什么样的一个人?"布朗目不转睛地看着井深的脸,回答说:"你想知道他是谁啊,那我教你《圣经》吧。星期天早上,你来居留地39番地的合文家吧。"并把英语《圣经》给了井深①。

从那以后,井深热心地参加了在合文家举行的《圣经》研究会,迅速拉近了与基督教的距离。井深晚年对周围的人说:"在布朗老师的默许下,我渐渐明白了这世上还有更远大的社会观和人生观,这是我之前未曾想过的。""之前为了报复萨摩藩和长洲藩,我一心只想卧薪尝胆,无论如何也要学有大成。但是待在布朗老师身旁,他使我渐渐明白研究学问的真正动机不应该是那么渺小的,应该为更大更远的博爱和人道学习。"井深之所以被基督教吸引,最大原因应该是被布朗的人格所感化吧②。

与此同时,井深在基督教中发现了新的国家可依据发展的近代文明。听说他在修文馆爱读主张"通向文明之路并不只在于电信、铁路、军舰、大炮等诸如此类的东西。比起这些更为要紧的是代表真正文明的一种叫宗教的东西"的中村正直所写的《拟泰西人上书》(1872)一书。对于明治国家成立时在内战中惨遭战败,失去尽忠的对象而意志消沉的井深而言,基督教成为填补他精神空白的新的人生指南,并且被视为开始迈向富国强兵之路的明

---

① 《那个年代》第1卷,第65—70页。
② 这是1940年6月26日,在井深的葬礼上宣读的悼词中有关井深的一段轶闻。鹫山第三郎:《井深梶之助先生的略历》,载《明治学院历史资料馆资料集》第1集,明治学院历史资料馆,2004年。

治国家,比"技术""军备"更应该重视的精神支柱。

1873年1月5日,井深在布朗那里接受洗礼。同年,入读布朗在与修文馆的合约满期之后开办的私塾——布朗塾,加深了对正规神学的理解,并成为时任《新约圣经》翻译委员会委员、从事《圣经》翻译的布朗的助手。四年后布朗塾改为东京一致神学校后,井深转入该校继续深造,1878年成为日本基督教一致教会的见习牧师,并于第二年即1879年接受了按手礼,成为正式牧师。

与井深同一时期接受洗礼,并成为同一个教会(日本基督公会,于1872年成立)的教友的,还有植村正久(后成为明治学院教授)、本多庸一(后成为青山学院教授)、押川方义(后成为东北学院教授)等人,他们也都是佐幕派,即反政府军一方的出身,与井深一样都是那场战争的战败者。以前就有一种说法①,说在近代日本基督教是被原佐幕派的年轻知识分子所接受的。虽然这个说法现在已经被证明并非完全正确,但是我们应该留意,处于与井深相同境遇的知识青年,经过与井深一样的精神阅历之后,接受基督教的事例也是为数不少的。

二、关于日本基督一致教会

任命井深为牧师的日本基督一致教会,发源于日本基督公会(横滨公会)。日本基督公会是1872年11名日本青年在横滨聚会受洗后组织的。那时受洗的青年都是在合文家举办的那个《圣经》研究会的成员,井深也曾受布朗邀请参加过。这个学习会最初是1866年美国归正会传教士巴拉(James Hamilton Ballagh)在布朗的帮助下,以合文开的诊疗所为场所举办的。有一段时间美国长老会的传教士也参加这个学习会,所以以此学习会

---

① 日本近代新闻工作者的先驱山路爱山写的下面的这一段叙述在日本是极其有名的,即:"植村正久非幕人之子乎?彼受幕人所应受败者之苦痛也。本多庸一非津轻人之子乎?知维新时津轻之地位及其苦心者,谁疑彼非为不得意境遇之人乎?井深梶之助乃会津人之子,彼亲历国破山河在之逆境。押川方义乃伊予松山人之子。松山亦佐幕党今处失意境遇者。告白新信仰决心与天下一战之青年,全非随波逐流者一事,论当时之史者不可不注目之处也。彼等未有可饱尘世荣华之希望。"山路弥吉:《现代日本教会史论》,载《基督教评论》,警醒社书店,明治三十九年。山路弥吉是山路爱山的本名。本论文参照此著作的岩波文库版。具体引自山路爱人著,山路平四郎校注:《基督教评论·日本人民史》,岩波文库,1966年,第25页。

为基础建立起来的教会,从一开始就以超越教派为目标,其名称也是排除教派之色彩,称为"日本基督公会"或"横滨公会"。

1877年9月,以日本基督公会为基础,并得到1873年成立的东京公会和三个差会(美国归正会、美国长老会、苏格兰一致长老会)的协助,日本基督一致教会终于成立了。同年10月,以布朗塾为轴、几所神学塾联合开办的东京一致神学校也开始上课了。听说,像井深一样士族出身或是豪农阶级出身的学生占了学生总数的80%。十年之后,东京一致神学校和其他长老会的学校合并创办明治学院。即日本基督一致教会和东京一致神学校就是明治学院的生身父母,而井深参与了自己的母校逐渐转变成明治学院的全过程。

在下面我们将确认,日本基督一致教会和中国教会之间的关系。这个问题在日本学界至今并未受到关注。日本基督一致教会建立中会(Presbytery,相当于中国教会的"区会")后不久,就开始了与中国中会的交流。

在1878年4月3日举行的日本基督一致教会第二次中会上,与井深也有深交的传教士詹姆斯·兰辛·阿美尔曼(James Lansing Amerman)提出了如下的建议:"支那国中有与吾日本中会相似之会,与彼会通音信何如(中国的赵州、泉州、厦门有与日本的中会相似的会议体制,与他们开始通信交流怎么样)?"虽然当时赵州已不存在,但是在福建省的泉州和厦门确实已经形成了中国最初的中会。阿美尔曼的这个建议很快被接受了①。

在半年后举行的第三次区会上,教会发表了厦门中会寄来的书信(但是,这一书信是否为对一致教会的回信,尚无法确认),并决定今后保持交流。第二年,即1879年10月举行的中会上,宣读了以主席奥野昌纲、书记安川亨之名写给厦门中会的书信,并获通过②。

就这样,以传教士的提议为开端,日本基督一致教会迈出了与中国教会建立正式关系的第一步。但是,这个关系后来没有结果,双方的关系并没有发展到可进行具体人际交流的地步。充分的信赖关系还未建立,就爆发了

---

① 《那个年代》第1卷,第416页。
② 同上书,第439页。

中日甲午战争,另外以井深为首的全面赞成这场战争的基督教领导人之间,并没有与国家的外交路线保持距离,建立基督徒之间"在基督内交流"的气象。

三、文部省训令 12 号问题

日本基督一致教会与厦门中会开始交流时,已经是该教会牧师的井深,不久当上了东京一致神学校的副教授。第二年,即 1886 年,东京一致神学校与其他学校合并成立明治学院后,井深又成为明治学院神学系的教授,并从 1889 年起就任副校长,从旁协助了合文。尔后在美国纽约协和神学院留学一年,归国后,1891 年,作为合文的接班人成了明治学院的校长。

明治学院成立的 1886 年,刚好也是日本帝国公布帝国大学令,开始加强学校制度法制化的一年。1894 年日本帝国发布了高等学校令,完成了以帝国大学为顶点,下设高等学校、中学校、小学校的金字塔形的近代学校制度。这种学校制度基本上以公立学校为管理对象,而以明治学院为首的私立学校则被排除在外,被纳入地方自治体的管制之下。虽然不受国家的管制,拥有一定的自由,但是由于不被国家承认为正规学校,毕业生没有向上级学校升学的资格,在校生也不能享受缓期应征的优惠。所以包括基督教学校,私立学校无论如何也避免不了比公立学校低一等的评价。

再加上 1890 年发布"教育敕令"以降,基督教学校遭到越来越强大的天皇制国家主义和反欧化主义风潮的直击。遭此巨变,各基督教学校的学生数急剧下降。井深就是在明治学院遭遇这种飓风之际就任校长一职的。

学生数减少的问题在中日甲午战争之后也没有得到解决,且每况愈下。陷入严重经营危机的立教、青山、明治学院等基督教学校,为了摆脱这一困境接受东京都的特别认可,成了"寻常中学",得到了缓期应征和可向上级学校升学的优惠。明治学院是 1898 年成为寻常中学的。可是还来不及安心,第二年,即 1899 年,文部省发布了训令 12 号,明治学院面临了创办以来最大的危机。

对于从 1858 年起被置于不平等条约体制下的日本,废除不平等条款是明治维新以来重要的外交课题。经过几番改约交涉的失败后,1894 年中日甲午战争爆发前夕,日本终于与英国改约成功,决定于 1899 年 7 月撤废治外法权。撤废治外法权在即,日本政府开始担心,作为撤废治外法权的交换条件,废止外国人居留地后将要实现的"内地杂居"。预想外国人也可以居住在日本人居住区的"内地杂居"(的政策)开始后,很多外国传教士进驻内地,由此可能会导致基督教教育之兴盛的政府,作为制止基督教教育兴盛的对策,紧急制订了"私立学校令"(天皇的敕令),在令中插入了禁止宗教教育的条文。"私立学校令"是第一次将私立学校置于国家管理下的敕令,只要能满足敕令所要求的条件,就能得到国家的承认,成为"中学校",就可享受国家授予的向上级学校升学和可缓期应征两项优惠。

拟定"私立学校令"之初,就加进敕令里的"禁止宗教教育"的条文,因受到不符合宪法等方面的指摘,暂且从"私立学校令"中删除,另以比敕令约束力降一个等级的"训令"的形式于 8 月 3 日,即与"私立学校令"同一天公布。

"训令"上是这么说的:"在教育行政上最为必要的,是使一般教育独立于宗教之外。故关于官公立学校及学科课程,凡有法令规定之学校,纵然是课程之外,也不许实施宗教教育或宗教仪式。"

如果满足不了"训令"中所提的要求,就不能被承认为"有法令规定之学校",也得不到"私立学校令"所规定的"中学校"的认可。不被认可为"中学校",其毕业生就不能向上级学校升学,也享受不到缓期应征的优惠。面对这种事态,井深以神学系教授殷布瑞(William Imbrie)和普通系教授外考弗(Martin Nevius Wyckoff)的强硬反对为后盾,马上采取行动。8 月 16 日,在他的主导下六所主要基督教学校(青山学院、立教学院、同志社学校、麻布学校、名古屋英和、明治学院)的代表聚在一起商讨对策,草拟了一封致全国基督教学校的信。信上指出,训令与宪法所规定的信教自由的一条是相左的,按照平等原则对靠个人资产经营的私立学校课以与公立学校相同的限制是不当的,宗教教育和礼拜是基督教学校的生命,并商量如何发动反对训令的运动[①]。

第二天明治学院率先表明了不服从训令,将继续基督教教育,放弃"中

---

① 有关井深对训令 12 号所采取的行动,参照收录于《井深梶之助与那个年代》第 2 卷的井深的日记。《那个年代》第 2 卷,第 455—475 页。

学校"招牌的态度。这与立教学院、同志社英学校等校,相继接受训令作出放弃正规基督教教育的选择是正相反的。

井深反复向文部省陈情并请愿撤回训令,但是都被拒绝了。于是,他改变方针,不谈撤废,只要求作为特例恢复两项优惠的授予。正在交涉时,学校迎来了毕业典礼。但此时的毕业生为数甚少,只有两名神学系的学生和三名普通系的学生。恢复优惠的要求到底有多迫切,从这个毕业生人数中我们也可窥知一二。

出于这种迫切之念的坚持不懈的交涉,终于有了结果。1900年7月,明治学院恢复了缓期应征的优惠,同年9月又恢复了向上级学校升学的优惠。不仅如此,1903年政府制定了专门学校令以后,明治学院被认可为专门学校,两项优惠也得到了法律的保障。可以说,"私立学校令"已经失去了其主要内容。

对于这一系列过程中井深的表现,学界有高度评价的倾向,说他从国家对基督教教育自由的侵犯中守护了明治学院[①]。井深确实手举信教自由的旗帜,申诉了"训令"的不当。他的信教自由虽附带条件,但受大日本帝国宪法保障。但是,正如他本人所承认的那样,支撑他交涉到底的并不是他自己的意志,而是来自美国长老会传教士殷布瑞始终如一的态度。殷布瑞一点也没有动摇死守基督教教育的态度,从背后支援了井深,不辞与伊藤博文等政治家们直接谈判,或拜托公使进行外交交涉等,为打开局面尽了全力[②]。这表明,明治学院的决策在很大程度上取决于传教士的意见。虽然校长是日本人,学校的理事中也是日本人占多数,但是因为在财政上依靠美国长老会的援助,所以明治学院无法忽略通过殷布瑞所反映的美国长老会的意见。

四、井深梶之助的中国观

如上节所述,虽说接受了传教士的强力支援,但是在守护信教自由、基

---

① 如工藤英一:《文部省第十二号与基督教学校:以井深梶之助的〈日记〉为主》,载《那个年代》第2卷,第476—489页。
② 有关殷布瑞的影响力,中岛耕二:《近代日本的外交与传教士》,吉川弘文馆,2011年,第3章《改正条约实施与基督教界》有详细的论述。

督教教育自由等方面井深守住了节操。虽然井深理智上明白信仰的国度是超越世俗统治的神学辩论,但是我们也不能以此就断定他依靠信仰改变了对天皇的忠诚心和爱国心。确信只有基督教才负有奉献国家的使命的井深,为中日甲午战争中日本的胜利高兴,至于日俄战争还主动向国际社会呼吁大义在日本。这种爱国态度,其实并不局限于井深,井深的盟友植村正久也抱有相同的态度。在当时日本的基督教领导人当中,这种态度是极其普遍的。本论文的另一个关注点,即井深的中国观,也是基于这种态度。他对中国的认识与其他不少基督教领导人的中国观,并无太大的区别。

井深所留下来的文章当中,最早提及中国的应该是关于中日甲午战争的小论文①。如同前文所言,日本的基督教领导人几乎没有人对中日甲午战争提出过质疑,绝大多数人都赞成这场战争。井深也不例外,他举双手赞成这场战争,说:随着战争的胜利"一定可以看到国民精神即爱国心的大发展"。但是,井深并没有无条件地称颂爱国心。他主张应该以拥有自主外交为目标的健全的爱国心,而对于像以尊王攘夷为代表的排外的倒退的爱国心,则以不健全为由,严加排斥。如果只是这种程度,只要想想他儿时被灌输的忠君思想和爱国心的内容的相连性,和交织在他心中的、对打着尊王攘夷旗号的长洲的复杂感情等,他的主张尚在我们可以理解的范围之内。

但是井深对中国的态度并不止于此。他进一步指出,这种排外的不健全的爱国心来自汉学,只要一看中国,即可明白汉学才是退步的根源。他说:

> 然而如果在这场战争中能顺利地惩戒中国人的傲慢,我国的汉学主义和由此而来的狭隘而顽固的后退思想将不得不自失其势。换句话说,打击中国就等于打击我国不健全的汉学即中国主义。这是必然之趋势。而且与我国社会改良的前途大有关系。②

这是极为粗暴的言语,仿佛在他心中积累已久的对萨摩、长洲的怨恨扭曲转化成了对中国的歧视。不仅是井深,当时日本的基督教领导者们都拥

---

① 井深梶之助:《关于社会改良的前途》,载《那个年代》,第393—398页。此稿是1894年9月6日井深在横滨女子暑期学校所做演讲的记录。
② 《那个年代》第2卷,第394—395页。

有一种他们基督徒才是传递近代文明的使者的这种强烈的自我意识。他们一致认为,支撑健全的爱国心的,是被基督教包裹着的近代文明。在他们心中,传布基督教的使命和推广健全的爱国心的使命是紧紧联系在一起的。可以说,这种使命感与对制造错误的爱国心的落后的中国传统思想的优越感,是此消彼长的对立关系。

下面我们以他的日记为线索看一下他的访中经历①。中日甲午战争结束后的1899年,井深接到来自上海的传教士、时任"中华教育会"干事的路易·罗伯特(Louis Robert)邀他参加中华教育会总会的邀请函。"中华教育会"是一个在中国总管基督教教育的超教派机关。出发前夕,日本文部省发布了前面所提到的"私立学校令"。他怀揣着明治学院可能会被剥夺中学校资格的不安去了中国。

他于5月14日到达上海。5月17日、18日井深出席了中华教育会总会,认识了很多著名的传教士,并在会上就日本政府所办公立教育的现状作了发言。19日至22日(20日除外),又出席了学校基督教青年会会议,在会上也作了同样的发言。5月31日井深离开上海。根据这期间井深所写的日记,除了参加中华教育会和中华基督教青年会会议以外,大多数的时间他都用在与住上海的日本企业家和日本基督教青年会相关人员的会见上。日记上只列举着传教士和日本实业家、日本基督教青年会相关人员的名字,而无一个中国基督教领导人的名字②。

尔后1905年,日俄战争正打得激烈,在访问欧洲的旅途中他路过上海(3月9日至11日),与中国基督教青年会成员们重温了旧交。日俄战争结束后的1906年,他又访问了中国东北的大连、旅顺、营口、辽阳、铁岭、奉天(沈阳)等地。在奉天,作为日本人第一次在中国人教会上登坛讲道(归路纵贯朝鲜半岛归日)。回国后就这次旅行写的小论文中,他反复强调"支那人"的腐败,批判中国人不修缮公共设施任其腐败,说与日本大相径庭③。至于一年前奉天会战所造成的严重损失,好像根本就没有放在心上。不仅如此,对于在归途中所遇见的朝鲜人也是大加否定,说他们"嘴里衔着长长的烟管

---

① 此处参照了《那个年代》第2卷及断断续续地收录在第3卷里的井深的日记。
② 《那个年代》第2卷,第455—462页。这些日记一半以上都是井深用英文写的。
③ 井深梶之助:《满韩旅行谈》,载《那个年代》第3卷,第137—140页。

儿,过着颓废的生活","喜欢借钱",等等,几无赞美之词。

四年后的1910年,在经由远东铁路去参加爱丁堡世界宣教会议的路上,他又访问了大连、奉天和哈尔滨。5月10日井深到达大连。布朗的侄子,同时又是担任设立在大连的第一所日本人教会大连西广场教会的第一任牧师的传教士托马斯·温(Thomas Winn)等迎接了他。在那里,井深在满铁相关的会议和西广场教会妇女会上作了讲演。在下一个访问地奉天,他受到了住在当地的弟弟彦三郎的接待①。彦三郎是广义上的大陆浪人,后客死北京,与中国有着很深的关系。至于井深受彦三郎影响的程度,则不得而知。

1911年4月16日,井深又去了中国。但是只停留了短短一个星期左右,主要是去视察大连新建的基督教青年会会馆②。

从井深自己留下来的访中记录,我们可以了解到,无论在上海还是大连,他并没有主动与中国基督徒进行交流,而是把重点放在了与在华传教士和在华日本基督教相关人员及日本企业人士的交流上。而且他看中国人的眼神也称不上是友善的。除了前面所提到的事情以外,他还哀叹风纪的紊乱和社会的颓废,偶尔还言及以日本人教化中国人为前提的在华日本人传教的必要性。

与此事相关联,井深的日记里还有显示他仅凭身体感觉即对中国人持有没有根据的偏见的记述。那是1907年1月11日井深应邀参加神田的中华基督教青年会成立典礼所写的日记。中华基督教青年会是作为多数留日中国学生的交流、互助及基督教活动的场所建在东京神田的,隶属中国基督教青年会的组织。井深受邀参加了成立典礼,在典礼上用英语作了演讲。对于当时的印象,他是这样记述的:"出席者有六七百人,大多为中国人。还见到了几名中国妇女。(典礼上)还有中国人的演说、祝词等,但是那声音听起来又吵又粗俗,而且也没有威严。"③

日记是以不被外人阅览为前提的,所以他才敢把自己的真实感受赤裸裸地写在日记里的吧。但是这种出于生理反应的对中国人的蔑视,是无法

---

① 《那个年代》第3卷,第219—224页。
② 同上书,第262—264页。
③ 同上书,第144页。

用逻辑来解释的,所以才更能说明问题的深刻程度。

这种出于感觉的潜意识里存在的对中国以及亚洲的歧视意识,和1903年井深访问台湾之际所写的报告中有关同化政策的主张,是互为表里的。井深在报告书上说,台湾"原住民""其性情却比中国民族可爱",所以"应抚育他们使其成为有文化的良民","只要不是像阿伊努那样意志薄弱,并不能控制饮酒、抽烟等些许欲望的人种,那么只要教育方法得宜,就可以使他们同化到作为日本国民也不羞耻的地步",而且认为在此文明化的过程中需要基督教的帮助。彻底贬低中国人和阿伊努民族,说"原住民"比他们更优秀的叙述固然让人吃惊,但是我们从他的这番作为先进文化人的日本基督徒要提高落后民族文化的叙述,可以了解到井深的这种看法是完全继承了19世纪的宣教思想。可以说,这种见于井深的小论文和部分日记中的不自觉的歧视言论,进而扩散到基督教领导人之间,加强了日本应作为亚洲盟主领导亚洲诸地区的所谓的殖民地主义。

五、结语

关于井深的研究,至今为止都侧重强调他依靠基督教克服身为会津人的辛酸,有时不惜与国家对峙,作为一个会说一口流利英语的国际人活跃在国际舞台上,对日本的基督教教育的树立尽了全力的一面,而对他的亚洲观却几乎没有进行过批判性的检讨。井深的化战败经验为力量的不断努力,确实推进了基督教在日本社会的移植进程。虽然他是访华次数最多的日本基督教领导人之一,但是他对中国的歧视严重到几乎让我们以为,是这种访华经历使他对亚洲的偏见更为严重了。

井深的事迹当中还有一项是设立基督教联合大学的构想①,本文未能展开详细探讨。1907年左右开始着手的明治学院设置大学部的计划未获得通过,井深放弃由明治学院单独设置大学部的构想,开始酝酿诸教派联合的基督教联合大学的建立案,并在1909年召开的日本宣教50周年纪念大

---

① 关于井深的联合大学构想,大西晴树:《基督教学校教育史话:由传教士播的种成长起来的教育共同体》(教文馆,2015年)第4章《设立基督教大学的运动与教育同盟》有详细的叙述。

会上获得通过。第二年在爱丁堡举行的世界宣教会议上井深发表了这个构想，被视为推进大会重要主题的超教派运动和亚洲宣教的有效计划受到了热烈欢迎。可是这个构想最终没有开展，而井深本人也是未见其实现就从基督教教育的第一线上退下来了。

　　反观中国，以义和团战争为契机，各地开始建立联合大学，而由单一教派建立的基督教大学则成了例外。井深的这个构想，是不是以中国的例子为范尚不明确，但是很难想象频繁访华的井深会完全不知中国的联合大学运动。这一点只能留作今后的研究课题，但是考察超教派联合大学构想的目的时，我们不能忽略一件事，即井深究竟有没有将超教派主义和克服国家主义联系在一起思考过？每每受高度评价的井深的基督教联合大学构想的前瞻性，也应以这个问题为准，重新检讨。

"二战"期间中日基督教教育比较

徐亦猛

教育是人类社会生活的一项重要活动,任何国家、民族、社会的发展和进步都离不开教育。促进东亚教育的近、现代化的一个重要因素就是基督教。东亚近代基督教①传教事业包含了宗教和世俗两个方面。虽然从一开始,基督教都是以武力迫使日本或中国政府开放国土接受基督教,但是世俗的征服并不能取代宗教的征服。正如美国传教士李佳白所认为的,与世俗的战争不同,基督教的精神战争主要不是通过对抗,而是通过抚慰,它不是要毁灭敌人,乃是要赢得敌人,它的武器是上帝的话语②。因而自基督教传入东亚后,各个教派的传教士在建立教会、设立传道点的同时还创办教育、医疗和慈善等世俗事业。特别是从19世纪后期开始,东亚各国的教会学校发展进入一个新的时期。传教士在东亚各国开设教会学校,办教育的目的非常明显,为了传福音,使受过教会学校教育的知识分子皈依基督,成为基督徒,从而对中国社会产生影响。这种办学目的其本身就是为了适应东亚社会的特点进行传教活动。日本的明治维新、清政府的洋务运动及之后的传统科举制度的废除,为教会学校的发展提供了很大的自由空间。但是在第二次世界大战中,随着社会局势的动荡不安,以及东亚各国民族主义运动的冲击,教会学校的发展面临严重的危机。本文将探讨"二战"期间处于国家教育体制之下的中日基督教教育在各种境遇中所作出的对应,以帮助我

---

① 本文中的基督教指新教,并不包括天主教。
② Rev. Gilbert, *Strategic Importance of Winning Chinas Students*, in D. Willard Lyon ed., *The Evangelization of China*, pp.54-55.

们加深对中日教会学校的发展及命运的理解。

一、日本教会学校的情况

1854年美国海军将领马休·佩里率领美国东印度舰队4艘军舰（日本人以"黑船"之名称呼），打开了锁国时期的日本国门，并与日本签署《日美亲善条约》（又称《神奈川条约》）。日本德川幕府被迫打开国门后，欧美主要差会的传教士陆续进入，但由于禁教令仍未废止，一些传教士还不能自由传教，只能停留在通商口岸，学习日语或做其他一些准备性的工作。但是在此期间，有一些传教士尝试在其住处开办私人学塾①，面向年轻人教授英语，借此与当地民众增加联系。1873年2月明治政府宣布废除基督教禁教令后，日本的基督教教育有了较快的发展，一批男子或女子教会学校相继设立。到了1883年以后，日本的基督教教育有了更快的发展，无论教会学校的数量，还是学生人数，都有了成倍的增长。翻开日本的教会学校发展历史，可以发现，教会学校对基督教妇女教育非常重视。本文就以福冈女学院为例，探讨其成立的经过，以及其第一任日本女院长在"二战"中挺身抵制政府的政策，带领学院成长的过程。

1. 福冈女学院简史

福冈女学院的前身是福冈中部教会附属英语学校。1884年美国美以美会在福冈为了更有效地向当地的民众传教，特别开设了这所英语学校。1885年4月，在长崎创办活水女学校（现称"活水学院"）的美国美以美会传教士J. M.吉尔被派遣到福冈后，便积极地推动福冈

美国美以美会传教士J. M.吉尔

---

① 如长老会传教士赫伯恩的夫人就于1963年在横滨的家中开办了英学塾，培养出林董、高桥是清、益田孝等优秀学生。

地区的女子基督教教育,同年 6 月 15 日,吉尔传教士把福冈中部教会附属英语学校改名为英和女学校,并亲自担任首任校长。要在保守且对基督教毫无理解的福冈地区创办这样一所女子学校所面临困难非常大。

吉尔传教士在筹办女校时,面临最大的问题就是办校场地。福冈虽是一个港口城市,但是相比横滨、神户等开港城市,还是非常保守。明治政府推行的文明开化、欧化政策也没有波及福冈。当地的民众在信仰和生活上长期受到神道和佛教的影响,因此对基督教非常厌恶,视其为邪教的观念根深蒂固①,都不愿意把房屋出租给外国传教士,甚至当地的一些极为保守的民众会向传教士投掷石头。所以,当地的民众一般都不愿意把自己的女儿送到教会学校去接受基督教教育。同时,在福冈地区的女子教育非常落后,武士阶级或普通家庭出生的子弟中,有一些好学向上的女孩子,但是由于经济负担以及当地没有接受男女共学的学校等原因,能去小学接受教育的女孩子是少之又少②。

在这样一种社会背景下,在吉尔传教士及几位教师的努力下,最初招到数十位学生。但是在福冈地区的日本牧师、美国美以美会妇女宣教部强有力的支持下,学校逐渐地发展起来,志愿入学的人数也不断增加。

日本女子教会学校的课程内容一般教授圣经、英语、国语、自然、地理、历史、音乐等西方先进的知识,同时也教授西餐烹饪、裁缝、钢琴、小提琴、礼仪等课程。

在 1885 年 11 月 1 日的《福冈日报》中,刊登了福冈英和女子学校课程设立的介绍。

福冈英和女子学校在福冈因幡丁 31 号开始教授以下科目:国语、英语、美术、音乐、裁缝、编织技术、刺绣、烹饪课程③。一学年分为前后两个学期,上半学期从每年 2 月 1 日至 6 月 30 日,下半学期从 9 月 1 日至次年 1 月 30 日,专任教师有 5 位日本人,1 位美国人。课程难度比其他学校要高,每天授课时间为 6 小时。学校休息日为周六、周日、纪元节(2 月 11 日)、天长节(11 月 3 日)。暑假为 7 月 1 日至 8 月 31 日,寒假从圣诞节之前的星期六

---

① 福冈女学院百年史编辑委员会编:《福冈女学院百年史》,学校法人福冈女学院,1987 年,第 14 页。
② 同上书,第 24 页。
③ 同上书,第 43 页。

到次年 1 月 5 日之后的星期六①。

1903 年学校制定了小学 3 年、预备科 2 年、初等科 4 年、高等科 4 年,合计 13 年的学制。1910 年增设高等普通科 5 年,英语专科、预科、别科,使福冈女学校成为女子高等教育机构。1917 年,校名改为私立福冈女学校,两年后又改名为福冈女学校,并得到文部大臣的认可。但学校在课程设置上,没有受到文部省管理及限制,依然保持基督教教育课程。进入昭和时期后,随着世界经济恐慌,法西斯主义抬头等情况的出现,国际关系急剧恶化。按照日本政府制定的教育法规定,教会学校的经营管理权被迫委托给当地的日本人。1932 年,德永芳子成为福冈女学校第一位全权日本人校长,并在日本民族主义、军国主义高扬的潮流中,走过了艰难的道路。特别在福冈大空袭之中,学校校舍几乎全部被炸毁,德永芳子校长全身心地投入到学校的再建工作上。1951 年学校法人福冈女学院成立,1955 年福冈女学院附属幼儿园开园,1960 年福冈女学院校舍从天神移到福冈市南区日佐,1964 年开设的福冈女学院短期大学内设有英语科、家政科。之后又开设了福冈女学院大学、福冈女学院看护大学,使福冈女学院成为一所推行基督教女子教育的综合大学②。从学校设立开始,福冈女学院经历了明治、大正、昭和、平成各个时代。除平成以外,都不同程度面临来自政府和社会要求废除基督教教育的压力,但学院始终没有屈服压力,公开或半公开地推行基督教教育课程。

2. 德永芳子院长简历

德永芳子,福冈女学院院长③。1895 年 1 月 3 日出生于熊本县八代郡太田乡村。1897 年进入活水女学校(现称"活水

德永芳子院长

---

① 福冈女学院百年史编辑委员会编:《福冈女学院百年史》,第 47 页。
② 日本基督教历史大事典编辑委员会编:《日本キリスト教歴史大事典》,教文馆,1988 年,第 1208 页。
③ 1951 年之前福冈女学院的正式名称是福冈女学校,因此德永芳子的职务是福冈女学校校长。1951 年之后,学校法人福冈女学院成立,德永芳子的职务是福冈女学院院长。

学院")附属幼儿园。1916年德永芳子以优异的成绩从活水女学校大学部毕业,并留校成为高中部英语科教师。1922年升任为活水专门学校教授。1928年留学美国,在波士顿大学深造,专攻宗教教育学。1931年6月学成归国后成为活水女学院英语及《圣经》学教授。1932年7月,在日本政府的压力下,福冈女学校美籍校长被迫辞职回国,德永芳子受聘就任该校第一任全权日本校长。在"二战"时德永芳子与政府顽强抵抗,坚守基督教教育理念,严格遵守学校礼拜及祷告会。1945年6月,福冈遭受美军的空袭,福冈女学校也未能幸免于难,校舍被炸。然而在废墟中,德永校长仍然持守礼拜的事迹成为一段佳话。战后,1946年在学校创立纪念礼拜中提倡全体师生参加学院礼拜,加强师生的基督教信仰,1948年就任福冈基督教女青年会(YWCA)会长,1956年就任福冈市教育委员会委员,1957年1月发病,于同年9月逝世。

3. 德永芳子院长的活动

第二次世界大战期间,在日本国内舆论一致批判英美的呼声之中,与英美基督教国家有着密切关系的教会学校面临来自政府的强大迫害。随着九一八事变中日战争爆发,日本政府对于教会学校的迫害更加激烈。政府要求所有在日教会学校必须与国外的教会团体断绝一切关系,并要求学校撤换外国人校长,让当地日本人担任有经营权的校长之职。之后政府又强制要求外籍教师辞职离开日本。这些政府的政策其目的就是要迫使教会学校无法正常运作而倒闭。在这种情况之下,一些教会学校妥协让步,而一些教会学校则持守建校精神,坚持在校内推行基督教教育①。

福冈地区教会学校的情况与日本全国其他教会学校所面临的问题相同。在"二战"期间,政府对宗教实行统一管理。对于政府而言,基督教所存在的中心问题只有一个,那就是国家的权威是否凌驾于教理与信仰之上。政府采用的强硬政策就是迫使基督教承认国家的权威。而日本的基督教界则希望采取妥协后退的对策以至于可以保守最后的一片阵地。德永芳子校长与福冈女学院在这一艰难的处境中不断地与政府抗争。

---

① 福冈县教育百年史编辑委员会编:《福冈县教育百年史》第6卷,福冈县教育委员会,1981年,第456—457页。

日本学者坂井信生在他的著作《福冈与基督教》中讲述"二战"中日本教会学校的情况时,特别提到福冈女学院。对于当时的情况,坂井是这样整理的:

> 在战争最激烈的时期,对福冈女学院而言,最大的试炼是被政府要求放弃基督教信仰。为了要设立财团法人福冈女学院,学校向福冈县(注:相当于中国的省)学务科提出批准申请书。但此申请立刻被县学务科以需要再修改的名义拒绝。县学务科要求学校把捐赠条款中第一条"以基督教为基础实施女子高等普通教育"中的"以基督教为基础"删除,从根本上要否定学校的建校精神。但是在与县政府做艰难抵抗的过程中,德永芳子院长的信念没有任何的动摇。面对来自县当局的高压要求,德永院长没有任何屈服,而是坚守基督教信仰,毅然地对政府官员宣告如果要删除福冈女学院的捐赠条款中"以基督教为基础"的话,那么学校就失去了存在的意义,如果政府一定要强迫学校放弃基督教教育,除了关闭学校以外没有其他的出路。①

在福冈女学院百年史中关于此事有更详细的记载。"德永院长与县学务科再三地交涉,始终没有得到满意的结果。1941年1月8日德永院长又被请到县学务科谈判。谈判中,县学务科科长还是强烈要求学校脱离基督教的色彩,不要开设教授基督教及《圣经》等的科目。学务科科长还特别警告德永院长在国家兴亡的紧要关头,西方的思想与基督教都是阻碍国家发展的罪魁祸首。谈判进行到深夜,德永院长始终没有表示出妥协。又过了一会儿,德永院长的脸上露出了一丝倦意,她告诉县学务科科长,第二天会给一个明确的答复之后,离开了学务科。当时负责谈判的县学务科科长,看到德永院长疲倦的样子,误以为院长是要妥协了,于是迫不及待地对福冈女学院的申请书进行处理。德永院长回到家中,在向神的祷告中得到了力量后,立刻拨通了电话,告诉学务科科长,自己的信念不会改变。但此时申请书已通过了县学务科的处理,发送至文部省了。"②

---

① 坂井信生:《福冈とキリスト教:ザビエルから現代までの変遷を追って》,海鸟社,2012年,第147页。
② 福冈女学院百年史编辑委员会编:《福冈女学院百年史》,第179页。

申请事项从被县学务科要求修改到与政府周旋,艰难的交涉大约花费了一年左右的时间,申请书就这样奇迹般地通过县学务科的审查送到文部省。德永院长坚信决不能放弃教会学校办学理念,必须坚守基督教信仰到底,教会学校的基督教教育对整个日本的教育来说是不可缺少的,这一事实终有一天会被认可。

这位女性教育家为了持守基督教教育的信仰,承受了来自政府及周围的压力并最终取得了胜利。这是一场关乎教会学校生死存亡的争战。

"二战"结束后,1950年,日本基督教学校教育同盟对62所加盟校进行了战时及战后教会学校动态的问卷调查。问卷调查中有一项是关于在太平洋战争中,实施学校礼拜及《圣经》科目教育的状况。共有45所学校作出了回答,17所学校未作回答。回答的45所学校中有18所实施或继续了礼拜及《圣经》科目教育,27所学校按军部命令废除、停止或禁止了礼拜及《圣经》科目教育。未作回答的17所学校应该也是未实施或继续礼拜及《圣经》科目教育。①

德永院长自己在建校70周年庆典上这样说道:"当时政府实施冻结敌人财产的政策,福冈女学院的财产也被定性为敌人的财产而移交到外汇管理局。当我听到这一消息时非常吃惊与不安。无法用言语来表达。事实上,在国际局势越来越严峻的1941年秋天,接到命令要回美国的最后一位传教士在离校之前把我叫去对我说,'你痛苦的立场我非常能理解。在现在这种情况下,接受县政府当局的要求把礼拜及《圣经》科目都废除可能是上策'。但是我无法按传教士的话去做。

"另外,关于是否要与政府妥协废除基督教教育课程的事,我与日本基督教教育同盟理事长交换过意见,理事长给我的回信是,'纵观当前全国教会学校的情形,福冈女学院是否要持守基督教教育,远在东京的我无法给您提供任何的意见。一切都依靠您自己的决定'。

"即使我被迫辞去校长之职,我也无法按政府的要求把基督教教育从女学院的课程中废除。我不能对世上的政府尽忠,唯有对耶稣尽忠。因为耶稣才是我的主。一想到国家、学生的处境,我觉得我个人的力量太渺小了,

---

① 福冈女学院百年史编辑委员会编:《福冈女学院百年史》,第59页。

我只有依靠仰望耶稣基督,我确信这是我唯一要走的道路。①

"如果学院的全部财产被政府没收了,那么是否代表我对于最后一位宣教师的忠告没有谦卑地去接受?是否表示作为女学院的校长在决策上的失误呢?还是如县政府所说的我是那么的固执呢?我无法靠自己的力量,我只有通过祷告来求神的帮助。如果我有过错,求神赦免我。求神与学院同在,保护学院及学生们。学校的存亡是基督教的信仰根基的考验,是神所作的决定。"②

4. 福冈大空袭

1945年6月19日,是福冈遭受大空袭的日子。3月,福冈女学院校舍大部分都被军队征用,连学校礼拜堂都被用作军法会议室③。关于福冈遭受大空袭的报道是这样的:"1945年6月19日,福冈万里无云的夜空满是闪

露天礼拜

---

① 福冈女学院百年史编辑委员会编:《福冈女学院百年史》,第57页。
② 德永芳子传记编修委员会编:《德永ヨシ:その生涯と思い出》,学校法人福冈女学院,1960年,第294—295页。
③ 《福冈女学院75年史》,学校法人福冈女学院,1961年,第77—78页。

耀的星星,非常美丽。福冈大空袭正是发生在这天的深夜到第二天的清晨。大空袭中有 975 人丧生,1 048 人负伤,12 834 栋房子被烧毁。在福冈市历史书中提到,除军队司令部和邮局以外,有 18 所公立学校,2 所私立学校被毁,这其中包括了福冈女学院。"①学校遭到毁灭性的打击,校舍几乎全被烧毁,成为一片废墟。德永院长在自己的回忆录中写道:"这几个月中,我经历了非常悲痛的时期。6 月 19 日的大空袭以来,不断有学生来跟我道别。有些学生害怕留在福冈,有些学生无家可归。每天当我听到学生说再见时,我的心无比疼痛,情不自禁地流下了眼泪。这些学生是否持有对天父上帝的信仰,我没有足够的确信。但是我告诉学生,今后无论发生多么悲伤甚至最坏的事情,或是身处于最悲惨的状态中,请相信神永远是我们所爱的天父。请记住神永远都在我们身边,保护我们。也请记住我不断地在为你们祷告。当你们只剩下自己一个人,任何时候都可以回到这片废墟来。那时你们可能看不到山冈上我的家。但是我会从学校废墟的哪个壕沟里走出来,喜悦地来迎接你们。我相信学校一定会重建。那时我的心中浮现出的第一件事就是,我有机会可以向我可爱的学生们传福音了。"②

有德永院长的学生这样回忆道:"我们是 1950 年毕业的学生,现在都已经年过 70 了。我们进入福冈女学院学习是在 1944 年,那时战争正激烈地进行着。但是穿着白色的校服去上学是我们的骄傲。福冈大空袭之后,我们经历了学生动员,终战,在已成为废墟的校园中所建的临时木板房中上课,最后终于在新建成的校舍上课等一系列变化。但是在这些往事中,至今还记忆犹新的是,站在一片废墟中的德永院长以凛然的态度持守每天露天礼拜的风采。当时对许多同学来说,脑海中留下的不是痛苦的回忆而是快乐的回忆,这都要归功于来自女学院的宝贵的基督教信仰。"③

从这些回忆中可以了解到,在一片废墟的校园中每天举行露天礼拜是当时学生及教职员们持守的至宝。在讲述战争悲惨的同时,我们也可以从露天礼拜中看到,这些学生及教职员无论在如何悲惨的状态中也绝对没有

---

① 福冈妇人团体交流会编:《福冈大空袭 50 年:語り継ぎ6・19 平和のための福冈女性のつどい》,福冈妇人团体交流会,1995 年,第 8 页。
② 德永芳子传记编修委员会编:《德永ヨシ:その生涯と思い出》,第 104—105 页。
③ 《葡萄の枝:福冈女学院同窓会関连支部誌》,福冈女学院同窗会关东支部志编集委员会,2004 年,第 95 页。

失去对于基督教信仰的热情。

二、中国基督教教育情况

　　胡卫清教授在他的论著《普遍主义的挑战：近代中国基督教教育研究(1877—1927)》中将近代中国的教会学校发展分为三个阶段，1877年以前中国的教会学校发展基本上与日本相同，都是依附于教堂、布道点等宗教机构并隶属于各个差会，是单纯的传教教育阶段[①]。1877年至1927年为典型基督教教育时期，这期间在经历了1900年的义和团运动之后，在华的各个差会对之前传教政策进行了相应调整，改善基督教与中国民众之间的紧张关系，使基督教更融入中国的社会。特别在1905年清政府废除科举制度后，教会学校吸引了大量优秀的中国青年，1900年之后的20年可称为是在华基督教教育高度成长期。1927年以后教会学校融入中国私立教育体制之中，从教育方针到课程结构都有重大调整，是基督教教育的蜕变时期[②]。

　　中国的教会学校有着非常浓厚的西洋色彩。由于不平等条约的存在和治外法权的保护，中国的教会学校所有权属于各个创办差会，管理权掌握在传教士手中。教会学校成为不受中国法律限制和约束的外国在华机构。中国的教会学校除了管理层是传教士以外，外籍教师也多于华籍教师，中文课程的开设也比较少。另外，在教会学校实施强制性的宗教教育，校园内的宗教气氛非常浓厚，学生无论是否信教，必须参加包括查经和礼拜在内的宗教活动[③]。正是教会学校浓厚的西洋色彩，使其被指责为洋人的学校，在20世纪初期的民族主义运动冲击下，招致许多的攻击。

　　与日本的教会学校相同的是，从中国教会学校的历史中可以看到，在华的传教士及差会也非常重视妇女基督教教育。由于受传统封建观念的影响，妇女被认为是不应，也不能受教育的，再加上男尊女卑等封建遗训的束

---

　　① 传教教育指直接为传教目的开设的教育事业，并隶属于各个差会，为外国差会在华的产业。教育目标就是培养传道人和信徒，教育内容以基督教教义为主，世俗知识所占比例甚少。
　　② 胡卫清：《普遍主义的挑战：近代中国基督教教育研究(1877—1927)》，上海人民出版社，2000年，第48页。
　　③ 张永广：《近代中日基督教教育比较研究(1860—1950)》，上海社会科学院出版社，2012年，第168页。

缚，在中国社会上从来没有开办过女子学校，男女共学更是不被允许。妇女的教育在保守的中国社会没有得到应有的重视。但是伴随着基督教在中国传教的深入，教会人士就意识到中国社会在妇女教育上的欠缺。他们这认为，欲从思想上对中国妇女进行引导，就必须在吸引更多的妇女信教的同时，提高妇女受教育的层次，进而扩大教会在中国的影响。由此，从19世纪下半叶开始，教会先后设立了一批女子中小学校，使中国人对妇女教育问题有所认识。在建立了初级中等教育的基础上，进入到20世纪初期，教会又开设了一批基督教女子高等教育机构，由此，教会先后设立了一批女子教育机构，如北京协和女子大学、华南女子文理学院、金陵女子文理学院、震旦女子文理学院以及苏州女子医学院和上海女子医学院等，逐步对妇女实施较高层次教育。这些学校的出现和发展不但对中国妇女教育，也对整个高等教育发展的历史进程产生了深远的影响。

1. 19世纪20年代的收回教育权运动

1911年孙中山领导的辛亥革命推翻清政府后，建立了中华民国，成立了临时国民政府，给控制中国数千年的封建礼教及儒家伦理纲要等观念带来了巨大的冲击，也给中国人民带来了新希望。但不久后，袁世凯窃取了临时政府的最高权力，为了复辟帝制，积极恢复封建礼教。支持袁世凯称帝的思想基础是以康有为为代表的新国粹派，他们认为："中国的精神文明优于西洋文化，积极提倡中国固有的宗教或采取各教的优点创设新宗教，孔教会尤其主张以儒家为国教。"[①]并向国会提出请愿书，要求尊孔学为国教。国粹派的崇孔运动受到当时多数知识分子的坚决反对。多数中国知识分子认为要维护共和政体必须首先清除旧文化的影响，建设能与新体制相适应的新文化。在这样的背景下，一场轰轰烈烈的新文化运动开始了。

新文化运动中的各种新思潮主要是从西方传入的。特别是受当时在西方流行的达尔文进化论、赫胥黎的怀疑主义、康德的宗教道德律、尼采和伯格森的学说，以及各种无政府主义、国家主义、社会主义等思潮的影响。新文化运动除了受世界新思潮的影响外，还受到国内形势变化的推动。中华民国建立后，民众原以为能给中国带来希望，但其后军阀割据，政客争权夺

---

① 张钦士：《国内近十年来之宗教思潮》，京华印书局，1927年，第2页。

利,中国人民仍然饱受西方列强的欺辱。1919年第一次世界大战胜利后的巴黎和会上,西方列强无视中国的权益,悍然决定由日本继承德国在山东的特权,引发了以青年学生为主的五四爱国运动。新文化运动、五四爱国运动不仅反对儒家文化的旧思想,同时还对基督教提出了严厉的批判。

在这样一种社会形势之下,1922年和1924年先后兴起了两次非基督教运动。特别是在第二次非基督教运动中,人们直接把矛头指向了教会学校,共产党和青年团的刊物以及国民党的一些刊物刊登了反对教会教育,要求政府收回教会学校管理权的文章。教育界的许多著名教育家纷纷表态支持收回教会学校的教育权,并对于其实施方法进行了激烈的讨论。当然教育界对于收回教育权的认识各不相同,但是多数人同意教会学校不能强迫学生接受宗教,并主张教会学校应该向政府教育部门注册,并得到政府的认可。但这些建议只是停留在探讨层面。

1925年五卅惨案后,非基督教运动再次将矛头指向教会学校,教育界人士对教会学校提出了许多改良意见。例如校长教职及董事会等,多聘中国人,多注重中国文化,不可偏重英文,废除强迫式的宗教教育等[①]。

在非基督教运动的影响下,北京教育部于1925年11月16日发布了《外人捐资设立学校请求认可办法》六条:一、凡外人捐资设立各等学校遵照教育部所颁发之各等学校法令规程办理者,得依照教育部所颁关于请求认可之各项规则,向教育行政官厅请求认可;二、学校名称应冠以私立字样;三、学校之校长应为中国人,如校长原系外国人者,必须以中国人充任副校长,即为请求认可时之代表人;四、学校设有董事会者,中国人应占董事名额之过半数;五、学校不得以传布宗教为宗旨;六、学校课程遵照部定标准,不得以宗教科目列入必修课[②]。

这几条对于教会学校无疑是个很大的考验,特别是要任用中国人为校长及不可设置宗教科目为必修课这两条,大多数教会学校虽然无法全部接受,但是迫于形势不得不做一些妥协。例如对宗教课程和宗教教育采取了较为灵活的态度。如有些教会学校对宗教活动采取完全放任的态度,一切

---

① 刘湛恩:《五卅惨案与教会学校》,载《教育季刊》第1卷第3期,1925年,第16—17页。
② 詹渭:《国家主义的教会教育》,载《青年进步》第90册,1926年,第32页。

宗教活动,包括主日学、查经班等都由学生自由参加,校方不加任何干涉。另外有些教会学校把周日的聚会分为两种,一为基督教礼拜,另一为普通的伦理宣讲,学生可自由选择①。甚至有些教会学校也允许中国人担任校长之职。

2. 20世纪三四十年代中的教会学校与学生运动

无论是对于教会学校还是教会学校的学生来说,20年代的非基督教及收回教育权运动都是具有重要历史意义的事件。此后,教会学校被纳入国家教育体制,在政府立案,接受政府的监督、检查,教会学校的学生也更深地融入中国的社会生活。鉴于中国的社会现实和强烈的使中国强盛的愿望,教会学校的许多学生不但积极参与政治,而且充分利用教会学校的特殊环境,从事一般学校的学生很难进行的活动。一些著名教会学校还在全国性学生运动中走在前列。这在三四十年代的学生运动中表现十分明显。

1931年九一八事变爆发,日本大举入侵中国,先是占领东三省,进而侵入华北、华中等地,中国的半壁江山落入日本的手中。战争已成为包括基督徒在内的所有中国人所必须面对的现实,中日之间的敌对关系也进一步加剧。在战火纷飞的年代,东北和华东地区基督教教育的发展也受到很大影响。九一八事变以后,东北地区的许多教会学校被迫关闭,虽然其中一些在局势稳定后重新开办,但因为大量民众逃往关内,学校的学生数量大幅削减,日军也警告教会学校校长不得为招收新生而做宣传②。

面对日本的侵略恶行,大城市的热血青年立即做出反应。9月20日,上海30多所院校的100多名学生代表在沪江大学开会,成立了上海学生抗日救国会。几乎与此同时,南京、北京等大城市都出现了抗日组织。全国各地的教会学校学生也积极投身于抗日爱国运动。30年代的学生运动主要目标是抗日救国,日本的武装侵略威胁到每一个中国人的正常生活。面对外族侵略,教会学校学生表现出强烈的民族精神。如果说同样是以民族主义精神为主要动力,教会学校在30年代以抗日爱国为主旋律的学生运动中,比20年代以反抗帝国主义文化侵略,或针对个别帝国主义分子在中国

---

① 徐石松:《教会学校是否应以读经为必修课》,载《真光》第25卷第4—6号,1926年,第49—57页。
② 张永广:《近代中日基督教教育比较研究(1860—1950)》,第245页。

境内的恶行为特征的学生运动,吸引了更多的教会学校学生。

教会学校能发挥重要作用具有多方面的原因。在史静寰和王立新的著作《基督教教育与中国知识分子》中指出:"首先,教会学校必须培养学生的爱国精神观点。"①受到20世纪20年代收回教育权运动的影响,在华教会学校接受华籍基督徒领袖进入学校理事会,因此在30年代,培养学生的爱国精神观点已被教会学校广泛接受,即使在教会学校的经营者传教士和差会的眼中似乎也不再成为什么问题。教会学校从中国人民抵抗外来侵略,追求民族解放的正义行动中看到了其活动的立足点,作为中国教育体制一部分的教会学校,为中国社会服务成为他们所认同的目标。随着日本对中国的侵略在国际社会受到舆论的谴责,青年学生主张抗日救国的行动也为教会学校管理者所理解。通过教会学校的一系列学生运动,证明了教会学校的学生和其他中国学生一样的爱国。参与抗议日本的侵略活动为教会学校的学生提供了表现自己爱国热情的最佳时机,因此学生们大都积极地投入抗日运动,以实际行动鲜明地表达了自己强烈的民族主义立场与爱国热情。

"其次,教会学校的主要经营者是西方传教士与差会,所以教会学校与西方国家的关系密切,特别是西方国家所崇尚的民主、自由精神,在教会大学孕育出比较宽松的内部环境和活跃的政治气氛"②。20世纪30年代,国民党政府对国立学校有较为严格的言论控制,而教会学校一般坚持学术自由原则,允许各种政治主张和派别存在。因此教会学校的师生可以非常自由地阅读关于西方的一些民主主义与马克思主义的书籍,也可以组织有关社会主义问题的讨论。教会学校比较宽松的环境使学生有更多的机会接触到不同的思想和理论。在学生因参与抗议活动而遇到麻烦时,一些教会学校的主要管理者往往利用自己的特殊身份对学生进行保护,这也一定程度上减少了教会学校学生参与政治活动的后顾之忧。

另外,教会学校一向重视培养学生"勇于牺牲、乐于服务、忠于国家"的精神,鼓励学生参与各种集体活动③。教会学校运用基督教"博爱、牺牲、服务"的精神影响学生,培养出一批具有无私奉献精神及有能力的学生领袖。

---

① 史静寰、王立新:《基督教教育与中国知识分子》,福建教育出版社,1998年,第246页。
② 同上。
③ 林景润:《基督教教育与国难教育》,载《中华基督教教育季刊》第12卷第2期。

在国难当头,国家存亡危机日益严重的30年代,各教会大学的学生自治会、学生会及其他学生团体成为组织学生进行民族主义与爱国主义活动的核心机构,而教会学校的学生领袖也大多成为爱国运动的带头人。20世纪30年代独特的国内外、校内外环境使教会学校的学生运动出现了高潮。

三、结论

从中日两国的基督教教育历史中可以发现,两国的教会学校面对来自民族主义的冲击所作出的努力和回应。中日两国在不同的社会环境里,在对待教会学校上采取了各自的政策。特别在进入20世纪30年代后,日本加快推动军国主义的步伐,基督教也逐步沦为国家的附庸。很多教会学校因信仰冲突问题遭受到舆论的批评和政府的压制。为了使教会学校在严峻的社会形势下能够正常运作,一些传教士被迫离开日本,并把学校的经营权交给日本人。甚至有些教会学校为求生存,服从国家管理,废除了宗教课程。另外也有一些信仰坚定的日本基督徒与政府做顽强的抵抗从而保全了教会学校的信仰。但是从总体来看,日本的教会学校被纳入战时体制,在反对政府军国主义化的方面所做的贡献非常有限。

相反,在中国的教会学校,虽然受到20世纪20年代的非基督教运动和收回教育权运动的影响,在学校管理层及宗教课程上做了一些妥协和调整。但是进入30至40年代,面对来自日本的侵略以及国家存亡的紧要关头,教会学校的师生们通过各种方式积极参与到抗日救国运动之中,鲜明地表达了他们的立场。同时教会学校为当时的社会培养出一批有能力的学生领袖。经过"二战",绝大多数的教会学校被广大中国民众所接受。由此可见,中国基督教教育的国际化与日本基督教教育的国家主义化形成了强烈的反差。

韩国近代西化教育中的身份认同

◎ 近代东亚国际视阈下的基督教教育与文化认同 ◎

韩国的近代教育与基督教
——宣教与近代思想的形成

徐正敏

朱海燕　译

    与中国和日本相比,韩国开始接受近代化与基督教的时间相对较晚。其原因之一是当时的朝鲜政府推行了闭关锁国政策,为此韩国的天主教经历了很长一段时期的迫害,而基督教也受其影响,直至19世纪80年代基督教才正式开始在韩国传教。基督教在韩国推行的初期宣教方法是"三角形法",即在地方传教时,除了设立教会以外,同时还开办学校及医院。其中,尤为值得一提的是基督教创办的教会学校,为韩国奠定了近代教育体系的基础。但是1910年朝鲜半岛被日本吞并沦为日本的殖民地以后,韩国基督教教育事业面临了重大的危机。私立学校令的颁布、宗教教育的禁止、强迫神社参拜等问题就是当时韩国基督教所面临的重大的危机。笔者认为,虽然面对这样的危机,基督教在韩国的教育活动并没有因此而中断,反而是为韩国社会的近代思想及价值、伦理的形成做出了巨大贡献,成为提倡和实践女子教育、废除身份和职业上的歧视以及社会启蒙的先导。而尤为值得强调的是韩国的"近代民族主义",即反对日本侵略的抗日民族独立运动的最初摇篮就是教会学校和基督教教育团体。本论文即将讨论在韩国近代史上的教育与基督教的关系,仅以新教为例。

一、作为传教方法的教育及"三角形法"

    第一位来韩基督教传教士是曾在中国上海从事过传教活动,1884年被派往韩国的安连(H. N. Allen)。他以医疗传教士的身份入韩,在韩国建立了医院和医疗教育机关(今延世大学)。而比安连晚一年来韩(1885)的美国长老会的元杜尤(H. G. Underwood)和美国监理会的亚扁薛罗(H. G. Appenzeller),是以从事教育活动的教师身份入韩的。他们的入韩,与1884年6月驻日本监理会传教士麦利和(R. S. Maclay)访问韩国,并得到国王高宗允诺可在韩国从事教育和医疗事业有密切的关系①。

由此我们可以了解到,基督教在韩国被局限在医疗和教育,传教和教会活动只能退为其次。1885年入韩的传教士当中,亚扁薛罗建立了"培材学堂",元杜尤创办了"元杜尤学堂"(后来的儆新学校),并各自开展了教育活动。1886年传教士创办了韩国最早的女子教育机关梨花学堂。基督教在汉城、平壤、大邱、元山、全州等几个中心城市开拓传教据点即传教站的时候,都无例外地都设立了学校和医院。它们或单独设立及经营,或与教会有机地联系在一起。笔者将此种传教方法命名为"三角形法"。

> 如果从内部和外部尝试列举一个早期韩国传教策略的特点,第一个特点是形式上采取了"三角形法"(Triangle Method)。所谓的三角形法就是每个传教据点都以医院、学校、教会为三角形的三个顶点而建,在传教方面相互之间保持有机联系的方式。②

二、作为韩国近代教育中心的教会学校

伴随基督教差会的这种传教政策,韩国社会逐渐意识到引进近代教育的必要性。在此社会背景下,韩国的基督教教育事业不断扩大,并逐渐承担起了传播近代教育的重任。但是好景不长,1910年日本吞并韩国,在韩国实行殖民地统治以后,对于私立学校的教育制定诸多限制,其中受限制最为严重的是教会学校的宗教教育,这种政策限制并妨碍了韩国近代思想教育的确立。

如下列图表所示,虽然受到日本殖民政策的限制,但是基督教的教育活动在韩国近代教育中所占比重还是不容忽视的。

---

① 参见 R. S. Maclay, Korea's Permit to Christianity, *The Missionary Review of the World*, 1896. 4, pp.289-290。
② 徐正敏:《韩国基督教史概论——其相遇及纠葛》,日本KANYOU出版,2012年,第21页。

表 1　1910 年至 1923 年韩国私立学校中宗教学校的比率①

年度	一般私立学校总数	宗教私立学校总数	总计	宗教学校所占比率
1910	1 302	778	2 080	37%
1911	1 044	677	1 721	39%
1912	817	545	1 362	40%
1913	796	487	1 283	38%
1914	769	473	1 242	39%
1915	704	450	1 154	39%
1916	624	421	1 045	40%
1917	518	350	868	40%
1918	461	317	778	41%
1919	444	298	742	40%
1920	410	279	689	40%
1921	356	279	635	44%
1922	352	262	614	43%
1923	376	273	649	42%

表 2　1925 年 12 月基督教界的教育机关数②

教派	专门学校	中学	小学	幼儿园	主日学校	私塾	合计
天主教		1	22	10	3	19	55
长老会	1	23	156	47	2 095	192	2 514
监理会	1	9	61	40	265	82	458
东洋宣教会					42		42
救世军			18		96		114

---

① 韩国基督教历史学会编：《韩国基督教的历史 2》(改订版)，基督教文社，2012 年，第 86 页。表中宗教学校所占比重的统计是笔者所加，当时的宗教学校绝大多为教会学校。
② 同上书，第 87 页。

韩国近代西化教育中的身份认同 | 143

(续表)

教　　派	专门学校	中学	小学	幼儿园	主日学校	私塾	合计
圣公会			2	1	40	25	68
朝鲜基督教界			1		2		3
朝鲜公理会				2	14		16
日本基督教会					14		14
日本美以美教会				1			1
日本公理会					5		5
安息日会		1	5			22	28
长老会、监理会联合设立	2						2
总　　计	4	34	265	101	2 576	340	3 320

在这个统计表中,"日韩合并"后基督教所设立的学校数呈现逐渐减少的倾向,究其原因是因为朝鲜总督府当局制定"私立学校令"等法律,限制了以教会学校为首的私立学校的教育活动所致。但是从占比上我们也可确认,基督教在传播近代教育方面所起的作用并没有因此下降,而是维持现状或有所增加。

三、基督教教育和近代思想的扩散

近代以前的韩国是一个封建专制社会,尤其是身份、性别、职业等方面的歧视根深而蒂固。因为有这种社会陋习,可以说近代以前的韩国又是一个人权被彻底踩踏的社会。

在韩国,无论是天主教还是基督新教,最初传教时都不得不面对这些问题。特别是遭受残酷迫害,经历"血的历史"的天主教在韩国的传播对传统韩国社会秩序而言,是一场革命性的挑战,天主教的传教激发并加深了双方的矛盾。即教会共同体的超越"身份"和"男女"之别的信仰实践,被传统社会认为是动摇既存国家社稷的行为。随着新教的传播,这种认知更加广泛并具体化。尽管如此,教会学校和基督教的社会教育系统作为输入和实现近代思想及价值观的渠道,发挥了重要的作用。

第一,率先克服男女歧视,是近代思想实践的前卫。在此方面做出贡献的是基督教所办的女子学校和女子教育。新教传教士们在各个传教站(包括汉城)实践"三角形法"时,无一例外地在建立男子学校的同时建立女子学校,打破了形式上的男女歧视,即不分男女,为所有求学的人提供接受近代教育的机会。又通过这些教育机关教育民众,男女一样享有神赋予的价值和权利。但是在早期的韩国社会设立女子学校时经历了许多混乱和失败,很是曲折。

> 同一时期女子学校也办起来了。1886年5月,斯克兰顿夫人(M. F. Scranton)创办了美国监理会梨花学堂,1887年6月,艾勒斯(A. J. Ellers)设立了长老会贞洞女学堂。与男子学校(培材学堂)不同,因受嫌恶女子接受教育的封建习俗的影响,女子学校在招生方面也历经艰辛,早期学生多为受歧视阶层出身的孤儿、妓女及侍妾。①

经历过这些艰难困苦之后,基督教教育终于奠定了女子也可以在国家及社会上担任各种重要角色,甚至居于领导地位的基础,为韩国近代女性史谱写了重要的篇章。所以韩国近代女性史的确立与基督教有密不可分的关系。

第二,在打破身份制度方面,做出了决定性贡献。韩国的传统社会有着极为严格的身份制度,它们划分为两班、中人、平民、贱民等几个等级,而且是世代相袭,不可变更。所以要脱离自己所出身的阶级融入另外的社会阶层,原则上是行不通的。特别是贱民出身的人,一生都享受不到平等的待遇。但是,基督教从传教初期开始就不认同这种身份等级,对贱民也是一视同仁,强调他们也是神的被造物,和其他等级的人一样拥有神所赋予的权利。基于这种认识,基督教在打破身份制度,特别是在解放贱民方面做出了积极的贡献。当时韩国社会的贱民被称为"白丁",是被社会抛弃的人(Out Caste)②,享受不到作为人的基本待遇,生活极为凄苦。但是,韩国的早期新

---

① 韩国基督教历史学会编:《韩国基督教的历史1》(改订版),第150—151页。
② 类似印度的帕莱雅尔(Paraiyar)或日本部落民的阶级。

教传教士鱼丕信(O. R. Avison)、毛三栗(S. F. Moore)等人,并没有对他们视而不见,给他们提供了接受教育的机会,和在教会里与两班等贵族一样担任教职的权利①。这些虽然最初极大地动摇了韩国社会,但却为韩国近代史上解放贱民、打破身份差别打下了坚实的基础。

第三,韩国社会存在着严重的职业歧视。传统的韩国社会彻底遵循"士农工商"的思想,最受尊敬的职业为大多由"两班"担任其职的学者和文官。其次是所谓"农者,天下之大本",即从事农业的人。而制造各种器物的工匠,即从事工业的人则居于受歧视的地位,比起工匠更受歧视的是从事商业的"张萨其"(做买卖的人)、"张萨昆"(卖贩子),他们在社会上普遍被认为是从事最低贱的职业的人。这种职业歧视,与男尊女卑、身份等级制度一样,是妨碍韩国的近代化发展的深刻问题。基督教在教会内外都否定了这种职业歧视,并为了打破这种职业歧视做出各种努力。基督教所办的高等专门学校的课程设置就是其具体的代表。1915 年在首尔由长老会和监理会联合创办了当时首屈一指的高等教育机关"延禧专门学校"(今延世大学)。在课程设置上,"延禧专门学校"除设文科、神科、农科之外,还同时设置了商科和数物科(数学物理科)。就这样,教会学校把备受冷遇的商科设置为一门高等教育课程,在废除职业歧视方面走在了社会的前列②。此外,在创立"延禧专门学校"以前,以平壤的崇实学校(教会学校)为首,已经积极实施了"实业教育"的课程③。

第四,韩国的基督教通过教会学校和社会启蒙教育,具体体现了新的伦理实践、节制及禁欲的价值观。基督教从传教初期开始就以教理为基准来要求信徒遵守个人伦理,禁止吸鸦片、喝酒、抽大烟、娶妾、赌博等。韩国的基督教至今仍保留着一些强调个人伦理的传统。与此同时,教会学校及基督教男女青年会等基督教青年社会团体,也通过参加社会启蒙活动普及了

---

① 鱼丕信作为校长所属的第一所教会医学校塞弗伦斯(Severance)医学校的第一期毕业生中包括白丁出身的朴瑞阳。他是韩国最早的外科医生,后来成为母校的一名教授。另外,参加毛三栗传教士当牧师的首尔渼洞教会的白丁朴晟春被选为该教会长老后,因两班们的反对而起骚动,最终发生了教会分裂的事情。朴晟春是朴瑞阳的父亲。
② 延世的发展与韩国社会编纂委员会编:《延世的发展与韩国社会》,延世大学出版部,2005 年。
③ 参见崇实大学校 100 年史编纂委员会编:《崇实大学校百年史》,崇实大学校出版部,1997 年。

近代思想及价值观念,而且对消除文盲运动、启蒙个人卫生、预防传染病、农村地区运动等启蒙事业也予以关注并做出不少贡献①。

四、日本的殖民教育和基督教教育之间的矛盾

提起早期基督教的学校教育和社会教育系统对韩国社会的影响,不可忽视的一个主题就是"近代民族主义"②的扩散。在帝国主义的侵略和殖民统治下,早期基督教在韩国所推行的教育为学生们提供了民族意识自我觉醒的契机。像韩国,基督教与民族主义链接在一起是一个特殊的例子。韩国与基督教的关系,与其他绝大多数经历过西欧帝国主义的殖民统治,并从西方国家引进基督教的亚非拉地区的历史经验完全不同。在韩国,早期接受基督教的知识分子的主要动机,就是利用基督教所代表的近代文明和基督教国家的政治外交力量促进韩国的独立。而一部分以美国人为主的传教士,也十分同情韩国被同是亚洲国家且非基督教国的日本所侵略的遭遇,积极协助及推动韩国的独立运动。在这种情况下,韩国的教会学校及其教育课程成为认识和促进民族主义最重要的途径。

作为代表性的例子,可举出在首尔组成的由"尚洞派"③管理的"尚洞青年学院"和平安北道定州的五山学校④。这些学校既是基督教教育机关,又是韩国近代民族主义教育的中心。此外,直接由传教士建立并管理的教会学校和教会学校的师生们也发挥了促进韩国民族独立运动的作用。其最具代表性的例子是教会学校及医院对"三一独立运动"的贡献。众所周知,"三

---

① 参见金兴洙、徐正敏:《韩国基督教史的探求》大韩基督教书会,2011年,第62—68页。
② 这里的"近代民族主义",主要是指近代帝国主义时代以后与"帝国主义"展开斗争的作为实践意识的"民族主义"。即指对抗强国、大国的殖民地统治,确立被压迫民族的自我意识,立志建立独立的民族国家的政治性社会性意识。但是我们也知道以统一为目标的近代以后的民族主义的潮流中,民族主义又可分为极右的与法西斯连接在一起的"攻击性民族主义"(Offensive Nationalism)和作为弱者追求独立的"防卫性民族主义"(Defensive Nasionalism),本发表所指的"近代民族主义"是指后者即"防卫性民族主义"。参见发表人网页: http://blog.naver.com/chhistory12/150155381136。
③ 以首尔尚洞监理会及传教士W.B.Scranton、韩国人牧师全德基为主形成的平信徒独立运动家小组。金九、李东宁、李承晚、李东辉等所有的韩国早期独立运动家都是基督教民族独立运动小组的成员。
④ 基督徒李升薰接受传教士支援所建立的基督教民族教育机关。

一独立运动"是1919年处于日本殖民统治之下发生的韩国最著名的独立运动。在这场运动中,基督教信徒们付出了巨大的牺牲。据朝鲜总督府统计,包括无信仰的人在内,因参加运动而被收监的总人数为9 059人,其中基督徒为2 036人(占22.5%);另外据日本宪兵队的资料,被检举的20 521人当中基督徒为4 426人(占21.5%)。如将对象限定在有宗教信仰者,据总督府统计其中基督徒所占比重为56.9%;另据宪兵队统计,基督徒所占比重竟达60.5%①。从当时基督徒在韩国总人口中只占2%～3%的这一事实来看,上述的统计结果确实让人吃惊。并且在这场运动中,以水原的堤岩里教会为首的几十间教会经受了教堂被放火烧毁、集体虐杀等残酷迫害。事实上,当时的日本帝国当局早就了解到基督徒是民族独立运动的主力军,所以才大规模地迫害基督徒。

如上所言,日本殖民统治集团早已意识到韩国基督教在推动民族独立意识方面所起的作用,并了解到发挥重要作用的是教会学校和它所实施的教育课程。所以自从日本开始统治韩国以后,韩国的基督教教育就成为日本帝国当局监视和限制的对象,他们颁布教育法令限制教会学校的发展。

基督教私立学校所推行的教育具有浓厚的民族主义色彩和反日倾向。因此日本帝国当局为了强化对私立学校的管理和监督,于1915年颁布了"(改订)私立学校规则"法案,严禁在学校内举行宗教仪式和实行宗教教育,并强制要求用日语授课。因为日本帝国当局的镇压,1910年时829所各种宗教开办的私立学校,到1918年12月只剩下323所,至1919年5月又减少了25所只剩下了298所。②

此后日本当局也没有放松对韩国基督教,尤其是对教会学校的警戒和镇压。

1908年总督府颁布了私立学校令,1911年颁布的朝鲜教育令及在私立学校规定中限制宗教教育,1915年颁布了有关传教规定及对基督教传教机关的控制命令,同年又颁布了有关改订私立学校规定等。另外,还有1920年颁布的有关改订传教规定,及1922年颁布的有关改订私立

---

① 《韩国基督教的历史2》(改订版),2012年,第45页。
② 同上书,第29—30页。

学校规定等。①

上述引文说明,日本帝国对基督教学校教育持续采取了限制政策。但是,在日本帝国的殖民统治下,对教会学校而言最严重的危机是"强制要求神社参拜"的问题。为了使韩国彻底"日本化",日本帝国对殖民地朝鲜推行了强制要求参拜神社的政策,其目的是通过被称为"内鲜一体"(日本内地和朝鲜的一体化)的殖民政策,将朝鲜半岛改造成推动战争的兵站基地,所以要求朝鲜也同内地一样参拜国家神道和崇拜天皇及其精神。

面对这个问题,较为保守的韩国长老会传教士和坚守虔敬主义信仰的基督徒认为这是对信仰的镇压和强制性的偶像崇拜。特别是长老会的传教士对日本帝国当局的要求进行了直接的抵抗。

> 日本帝国当局以拒绝参拜神社为由直接迫害教会学校的事件就是"平壤基督教私立学校校长拒绝参拜神社事件"。1935 年 11 月,在平安南道道应举行的道内公私立中等学校校长会议上,道知事要求校长们参拜平壤神社。但是平壤崇实学校的校长 G. S. McCune、崇义女校代理校长郑益成、顺安义名学校校长 H. M. Lee 都拒绝了这个要求。以此为导火线,参拜神社的问题迅速扩大。总督府和道当局要求各校将校长及学生的参拜情况向总督府明确报告,并采取了强硬态度,表示视其结果不辞罢免校长及关闭学校。②

此事件以后,参拜神社问题成了关系韩国教会学校存亡的关键问题。大体上天主教和新教中监理会办的学校选择了参拜神社,以此来保住学校。而大部分长老会系统的学校则作出了传教士退出学校经营,暂时关闭学校的选择。但是也有一些例外,如首尔的几所长老会学校则优先保存学校。不过这种通过接受参拜神社来维持传教士管理学校的办法,也只是起到延缓传教士退出学校的管理而已。到日本帝国末期法西斯主义达到顶峰的时候,所有西欧出身的传教士都被迫撤离韩国,外国传教士影响教会学校决策

---

① 徐正敏:《1945 年前后韩国基督教的受难:抵抗对信仰与良心的压迫,以及对屈服与忏悔的质问》,载《明治学院大学基督教研究所纪要》第 48 号,2016 年 2 月,第 240 页。
② 朝鲜总督府:《(极密)在平壤外国人私立中等学校校长不参拜神社经过概要》,1936 年,此处援引自:《韩国基督教历史 2》(改订版),第 261—262 页。

的历史已成为过去。

　　长老会传教士们反对强制性的神社参拜和关闭教会学校,以及坚守保守信仰的一部分韩国基督徒的殉教性抵抗,都可称之为抗日民族主义的表现。但是我们不可忽略,他们进行抵抗的主要动机,不是为了民族主义的实践和政治动机,而是出于信仰。即他们是为了维护虔敬而纯粹的基督教信仰而进行抵抗的。但是,因为这种抵抗抵制了日本帝国当局所实施的各种政策,所以从表面上看这种抵抗成了抗日意识的最后表现。不过必须要指出的是,起来反抗的教会学校和基督徒只是一小部分而已,大多数的教会学校和基督徒则屈服在日本帝国的淫威之下,他们除了容忍神社参拜,顺应天皇制意识形态之外,别无选择。

五、小结

　　日本殖民地统治时期,韩国的基督教,尤其是教会学校与韩国的近代民族主义之间形成了一种相互协作的关系。日本殖民地统治前期(1919年三一独立运动前),教会学校在直接反对日本的殖民统治运动中扮演了核心角色,到后期(20世纪30年代以后)教会学校通过反对神社参拜为主的信仰上的抵抗运动,对日本帝国主义进行了有力反抗。韩国基督教的历史是一个独特的事例。反观中国,以20世纪20年代的非基督教运动为主、基督教和民族主义之间产生了重大矛盾,而其他亚洲地区也和中国一样,基督教和民族主义之间产生了对立和矛盾。探其原因,主要是因为韩国的历史本身比较特殊,即因遭到非基督教国家日本的帝国主义侵略,在韩国出现了基督教和民族主义相互合作共同抵抗日本帝国主义的情况,而基督教教育及教会学校为这种互相合作的关系奠定了重要的基础。

近代欧美新教传教士在韩办学中的文化认同问题
——以文字为中心的考察

王立诚

语言文字不仅是人际沟通的媒介,而且承载着特定的民族记忆,是一个民族文化认同的基础。从欧美传教士在韩开辟传教事业到第二次世界大战时被迫撤出韩国的半个世纪间,其办学中所作的文字选择是一个掺和着他们的传教策略、政治态度和文化取向的错综复杂的过程,渗透着他们对在韩基督教教育事业中文化认同问题的不断变化的考量。总体上,以1910年日本吞并韩国为界,这种选择前期表现为汉文、韩文与英文间的调适,后期则呈现出韩文、英文与日文间的角逐。

一、汉文、韩文与英文的调适

当欧美新教传教士1884年驻扎朝鲜李氏王朝开辟传教事业的时候,他们发现这是一个高度汉化的国度。儒家经典主导着这个国家的思想和行为方式,作为统治阶层的"两班"们都以精通汉籍、娴于汉文汉语为荣。"许多朝鲜的大学者前往中国,在那里的科举中赢得最高的荣誉。从9世纪起直到1895年,朝鲜所有的官员选拔也取决于每年进行的'科考'(Kwaga),其式效仿中国"①。在教育体制上,"有三种本土学校:进士学堂、经学院,以及

---

① C. A. Clark, *The Korean Church and the Nevius Methods*, New York, Fleming H. Revell Company, 1930, p.58.

公私塾。在所有这些学校中只教汉文,没有教本土语言的学校。后者只是孩子从其父母那里学得。不用说,一种本土语言的知识不被认为是教育。只有懂汉文的人才被视为学者"①。

面对这种文化氛围,欧美传教士虽然在对华传教中早已打下了将西方基督教义和西学知识植入汉文语境的基础,并且最初曾将一些在华译为汉文的传教小册子输入韩国,但他们却并不想把在韩的传教事业作为在华传教事业的简单延伸,而是积极探求一种直接沟通韩国民众的语言文字途径,以使基督教能够更直接地获得韩民族的文化认同。

令他们欣喜的是,他们发现韩国原来有自己的文字。这就是李朝世宗于1445年颁布的《训民正音》所力图推行的"谚文"②。而且,这种谚文是一种拼音文字,这无疑使母语同为拼音文字的欧美传教士增加了对这种文字的亲切感。有位传教士甚至宣称"英语与韩语同源",它们都源于希伯来语,"是消失的十大部落的后代"③。

于是,他们首先将推广和普及谚文作为其传教事业的一个重要组成部分,不但用它翻译《圣经》和撰写传教书籍,并且通过在教会学校中用谚文教学和用谚文翻译西文科学著作,努力提高谚文在韩民族文化中的地位。

1893年,在韩新教差会会议通过一项政策决议:"在所有的文字工作中,一种纯粹的,不被汉化的韩文,应当是我们的目标。"④一些传教士还努力将西文科学著作译为韩文。例如后来开办世富兰偲医学院(Severance Union Medical College)的鱼丕信(O. R. Avison),早在1893年来韩初期就着手将格雷的《解剖学》译成韩文,但此文稿在他回国时不幸被毁。在1904年开办世富兰偲医院及附属医校后,他在教学生的同时也组织翻译医学教材。其学生金弼淳等成为他的翻译助手,毕业前后翻译了解剖学、化学、解剖与生理学、外科学和医药实践等书籍,奠定了韩文西医教材的最初

---

① X, Korean Schools, *The Korean Repository*, Vol. 1, New York, Paragon Book Reprint Corp., 1964, p.37.
② J. S. Gale, The Inventor of the En-moun, *The Korean Repository*, Vol. 1, p.365.
③ Arraisso, Kinship of the English and Korean Languages, *The Korean Repository*, Vol. 3, pp.20-21.
④ L. George Park, *The History of Protestant Missions in Korea*, 1832-1910, Pyeng Yang, Union Christian College Press, 1929, p.202.

基础①。

此外,他们还针对谚文是一种与西文相似的拼音文字,利用其自身在西文方面的文字学识,努力探索谚文的"罗马化",通过引进西方的注音原则来消除传统谚文注音混乱的弊病,使谚文符合现代的文字规范②。

传教士的这种努力使得他们的办学事业与当时韩国知识界中新兴的提倡韩文化独立性的韩文运动颇有渊源。当时的韩文运动领袖中,周时经曾就学于培材学堂,崔光玉则毕业于崇实学堂③。

另一方面,与西方立约开放后的朝鲜李氏王朝此时已开始意识到学习西方文明的需要,并认识到西文是这种学习的基础。还在欧美传教士入韩之前,李氏王朝于1883年在通商衙门下开办了一所培养翻译的学校,请了一位洋教师哈里法克斯(T. E. Hallfax)执教。此后,为了培养西学人才,李氏王朝除了派遣青年到相邻的中国和日本留学外,还于1886年开办了一所"育英公院",从美国聘请了吉尔莫(George W. Gilmore)、纥法(H. B. Hulbert)和房巨(D. A. Bunker)三人前来执教,时为中国驻朝鲜官员之一的早期留美学生唐绍仪也充任教习。公院颇似中国的京师同文馆,挑选贵族和官员子弟入学,分设左院(少年文武)和右院(通敏幼学),以教授英文为主,兼及算术、天文、地理、格致、植物、农艺和外国历史等。学生按汉学规制,通过科举考试录用官职。三位美国教师不久便因不满学校的旧式管理而相继离去,纥法和房巨二人后来成了传教士,但公院则到1895年才关闭,转而成立新式的外国语学校④。

欧美传教士因此也被作为西学知识的传播者而受到礼遇。第一位驻韩的美国北长老会传教士安连医生(Dr. H. N. Allen),因治愈在甲申政变中受重伤的大臣闵泳翊而深受李朝高宗的器重,后者不但任命他为御医,而且出资开设一所西医院,交给他管理,赐名"广惠院"。李朝还希望传教士教授

---

① Kim Kiu Sik, Dr. Kim Pil Soon, *The Korean Mission Field*, Jan. 1911.
② W. M. Baird, Romanization of Korean Sounds, *The Korean Repository*, Vol. 2, pp.161-175.
③ L. G. Paik, What is Han Keul? *The Korea Mission Field*, Oct. 1935;金昌杰:《崇实人物志》,汉城:崇实中高等学校,1989年,第258页。
④ 李万珪:《朝鲜教育史》(下),汉城:乙酉文化社,1982年,第36页;The Korean National Commission for Unesco, *Unesco Korean Survey*, Seoul: The Dong-a Publishing Co., Ltd., 1960, p.12.

西学。美国美以美会传教士亚扁薛罗（H. G. Appenzeller）1885年来韩时想办一所教授韩国青年英文的学校，高宗对此深表赞许，赐学校名为"培材"。这所学校于1886年6月8日在汉城正式开学，最初只有6名学生，并且其中有3人不久因故退学，但学校旋即因有不少人申请入学而兴旺起来，到1887年已有学生67人，1889年学生数更达82人。学校的科目包括汉文（经书、史记）、英文、天文、地理、生理、数学、手工、圣经等。作为对学校的承认，李朝政府给这所学校的优秀学生授予官职。亚扁薛罗报告说："韩人中学习英文的热情总是很高涨的。有一点这种新语言的知识过去和现在都是一种向上爬的阶石。要是问一个韩人'你为什么想学英文？'他的回答总是'为了当官'。"①

然而，传教士们对于是否应该传授英文和西学，内部却有很大的分歧。由于吸取了在中国长期传教的经验教训，尤其是借鉴了倪维斯传教法（Nevius method）②，欧美传教士在韩国传教时，从一开始就比较注意发展本色化的教会，强调培植具有民族自主性的教民群体③。这种方式使传教士们在韩国较为迅速地打开局面，同时也使他们对教会的"西化"存有戒心。例如李讷瑞（W. D. Reynolds）就如何培养韩国牧师问题撰文，提出："要随着韩国基督徒的文化和现代文明的进步而提高本土牧师的教育水准，尽量使他的教育高出他的人民的一般教育水平，以获得尊敬和威望，但又不高得引起妒忌或疏离之感。"而且，"无论如何在宣教的早期不要把他送到美国去受教育"④。

同样的，在办学上，大多数传教士主张用韩文，摒弃英文。裴纬良（W. M. Baird）于1898年在平壤开办了崇实学堂⑤，虽然该校于1906年开办了

---

① 李万珪：《朝鲜教育史》（下），第29页；L. George Park, *The History of Protestant Missions in Korea*, pp.128-129。
② 按：倪维斯（John L. Nevius），美国北长老会传教士，长期在中国山东传教。他有鉴于在华的传教士在传教过程中过于依仗差会资源与西方强权，导致华人教民群体普遍具有对外依附性，缺乏自身活力，因此主张传教中要谨慎使用差会资源，且不要依仗西方强权。他的观点受到同为美国北长老会的在韩传教士的重视，于1890年邀请他到韩作为期两周的访问，讲授他的传教法。此后，他的传教法被大多数在韩传教士奉为基本原则。
③ S. A. Moffett, Evangelistic Work, *Ouarto Centennial Papers Read Before the Korea Mission of the Presbyterian Church in the USA*, 1909, p.17.
④ W. D. Reynolds, The Native Ministry, The Korean Repository, Vol. 3, pp.200-201.
⑤ S. A. Moffett, Rev. William Martyn Baird, D. D., *The Korean Mission Field*, Jan. 1932.

四年制大学科,学校的英文名因此改为"Pyeng Yang Union Christian College and Academy"(平壤基督教协和学院和中学),成为欧美传教士在韩办的第一所教会大学,但裴纬良一直坚持用韩文施教①。其妻将她丈夫在崇实的成功经验也引用到女子教育上,认为用英文施教虽然方便了外籍教师,但这样教出来的女孩子"只是好看的摆设,就像日本花匠做的盆景"。因此,"把我们的精力放在以韩文为基础的教育上,使任何够格的青年女子可以用她的母语接受这种教育,而不是使学生异化。应当要教师摒弃她们自己的语言和思维方式,在各方面都与学生和外面的民众尽可能融为一体"②。即便在以教授英文闻名的培材学堂,虽然校方于1895年与韩国政府签订一个合同,规定政府将每年送至多200名学生来校学习。但是学校不断增加宗教课程、减少英文课程的做法招致学生的强烈不满。到1902年亚扁薛罗去世后,与政府的合同便终止了③。

甲午战争后,朝鲜成为名义上的独立国,李朝高宗于1897年正式称帝,改国号为大韩,定年号为光武。其在推行新式学制的同时,着手进行文字改革。传教士们推广"谚文"的多年努力似乎结出了硕果。

然而,正如一些传教士早就注意到的,韩文与汉文的联系比它与突厥语、印地语、日语等的联系"更有根据"④,汉韩文化的长期交融,使得一种截然摒弃汉文的韩文事实上是不可行的。因此,此时所推行的韩文是一种汉字与谚文结合的书写方式。它既奠定了韩民族文化的基础,又不妨碍对传统汉文化中合理成分的吸取。对于这一发展,传教士们明智地表示支持。其教育会在1909年讨论教材使用谚文还是汉谚混合文问题时,多数人主张使用混合文:"这就是说,书应当用那种最好的谚文来写,简洁明白,任何能拼读的人都能读懂,并不时地有注解的汉字,以让那些两班、官员和那些不屑于读不用汉字的书的守旧人士感到不失面子。这样也充分符合使用混合文的官方规定。"⑤

---

① W. M. Baird, Pyeng Yang Academy, *The Korean Mission Field*, Oct. 1906.
② Annie L. A. Baird, Higher Education of Women in Korea, *The Korea Mission Field*, Apr. 1912.
③ L. George Park, *The History of Protestant Missions in Korea*, pp.230-241, 309.
④ H. G. Appenzeller, English Korean Dictionary, *The Korean Repository*, Vol. 1, p.63.
⑤ The Christian Educational Association of Korea, *The Korea Mission Field*, Dec. 1909.

在英文教学方面,随着传教士们把初等教育逐步转给本地教会来办,自己集中精力办较高层次的教育,英文也越来越成为其办学特色的体现。培材学堂经多年的蹉跎后逐渐走向正轨,1907 年开始用英语授课,从而吸引了大批学生入学。1909 年,作为中学的第一届学生毕业。1910 年,培材也开始筹办大学科,虽然这一发展因美国监理宗和北长老会决定联合成立延禧学院而中辍①。而创办于 1886 年并由明成皇后赐名的第一所差会女校汉城梨花学堂,也于 1910 年在校长弗莱伊(Lulu E. Frey)的主持下开办了大学科,成为韩国第一所女子高等学府②。弗莱伊强调了提高女子教育程度的必要,指出:"多年来韩国女子安于她的文盲状态,因为她不知道还有更高的境界,但是她已经开始向上攀登,在不登上顶峰,与她的兄弟比肩而立之前,是不会满足的。"随着社会风气的转变,教会学校必须给女子提供全面的新式教育,"原先的梨花学生已不能令聘任学校满意。现在我们乡村学校的教师必须懂汉文。她必须能够教英文、绘画和音乐,还要能教体育"③。

于是在 20 世纪初年,传教士在韩办学中多年存在的汉文、韩文和英文间的争胜,取得了某种妥协,其意义是在发展一种融合韩汉文化的新的民族文字与输入作为西方先进文化载体的西方文字两者的平衡下,形成一种对于世界先进文明具有开放性的民族文化认同。

二、韩文、英文与日文的角逐

韩国的独立只是昙花一现。1905 年,日本挟日俄战争胜利之威,迫使韩国接受日本的"统监",1910 年进而逼使韩国纯宗退位,在韩国设立朝鲜总督府,使韩国完全沦为日本的殖民地。

在这个过程中,日本为了削弱韩人的民族意识,开始在韩国积极推行日文,并希望在韩办学的传教士也能跟从。1908 年,在一次传教士与日籍学部次长的交涉中,后者要求差会学校学习日文,并解释说:"这不是因为日本

---

① L. George Park, *The History of Protestant Missions in Korea*, pp.398-399.
② 梨花七十年史编纂委员会:《梨花七十年史》,汉城:梨花女子大学出版社,1956 年,第 504 页。
③ L. Frey, Higher Education of Women in Korea, *The Korean Mission Field*, Jul. 1910.

对韩国的统监,而是因为在办事上对韩人和日人间彼此有利,而且使韩人可以有资格在整个国家保持他们的权利。"①但是,传教士们却对此嗤之以鼻。在他们看来,日本文化本身不具有文明的先进性,其推行日文教育只是一种政治强权的征服。《韩国传教界》的一篇社论写道:"学部次长是一位日本绅士,当然希望多多关注他自己国家语言的学习。在我们看来,韩国学生应当掌握日文,首先在于它内在的价值,其次是因为它对韩国学生来说无疑是进入更广阔的世界知识和文明的通道,再次是因为在世间的一般教育架构中,学习和掌握一门外语据信对提高人的思维能力有很大的价值。正是基于这些理由,我们同意在我们的教会学校中学习日文是一件有利和健康的事。但是学部次长认为韩国学生应当为了能够获得他们的权利而学习日文。显然是获得在日本统监下的韩国公民的权利。韩国人是否只有学了日文才能得到他们的权利?不是因为作为韩国公民本该有他们的权利,而是因为他们掌握了日文才获得这些权力。多么卑鄙。"②

然而日本吞并韩国后,便开始运用政权的力量来推行控制韩国私人和差会学校的改革,其中的一项重要内容就是强制实行日文教育。在其1915年的教育法令中,有一项规定就是学校教育必须用日文。所有的学校只给予5年的准备期,于是"曾花了多年学习韩文的传教士们,如今面临着要么放弃教学,要么学习日文的局面"③。对此,传教士们作出了不同的反应。有的学校,如于1915年在汉城开办的英文名为Chosen Christian College的延禧学院,决定按照日方的规定办理,向日占当局立案。但如崇实等大多数学校则坚持旧规,不向当局立案。

"三一"运动的兴起使这种局面有了转机。借助独立运动的余威,韩国新教差会联合会就差会学校问题向日占当局提出要求,内容包括:"一、允许我们在教会学校的课程设置中包括圣经课和礼拜。二、取消使用韩文的限制。三、给予我们在学校管理上更大的自由,不受官方不必要的干涉。四、允许教师和学生拥有思想自由。五、给予韩国人以日本人同样的教育

---

① J. S. Gale, Information Furnished by the Chairman of the Educational Committee of the General Council to the Missionaries in Korea, *The Korean Mission Field*, Oct. 1908.
② Editorial, *The Korean Mission Field*, Oct. 1908.
③ J. E. Fisher, *Democracy and Mission Education in Korea*, New York, J. J. Little & Ives Company, 1928, p.66.

机会,在选择教材上给予更大的自由,取消对学习韩国和世界历史的限制。六、政府批准的私立学校不加过分的财政要求。"① 迫于压力,日占当局于1922年颁布新的教育法令,以平息韩人的愤恨,其中规定允许学校用韩文教学。

于是,传教士们似乎仍可按旧制办学,他们所办的学校也就纷纷向当局立案,以便这些学校的毕业生可享有与官办学校毕业生同样的权利。但这时候,传教士办学的一个值得注意的倾向是,他们越来越转向用英语教学,尤其在高等教育方面。

1922年,世富兰偲医学院校长鱼丕信宣布该校以后将用英语施教。他撰文解释这一改革的理由说:"我们曾按照这样的原则工作,在韩国的医药专业应当建立在以韩文为教与学的媒介的基础上。为此尽了最大的努力,但成效甚微。"他指出,在医学教育的早期,一个教师即使用很少的韩文词汇结结巴巴地讲课,也会受到渴望求知者的欢迎,因为这已是当时最好的了。但是,随着前期教育的拓展和知识青年的增加,这样的教法就完全不能被学生接受。因此如果一个西方人要韩文娴熟得能够教课,他就必须学习好几年。但是,一个医学专业工作者不可能有数年时间来学语言,否则他就在专业上落伍了。由于现在越来越难找到美国或加拿大的医生或科学家愿意把他们多年辛苦获得的知识放在一边并事实上放弃他们的专业,因此只能改弦易辙,采取英语施教。这样,医学院"有必要只招收那些除了有一定的日文知识外具有足够的英文知识,能够读懂一般著作,听懂一般交谈的学生。我们感到医学院不得不将在此水平之下的学生拒之门外。所以,如果差会学校不能把英文教到这个程度,那么那些想上我们学校的人就得另外加课,以便通过入学考试"②。

梨花学堂开办的大学教育自始便用英语施教,因此它的文科实际上是英文专业。校方报告学生对于学习英文的态度说:"铭感于基督教带给她们的好处,姑娘们热衷于学习那种语言,它为她们打开了基督教生活和思想的

---

① R. O. Reiner, Survey of Christian Education, *Christian Movement in Japan*, Korea and Formosa, 1920, p.256.

② O. R. Avison, Relation of English Language to Medical Teachers, *The Korean Mission Field*, Jul. 1922.

整个世界。她们急于自己来探索,等不及她们所想读的英文著作翻译成韩文。"①

即使在神学院,当其程度提高到大学水平时,也强调了学习英文。监理宗神学院于1922年报告:"我们意识到我们必须与韩人智识日益觉醒并驾齐驱。除了由俗语上的课程之外,今春加了一个面向大学毕业生的英文科目。除了常规神学学习外,还开设了诸如宗教教育、主日学教学法、逻辑学、心理学、日文、《圣经》史和《圣经》地理等课程。"②它规定,"从1922年4月开始,神学院将提供两类课程,一种正规的,一种特别的。正规课程将主要用英语教授,要求学习3年,每年9个月。此外还有一个为英文程度不足的学生提供的1年预科,以及为所有毕业生设置的1年研究科。特别班用韩文教,要求学习3年,每年9个月。"③

显然,传教士们转向英语教学,有诸如鱼丕信所说的客观条件的原因。作为外来者,随着教育水平的提高,达到将专业知识准确地转译为当地语言的要求便越困难。但在这背后,其实还有其政治和文化的考虑。早年传教士们强调韩文,是希望基督教深入韩国民众,并非为了培养韩人的民族意识。而当日本吞并韩国后,传教士们对于韩民族的苦难虽然深为同情,但作为外来者,差会采取了"严格中立"的政策。例如《韩国传教界》在1907年的一篇社论说:"我们听到一些地方谣传,无论在日本还是在韩国的日本当局怀疑在韩传教士参与了当前的起义,也怀疑他们在搞反对这个国家中日本政权的秘密运动。当我们说这种怀疑毫无根据,并且不可能从整个传教士群体的言行中得出时,我肯定我们代表了所有在韩传教士的想法。持一种严格中立和一种不介入政治的决心,是所有熟悉传教士意图和基督教会政策的人都清楚知道的事实。"④并且,作为跨文化的观念传播者,他们并不想鼓励民族主义。例如,传教士纥法撰文谈"韩人的民族观"说:如今所有的民族观都是基于自私的动机,但韩国失去了政治独立,其民族观便不可能是

---

① A. R. Appenzeller, Higher Education for Women, *The Korea Mission Field*, Oct. 1918.
② C. S. Deming, Filling the Pulpits, The Work of the Union Methodist Theological Seminary, *The Korea Mission Field*, May 1922.
③ Union Methodist Theological Seminary, *The Korea Mission Field*, Feb. 1922.
④ Editorial, *The Korea Mission Field*, Oct. 1907.

政治的；她也没有军事力量和强烈的商业精神，其民族观也不可能是军事和商业的；因此，她只有以"成为一个真正的基督教国家"为民族观才会使之赢得世界的尊敬①。对此，一位论述在韩差会教育的传教士深表赞同，但认为还应当加上智识的高度发展，"他们天然地适合成为远东最有学问的人"②。

于是对于传教士们来说，随着日本对韩国的吞并，体现韩民族意识的韩文在其办学中的重要性便日益消退，取而代之的是强调符合西方基督教标准的"世界化"，英文也便成为实现这一目标的媒介。正如某传教士所宣称的："学一种语言对一个孩子或青年学生是件小事。一旦学会了英文，就为生命的其余部分打开了世界文化之门。"③

但是，传教士们强调英文的这种西化，同时又具有一种抵制日占当局所要推行的通过日文教学来实现"日化"的效应。延禧学院最初作为向日占当局立案的学校，不得不服从当局的课程设置规定，但在1921年的课程改革中减少了日文课，同时把每学期的英文课增加到8个学时④。

而鱼丕信在宣布世富兰偲实行英语施教时表示。虽然用日语施教也是一个选择，但是，"我们无法得到足够的日本基督徒教师使用日语授课。即使能够，这也不符合我们的最终目标——使我们的毕业生接触英文医学论著"⑤。

并且，在传教士们看来，日占当局所推行的"日化"，其结果是导致韩国青年的堕落。例如《韩国传教界》在1932年刊登的一篇韩国留美归国学者的观感说：如今，"一个典型的韩国'现代小伙子'大多穿着不合身的、破旧蹩脚的西装，宁愿说洋泾浜日语而不说母语，喷吐着时髦牌子的香烟，常常光顾下流舞厅和日本咖啡馆，后者只是妓院的另一种称呼，最后但不止于此的是，平日睡到中午而整夜寻欢作乐。一个典型的'现代姑娘'则是高等普通学校尚未读完，戴着眼镜，穿着非欧非韩的时髦衣服，向碰到的每个英俊

---

① H. B. Hulbert, The Needs of a National Ideal for Korea, *The Korea Mission Field*, Jan. 1910.
② Mission Education in Korea, *The Korea Mission Field*, Apr. 1910.
③ G. H. McGary, Higher Education for Women in Korea, *The Korea Mission Field*, Aug. 1916.
④ E. W. Koons, Educational Work of Seoul Station, *The Korea Mission Field*, Aug. 1921.
⑤ O. R. Avison, Relation of English Language to Medical Teachers, *The Korean Mission Field*, Jul. 1922.

小伙子抛媚眼。"①

于是,传教士们强调英文,在促使韩国新一代知识分子融入英文的西方世界的同时,客观上与韩人反抗日本侵略、要求民族独立的情绪形成某种呼应。例如在梨花学堂的校史中,把当时的学生们对学日文表示蔑视,而对学英文非常积极的现象视为一种爱国表现②,另外,差会学院如延禧等也仍在一定程度上保持了韩文研究的传统,继续在推进韩国语言文字的科学化上下功夫③。于是,欧美传教士们在日本统治下的韩国的办学,作为一个当局未能全面控制的特殊区域,在一定程度上成了孕育韩国民族独立精神的温床。

日占当局自然不能容忍这种局面长期存在。1935年,当局再次规定所有韩国的中学只准用日文授课④。于是在这场韩文、英文与日文的角逐中,日占当局最终用政权的暴力手段终止了传教士们"韩英双重文化"的办学,日文取得了表面上的支配地位。紧接着,日占当局作为加强"日化"和在侵华战争前实施"精神动员"的一项措施,于1936年规定韩国所有学校的师生必须去参拜日本"天照大神"神庙,并勒令拒绝这一要求的崇实学院校长尹山温(G. S. McCune)停职⑤。于是,面对这种完全违背基督教信条的"日化",欧美传教士最终只得与日占当局决裂,作出了从韩国撤出世俗教育的决定⑥。

三、结论

自欧洲宗教改革后兴起的基督教新教,致力于将《圣经》翻译为各国、各民族文字,从而极大地有利于基督教突破各民族间的文化障碍,获得各民族的文化认同,使得基督教新教成为不少近代民族国家形成的重要因素。然

---

① Frank Y. Kim, A Glimpse of Korea after Ten Years' Absence, *The Korea Mission Field*, Jan. 1932.
② 梨花七十年史编纂委员会:《梨花七十年史》,第80—81页。
③ L. G. Paik, What is Han Keul? *The Korea Mission Field*, Oct. 1935.
④ What's Interesting the Korean Church, *The Korean Mission Field*, Jan. 1936.
⑤ What's Interesting the Korean Church, *The Korean Mission Field*, Apr. 1936.
⑥ H. A. Rhodes and A. Campbell, *History of the Korea Mission Presbyterian Church in the U. S. A.*, *Vol. II*, *1935-1959*, New York, Commission on Ecumenical Mission and Relations the United Presbyterian Church in the USA, 1964, p.10.

而，当近代欧美新教传教士向中、韩等东亚国家传播基督教的时候，他们却面临一个文化选择：是坚持欧美原汁原味的"正宗"，对当地文化进行征服，还是做因地制宜的调整，以获得当地民众的文化认同。其在韩办学中的文字选择在本质上首先便是这种文化选择的反映，只是答案并不是非此即彼地那么简单。

一方面，由于吸取了早先在华传教中的经验教训，传教士们在韩开辟传教和教育事业的时候便借鉴倪维斯传教法，注重获得韩民众的文化认同。谚文便成为实现这一目标的重要途径，这使得他们的教育事业成为近代韩国民族文化形成的重要推手。

另一方面，欧美传教士此时所承载的西方文化，其超越东方农业文明的科技文明性质，使其又成为近代中、韩等东亚国家不得不主动学习的对象。于是，作为其承载体的西文在教会学校中与其说是一种文化征服的工具，不如说是一种适应接受者文化更新需要而被主动接纳的事物。

结果，欧美新教在韩教会教育所形成的韩英双重文化教育，促进了一种对于世界先进文明具有开放性的民族文化认同。

与欧美新教在华教育事业相比，其在韩教育事业的特殊性在于，当1910年韩国沦为日本殖民地时，日占当局为削弱韩人的民族意识所推行的以教授日文为中心的"日化"政策，使得这一事业又面临一个是对其顺应还是抵制的选择。答案同样也不是非此即彼地那么简单。

传教士们反对日占当局那种以强制手段改变韩民族文化认同的做法，但作为跨文化的外来观念传播者，他们并不想鼓励民族主义。因此，他们与日占当局既有斗争，又有妥协，而总体趋势是，他们在其教育事业中更强调符合西方基督教标准的"世界化"，英文便成为实现这一目标的媒介。

然而，传教士们强调英文的这种"西化"，客观上又具有一种抵制"日化"的效应，于是教会学校作为一个当局未能全面控制的特殊区域，在一定程度上成了孕育韩国民族独立精神的温床。

综上所述，从文字选择角度对近代欧美新教在韩教育事业的考察表明，在关于韩民族文化认同的问题上，不能使用通常的"征服论"或"侵略论"判断，但要作出"促进论"的判断，则也需要加以诸多限制，毕竟这在许多场合只是客观效应，而非真正出于传教士们的主观愿望。

基督教教育与韩国近代思想的塑造
——以尹致昊与安昌浩的事例比较为中心

李惠源

1876年(高宗十三年)朝鲜与日本之间修订所谓"江华岛条约"以后,通过日本,资本主义制度以及欧美思潮流入韩国①,于是韩国社会开始经历各方面的变迁。从哲学的立场而言,"近代"观念意味着首先确立自我认识,然后在自我认识的基础上形成新社会②。一般来说,近代性的核心概念在于社会文化的合理化。详细言之,经济上表现为资本主义的发展,社会上表现为身份制度的废止,法律上表现为平等权的获得,政治上表现为自由民主主义和法治主义的确立,文化上则表现为科学、艺术、伦理的领域分化及扩大③。众所周知,在14世纪文艺复兴、宗教改革、地理大发现等基础上,西方社会于18、19世纪经历了工业革命、市民革命以及资本主义。西欧经历了大约两三百年社会、文化、政治、经济等方面的总体变化,这就是我们所称为"近代化"(modernization)的概念。19世纪以降,西方的近代化经验传到东亚,开启了"西势东渐"以及"东西文明交融"的局面。西方近代化是以民族概念为中心的国民国家,打扮成资本主义和民主主义的模样。所以,受此影响,王政体制下的东亚三国接触了"民族""个人市民""国民国家"这三种新概念,三国的近代自我认识也由此开始。

---

① 本文言及李朝(1392—1910)时使用"朝鲜",其他言及一般社会文化地理概念上的韩国或韩民族时使用"韩国"。
② [韩]金容福:《传统,变革,基督教》,载《基督教思想》28(7),1984年7月,第111页。
③ [韩]李润甲:《日帝下社会性格论》,载金容燮教授退休纪念韩国史学丛刊行委员会编:《韩国史认识与历史理论》,知识产业社,1997年,第556页。

东亚三国被帝国主义列强强迫开港时,三国的回应方式并不一致。在中华思想的影响下,中国难以接受西方文化;采取实用主义的日本,接受西方文化,模仿西方的近代化;在拒绝与接受之间徘徊矛盾的日占韩国,不得不接受日本式的近代化。但东亚三国的回应方式都归结于一种模式:肯定西方文物的优越性,接纳西方的文物。这就是中国的"中体西用"、日本的"和魂洋才"以及韩国的"东道西器"论。① 东亚三国都认为可以将西方文化分离成物质文化和精神文化,只愿意接受物质文化。这种强调近代化外形的结果是,引起了物质文化和精神文化之间的文化隔阂,导致低级发展以及歪曲发展②。这就是东亚"近代"开始时的情况。

"近代"和"近代化"不是同一个词,"近代"不一定意味着"近代化"的成就。韩国把"近代思想流入时期"称为"开化期",研究韩国开化期的一位著名学者主张,韩国开化期可以分称为三段:第一,流入西方思想知识的阶段;第二,强调技术富强的阶段;第三,确立国权以及民权的阶段。而且他主张开化思想有两个渊源:第一是实学的利用厚生思想,第二是来自西方的新思潮③。其中,教会学校就属于韩国人在第一阶段中接触西方新思潮的重要媒介。

基督教教育与非基督教教育的区别在哪儿? 教会学校与官私学校在课程上有没有区别? 在开化期的韩国,近代学校是由三种不同势力设立的。比如:朝鲜政府设立了同文学(1883)和育英公院(1886),元山的一群民间私人设立了元山学舍(1883),美以美会传教士亚扁薛罗设立了培材学堂(1886)。后来这三种势力逐渐设立一所又一所的近代学校。但若比较他们的课程,我们会发现,大多数课程没有大的区别④,唯一的区别在于:教会学

---

① [韩]高柄翊:《东亚国家的相互所愿以及同合》,载《东亚:问题和视觉》,文学和知性社,1995年,第31页。
② [韩]林玄镇:《社会科学内的近代性论议》,载历史问题研究所编:《韩国的"近代"和"近代性"批评》,历史批评社,1996年,第191页。
③ [韩]李光麟:《韩国开化史研究》,一雕刻,1977年,第19—26页。
④ 比如说,1883年设立的元山学舍的课程包括数算、农业、机器、养蚕等(1883年的课程),1886年设立的培材学堂的课程包括英语、数学、汉文、韩文、唱歌、语源学等(1888—1889年的课程)。关于元山学舍的研究可以参考[韩]郑在杰:《关于元山学舍的理解和误会》,载《初等我们教育》,1990年3月号,第62—69页;关于培材学堂可以参考[韩]柳芳兰:《开化期培材学堂的教育课程与此运营》,载《教育史学研究》第8辑,1998年,第161—199页。胡卫清教授也指出,19世纪后半期的教会学校(中西书院)和国立学校(京师同文馆)的课程基本上相同。参考胡卫清:《美国监理会在华教育事业研究(1848—1911年)》,载《近代史研究》1999年第2期,第233—234页。

校教《圣经》和基督教教义①。基督教是一种宗教信仰体制，也可以说是一种信念体制。信仰和信念影响到个人的思考，思考影响到个人的行为，然而历史显示，基督教教育并不产生一致的思想和一致的行为。接受基督教教育和基督教信仰的人，各自吸收了不同的思想，结果即便毕业于同所教会学校的人们，后来在社会中表现的行为样态也不一致。所以基督教教育对近代思想的影响很难一般化。因此本论文想通过讨论两个近代知识分子，来比较基督教教育对他们近代思想的影响：一位是在上海中西书院（1881年由监理会的林乐知设立）接触基督教的尹致昊，另一位是在首尔耶稣教学堂（1886年由美北长老会的元杜尤设立）接触基督教的安昌浩②。他们两位都接受了基督教教育，塑造了自我认识和独特思想，都成为初期开化知识分子的代表及政治领袖。但他们两位日后的行迹却完全不同：一位陷入反民族、亲日本的迷途，一位走上亲民族、反日的道路。因此，本论文通过案例研究，尝试探究韩国开化期基督教教育对基督教领袖和基督教知识分子所产生的影响。

一、尹致昊与基督教教育

尹致昊（1865—1945，号佐翁）是韩国近代史上屈指可数的头面人物之一。旧韩末期至日帝强占期，尹致昊直接或间接地参与了甲申政变、甲午改革、独立协会运动和爱国启蒙运动等重要事件。19世纪80年代至90年代，他曾在日本、中国和美国留学，被称为韩国最初的"近代知识分子"。他曾担任多种政府官职，且担任过独立协会和大韩自强会的会长，是韩国开化、自强运动的核心人物。他不仅是韩国第一位加入美国南监理会的基督徒，也是韩国基督教青年会的领袖和日帝强占期韩国基督教的元老，对韩国基督教的形成起了很大作用。然而1919年"三一运动"后，由于尹致昊在《京城

---

① 关于培材学堂，1894年度报告上表示他们教儒教经典、古代史、物理学、化学、政治经济学、唱歌以及基督教监理会的教理问答和圣经。柳芳兰：《开化期培材学堂的教育课程与此运营》，第185页。

② 比较尹致昊和安昌浩的研究有一篇，然而这篇论文主要关心他们两人的政治认识，见[韩]Yong-Jwa Chung：《近代的个人形成于民族》，载《韩国政治学会报》40(1)，2006年3月，第3—23页。

日报》的采访中主张"独立运动的无用论",被称为亲日派,特别是中日战争后,他又指挥了"国民精神总动员朝鲜联盟"和"朝鲜临战报国团",于是成为朝鲜亲日派的教父。平生追求"安民"、积极引进近代思想、作为民族开化运动先驱的尹致昊,为何会被民族排斥,在1945年解放以后被韩国政府组织的"反民族行为者特别调查委员会"规定为"亲日反民族行为者"呢?若要理解尹致昊的行为,首先要理解他近代思想的渊源。

1. 尹致昊与开化思想的接触

尹致昊出身于望族。他的家族在高丽末期和朝鲜中期尤其驰名,然而在朝鲜末期没落到乡班。虽然尹致昊的父亲尹雄烈(1840—1911)考中武科,担任过正二品正宪大夫、法部大臣以及军部大臣,但他们的势力远远不及中央的两班家门。这样的家族背景让尹雄烈容易接受开化思想,让儿子尹致昊学近代知识①。1881年,尹致昊17岁,当时朝鲜政府派遣12名朝士组成绅士游览团渡日视察近代文物,尹致昊成为鱼允中朝士的随员一起渡日,经过三个月的视察,绅士游览团回国,而尹致昊等人留在日本读书。鱼允中的随员中俞吉浚和柳定秀进入庆应义塾(文明论者福泽谕吉设立),金亮汉进入造船所,尹致昊则进入同人社(1873年文明开化论者中村正直在东京设立的近代学校)。从1881年5月至1883年4月在日本逗留的这两年中,尹致昊主要学习日文和英文。然而根据尹致昊的日记②,这两年中,尹致昊与福泽谕吉、中村正直、井上馨等日本开化思想家有直接的交流。所以学者们估计尹致昊在日本时接受了开化文明论③。1883年5月初,代驻韩美国公使孚特(Lucius H. Foote)赴任时,井上馨和福泽谕吉推荐尹致昊

---

① [韩]柳永烈:《开化期尹致昊研究》,景仁文化社,2011年,第12页。这本书是研究尹致昊初期生涯和思想的集大成著作。

② 尹致昊从1883年1月1日到他去世之前的1945年12月6日,一直在写日记。其中1907年至1915年的日记不存在。1912年2月被拘押时,日警没收了尹氏的日记,归还的时候1907年到1912年的日记丢失,1912年到1915年2月出狱之前的时间内他也无法写日记。他在1883年至1887年用汉语来写日记,1887年至1889年用韩语来写日记,1889年以后都用英语来写日记。韩国国史编纂委员会从1973年起整理出版了尹致昊日记,2001年把汉语和旧韩语日记(1883—1889)翻译成现代韩语出版。本论文标记《日记》和年、月、日。尹致昊日记的原文和韩译都在国史编纂委员会的网站上发布,可以参看: http://db.history.go.kr/item/level.do? levelId=sa_024。

③ 比如,Ryu Chung-hee主张尹致昊肯定读过福泽谕吉的《文明论概略》(1875)和《劝学篇》(1872—1876)。[韩] Ryu Chung-hee:《尹致昊的启蒙思想与基督教的自由:以福泽谕吉的自由观和宗教观的比较为中心》,载《东方学志》第171辑,2015年9月,第41页。柳永烈也肯定尹致昊读过福泽谕吉、中村正直等人的著作。柳永烈:《开化期尹致昊研究》,第25页。

成为孚特的翻译,所以两人在1883年一起回国。尹致昊回国后,在日记中记载了对开化这概念的认识。比如,1884年1月29日的日记里有他跟鱼允中之间的论证:

> 一斋(鱼允中)曰:"我国免野蛮久矣。"余笑而答曰:"夫蛮夷、开化之别,以有仁义、残酷之异。夫'野蛮'云者,以其相杀互食,残苛不仁故也。今我国设法罔民,而杀戮之荼害之,未知杀人,以挺与刃,有以异乎?"①

他认为开化是野蛮的反义词,野蛮和开化的区别在于残酷和仁义。当时他认为开化是接受新文物,即引进西方文物的。

> 及清国人多地大,十一倍于日本,而日本三十年内外,更张振作,文明富强为人所称,百胜于六十年与外国通商之清国,其故何也?清则泥古也,日则能革古效新故也。我国有此二鉴,循新泥古之利害,明晰无疑等说。②

对有两年日本经历后的尹致昊而言,开化主要意味着"脱清国"。尹致昊的理想在于"国家升平文明"③。然而如何"开化",如何成就"国家平安"?1884年的尹致昊还反对激进开化,他认为在王政体制下逐渐引进开化思想教化老百姓是上策④。他学习开化思想的意愿也在于"课成学就"以后"辅助圣君"⑤,他的最终目标是"安民"。以前尹致昊有传统的华夷思想,现在把"华"视为西方文物(仁义),把"夷"视为传统东方文物(不仁)。尹致昊认为引进开化、进行改革的主体也是国王⑥。他支持西方式的行政体制,但仍难以摆脱支持旧身份制以及东方儒家的认识框架。实际上,他的近代自我认识以及"开化"思想的具体化、主体化是他在中国和美国逗留的10年期间才形成的。

2. 尹致昊的与基督教教育

1884年12月4日开化党发动的甲申政变失败以后,尹致昊选择亡命。

---

① 《日记》1884年1月29日。
② 《日记》1884年7月22日。
③ 《日记》1885年2月14日。
④ 参考1884年12月甲申政变以后的日记。
⑤ 《日记》1885年2月14日。
⑥ 《日记》1884年2月6日。

虽然尹致昊并未参与此次政变,但作为开化派要人之一的尹致昊已经处于芒刺在背的位置,最后他借孚特公使回国之机一起离开了韩国。1885 年 1 月 26 日,21 岁的尹致昊途经长崎抵达上海。带着孚特公使的介绍信,尹致昊获得驻华美国领事馆职员的推荐,进入中西书院学习。在中西书院,尹致昊学了 3 年半,即 7 个学期。中西书院原有 8 年学制,然而林乐知担任监院的十余年间,无人学满 8 年①,尹致昊也没满 8 年就结业了。在 7 个学期的中西书院修习期中,尹致昊在日记里记载了他修过的课程和读过的书名。1885 年的第一学期,他修了算学、格致学、地志、读本、文法五种课程,第二个学期修了读本、文法、世界史、经济论、化学,1886 年的第一学期修读本、文法、世界史、地学、格致学,以后的课程名在日记中没有具体记载,但出现了中文、英文法、生理学、物理学、化学等课程名。对比中西书院的 8 年课程②,我们估计尹致昊跳过第一年和第二年的课程,直接开始学习第三年的课程。

在中西书院,尹致昊勤奋读书,特别喜欢读历史和与文明开化有关的书。这段时间的日记中出现了如下书名:

甲:Paleys 的《万国史》《美国俚谚》《英国史》《法国史》《美国史》《文明帝国略史》《富国策》等与世界历史文明有关的书。

乙:《格列佛游记》、《一千零一夜》、莎士比亚、沃尔特·司各特、拉尔夫·沃尔多·爱默生的作品等英文小说。

丙:《申报》《日本申报》《万国公报》等的报纸。

丁:《天路历程》《信仰的敌》《思想中的思想》《基督的邀请》《模仿基督》等基督教书籍。

他的主要阅读兴趣在于西方国家的历史和文明史,对两者的关心自然也涉及西方的宗教。他抵达上海约两个星期后,在 1885 年 2 月 15 日,他跟

---

① 胡卫清:《美国监理会在华教育事业研究(1848—1911 年)》,第 236 页。
② 第一年:认字写字,浅解词句,学习琴韵,年年如此。第二年:讲解各种浅书,练习文法,学习西语,年年如此。第三年:数学启蒙,各国地图,翻译选编,查考文法。第四年:代数学,讲求格致,翻译书信等。第五年:考究天文,勾股法则,平三角,弧三角。第六年:化学,重学,微分,积分,讲解性里,翻译诸书。第七年:航海测量,万国公法,全体功用,翻书作文。第八年:富国策,天文测量,地学,金石类考,翻书作文。林乐知:《中西书院课程规条》,载《万国公报》第 4 本,第 666 卷,1881 年 11 月 26 日。胡卫清:《美国监理会在华教育事业研究(1848—1911 年)》,第 234 页再引用。

随美国老师一起去教堂①,5月24日第二次去教堂,此后从6月28日起,差不多每周日他都参加礼拜,聆听讲道。1885年10月31日,他开始每周六学习《圣经》。虽然他出席教会礼拜和学习《圣经》都是经两位美国老师的劝导而开始的②,但若尹致昊本人不关心西方宗教和西方文化,他也不会动心。在上海,有两位美国老师影响到尹致昊。一位是林乐知,尹致昊曾称"福音里我是林乐知的儿子"③。另一位是冯昌黎(W. B. Bonnel),对尹致昊而言,冯昌黎是"通达时态人情,致进退抑扬,而教戒弟子,真不耻为人师,可感"的老师,④也是"叫我导向耶稣的直接先导"⑤。在两人的影响下,尹致昊慢慢接受基督教思想与基督教信仰。1887年2月27日,他在"戒酒约牌"上签名,清算告别放荡的过去,当年3月决定皈依基督教,4月3日受洗,成为韩国第一南监理教会的信徒⑥。然而尹致昊的信仰有自己的特点。尹致昊认为基督教最重要的一点是"道德的约束力"。他在"戒酒约牌"签字时说:"向闻美国夫人Lavitte戒酒说,更节除所饮杯数,至今日始誓绝饮。虽非早弃恶习,亦不晚为善修道,若能守此誓,岂非一生幸事耶?既无自修之力,只祝上帝恩救善佑,勿使为恶魔所诱之惠耳。"⑦他受洗时提交的《愿奉真教书》里也写着:"我愿意用我的时间和才能来学习基督教知识和增进我的信仰,若是神的旨意,我为我自己和我兄弟努力活着。"⑧他愿意完成自己的道德。他认为,如果想在基督教中得救,就一定要圣化,而这圣化就意味着道德化。尹致昊想借上帝咒术的强制力来完成自己的道德,亦即他接受的基督教的主要观念是道德观。由此观之,对尹致昊而言,宗教的最重要的作用是功利主义的作用。

在中西书院学习三年半以后,1888年11月,尹致昊渡美进入范德堡大学神学系学习神学和英文⑨。在范德堡大学他学了三年,一共修了13门课

---

① 《日记》1885年2月15日。
② 尹致昊在日记中未提及"美国老师"的名字,不过可以肯定是林乐知和冯昌黎。
③ T.H. Yun's Letter to Dr. Young J. Allen, Nov. 7, 1888.
④ 《日记》1885年7月1日。
⑤ T.H. Yun's Letter to Dr. Young J. Allen, Nov. 6, 1891.
⑥ 《日记》1887年4月3日。
⑦ 《日记》1887年2月27日。
⑧ [韩]白乐濬:《韩国改信教史:1832—1910》,延世大学校出版部,1973年,第177页。
⑨ 《日记》1888年9月11、12、13、27日。

程：神学(6个学期选课)、英语(6个学期选课)、教会史(4个学期选课)、演说学(3个学期选课)、圣经史(2个学期选课)、说教学(2个学期选课)、伦理学(2个学期选课)、罗马史(1个学期选课)、心理学(1个学期选课)、说教史(1个学期选课)、修身(1个学期选课)、化学(1个学期选课)。在范德堡大学毕业以后,尹致昊想学习一般学问①,遂进入埃默里大学学习了两年人文社会课程。在埃默里大学尹致昊听了历史、宪法史、政治经济学、自然地理学、物理学、化学、植物学、大数学、几何学等课程。他在留学美国时期的日记里有他所读 40 余本书的书名,其中有许多关于英国、印度的文明史和帝国史书。在美国留学时,他也是每个周日去教会,每周参与查经班。对比他的留华经历和留美经历,留华时他认为宗教是个人的领域,但留美期间,在亲自体验了美国社会后,他又理解宗教具有社会作用。

3. 尹致昊近代思想的特点

尹致昊的近代思想可以归纳为"基督教的自由主义""社会进化论""东方主义(orientalism)的内面化""物质资本主义"以及"国家与人民的分离"。这几个概念是相互关联的。

首先,通过中国和美国的留学,尹致昊获取了基督教的自由主义,把个人的自由放在极高的位置。在基督教中,个人的自由是神给被造物的特权,逼迫和剥夺个人的自由是不义的。以前尹致昊支持的朝鲜政府现在成为"恶政是跟其他犯罪一样需要惩罚。数世纪继承的专制政治、不正义、暴虐、压制抢夺统治者和被统治者的理想和知觉。他们向破灭和没落跑出去。这是神的行为"②。他相信韩国人愿意建立可以保障人民生命和安全的强大政府③。现在尹致昊认为韩国需要文明化,文明化就是"数百万的人民享受自由"④。

其次,在美国,尹致昊接受了文明论和社会进化论。以美国为代表的西方征服了自然,争取了富强,成为文明国,然而东方还是自然的奴婢。他认为西方文明国征服非西方国的弱肉强食情况是神的旨意。

---

① 《日记》1890 年 8 月 13 日。
② 《日记》1893 年 9 月 24 日。
③ 《日记》1895 年 12 月 20 日。
④ 《日记》1893 年 4 月 8 日。

McKenzie 的《19 世纪印度帝国》是非常有意思的。英国是印度以及所有殖民地的学长。美国对黑人和原住民也是一样的。所有人类的最后向上是神的旨意。强盛的人种占据训练微弱的人种的过程中发生的愚蠢的错误以及犯罪是无法避开的必要恶。①

尹致昊心目中的神不是超越这世界审判死人活人的神,而是在这世界内参与保护产业和文物的神。结果尹致昊的思想自然接近帝国主义的世界观,支持日本对韩国的帝国主义②。加上尹致昊的"东方主义"内面化,自认为不幸出生于朝鲜③,愿意进入文明的状态。

再次,他主张,对民族而言,最重要的不是政治上的平等,而是经济上的富有,这是资产阶级的典型表现。19 世纪西方社会所流行的以资产阶级实现利益为主要内容的自由放任和典型的自由主义,直接影响到接受资本主义理论的尹致昊,结果他主张"宗教和道德是民族的灵魂,知识是民族的大脑,富有是民族的实体,政治上的地位是民族的衣服而已。如果一个民族道德健康、知识水平高、经济自立的话,无论政治地位的高低,都可以平安地度过。"④

最后,尹致昊把个人放在国家、民族之上,这也是受到自由主义的影响。对尹致昊而言,文明化的主体不是国家或民族,而是个人。在尹致昊的视角下,宗教、道德、法律、经济上的成功是相互关联的,但经济上的成功是文明化的尺度。

如果从特殊的情况来想,宗教信仰跟世俗的成功之间没有任何关系。不过好好思考以后发现,无论是个人或者民族,为了成功,信仰是必须的。没有信仰就没有道德和法律基础,没有道德和法律就没有个人和财产的安全,没有安全就没有人民的繁荣,没有繁荣就没有个人的成功也没有民族的成功。⑤

尹致昊认为个人在经济上的成功意味着民族的成功,结果他不能理解

---

① 《日记》1891 年 5 月 12 日。
② 《日记》1905 年 11 月 17 日。
③ 《日记》1890 年 5 月 4 日、1891 年 2 月 2 日、1892 年 3 月 5 日、1892 年 9 月 13 日等。
④ 《日记》1920 年 5 月 17 日。
⑤ 《日记》1892 年 11 月 12 日。

民族的重要性。虽然他的自由主义观是近代化的个人主体认识,但他把个人置于民族之上的思想是当代韩人无法接受的。

二、安昌浩与基督教教育

安昌浩(1878—1938,号岛山)是旧韩末期至日帝强占期韩国民族运动史里数一数二的领袖。他是在独立协会和万民共同会开展启蒙运动的启蒙思想家,是设立渐进学校、大成学校以及南京东明学校的教育家,也是组织秘密结社新民会引导民族运动的实践家。20世纪10年代以后,他亡命到中国和美国,继续指导独立运动,1919年上海临时政府成立后,他担任内务总长以及国务总理代理,1923年就任国民代表会议的副议长。他组织大韩人国民会、兴士团等团体,领头统一民族运动。1932年上海虹口公园发生尹奉吉义举之后,安昌浩被法国警察逮捕,押送到首尔入狱。他在监狱得病,于1938年去世。1962年韩国政府追授他建国勋章大韩民国章。时至今日,安昌浩的民族思想还影响着韩国民族,他被称为民族的伟大领袖。然而,他的思想直接受到基督教影响,认识到这方面的人却不多。安昌浩一直追求培养"力量"。无论是个人、民族或者国家,若要生存,就要培养力量。他相信正直的力量、诚实的力量、慎独的力量、节制的力量。这力量可以启动个人、团体、民族,最后获取国权恢复。那么,安昌浩的"力量思想"的渊源是什么?若要理解安昌浩的思想,就需要先理解他与基督教之间的关系。

1. 安昌浩与基督教教育

安昌浩是基督徒。他的兴士团履历书上记载自己的宗教是"耶稣教,四二二七年入教于长老会"①。而且他1932年在上海被捕押送韩国并被日警审讯时,自己指出信奉的宗教是"基督教长老派"②。

安昌浩出生于平安南道的农家。他从小一直到18岁(1894),都在书堂读儒家经书。1895年甲午战争快结束时,安昌浩突然决定到首尔去读书。

---

① [韩]《第四团友安昌浩履历书(兴士团)》:独立纪念馆收藏的兴士团资料。崔起荣:《岛山安昌浩的基督教信仰》,载《岛山思想研究》5,岛山思想研究会,1998年,第220页再引用。研究安昌浩的基督教信仰的论文有两篇:第一是崔起荣教授的上述论文;第二是李满烈的《岛山安昌浩宇基督教信仰》,载《韩国近现代史研究》第22辑,2002年,第46—87页。
② [韩]朴玄换编:《岛山先生审讯记》,载《续篇岛山安昌浩》,三协文化社,1954年,第74页。

抵达首尔后，一直使用旅费的安昌浩听到呼声："如果想要读书，就来我们学校。我们免费提供食宿。"①呼喊者是美北长老会传教士闵老雅（Frederick S. Miller，1866—1952），当时闵老雅运营"闵老雅学堂"。

闵老雅学堂是 1885 年 7 月元杜尤设立的，是元杜尤学堂的后身。刚开学时，学堂难以募集学生，只有四个学生来校读书②。1886 年初，元杜尤找到新校舍，打算教授韩国语、英语、地理、历史、算数等课程③。1886 年 2 月，学堂获得朝鲜政府的正式认可。当时政府高官金允植（督办交涉通商事务）称赞："这所学堂教汉文、国文和工艺之业，帮助国家。"④1886 年 5 月 11 日，在元杜尤私宅旁边，只有一个学生的学堂正式开学。不久学生数量增加到 25 名，大部分是孤儿⑤。宣教会提供包括教育费和食宿费在内的所有经费，学堂主要教授国文、汉文、英文以及《圣经》。学生凌晨五点起床，打扫房子后开始学汉文，八点有祷告会，吃早饭，学英语，学《圣经》，吃午餐，学国文，学汉文⑥。1890 年，马布三悦（Samuel A. Moffett）成为第二代堂长，1891 年，学堂改名为"耶稣教学堂"，1893 年，闵老雅成为第三代堂长，学堂又改名为"闵老雅学堂"。但在 1897 年，美北长老会宣教会突然决定终止闵老雅学堂⑦。三年后的 1900 年，学堂重新开学，奇一（James S. Gale）担任校长。

安昌浩入学闵老雅运营的长老会学校，读书三年。当时学堂一共有 50 余名学生，有算数、地理、音乐、生物、圣经、教理问答等课程⑧。安昌浩入学时好像并不打算信主，他想："崇尚孔孟之道的韩国人如何在蛮夷设立的学校读书？不过是因为现在没有钱。首先入学假装信主，心里支持孔孟之道。"⑨然而在闵老雅学堂班长宋淳命的引导之下，安昌浩于 1895 年皈依基

---

① ［韩］朱耀翰：《安岛山全集（上）——传记篇》，凡洋社，1990 年，第 23 页。朱耀翰（1900—1979）是在韩国接触的文学家诗人。1963 年岛山纪念事业会委托朱氏执笔安昌浩的传记。
② H. N. Allen to Dr. Ellinwood, July 19, 1885.
③ H. G. Underwood to Dr. Ellinwood, Jan. 31, 1886.
④ 《旧韩国外交文书》第 10 卷，美安 1，高丽大学出版社，1967 年，第 210 页。
⑤ H. G. Underwood to Dr. Ellinwood, June 17, 1887.
⑥ L. H. Underwood, "Korea," *Missionary review of the World* (Nov. 1890), pp.942-943.
⑦ C. C. Vinton, "The Presbyterian annual meeting," *The Korean Repository* (September, 1897), p.339.
⑧ F. S. Miller, *Report of Boys School of Mission*, Oct. 16, 1896 (Reports and Letter from Korea Mission, PCUSA, 1884-1920).
⑨ 朱耀翰：《安岛山全集（上）——传记篇》，第 23 页。

督教。第二年,安昌浩自己也成为班长积极帮助同学①。

皈依以后,安昌浩积极传福音,建立教会。1897年,《基督新闻》里有一篇文章表现了安昌浩的信仰:

> 平壤普通门内居住的李英彦寄给我们新闻局一封信,介绍在平壤南村岛风岛居住的一个人的故事。他叫李石官,本来家贫而努力念汉文被称为士人,虽然多次接触传福音,但始终不信主。前年有一天,一个在首尔贞洞学堂(耶稣教学堂)读书的姓安叫昌浩的人回来,他找李氏告诉他过去犯过的罪。安满眼泪水说他犯了太多罪,非要死不可,不过耶稣基督在十字架上流了宝血,救了世上所有人的罪。安氏真心劝他信主,李石官听后突然心里有圣灵的感动,悔改自己的罪。②

根据上述的引文来看,我们可以得知,安昌浩大约于1895年皈依受洗。他的信仰是在对救世主的确信上产生的正统基督教信仰。这一点跟追求功利主义基督教的尹致昊是有所区别的。尹致昊没有救世主的确信而受洗。救世主信仰的基础是神的爱,安昌浩就直接接受基督教的爱,发展自己的思想。

1896年一次回家时,他的祖父给安昌浩订婚,可是因为宗教的原因,他主张退婚。结果新娘一家人都皈依基督教,安昌浩让新娘李惠练进入首尔长老会运营的贞信女学校读书③。

1902年9月3日,由闵老雅牧师主婚,两人结婚,婚后第二天就一起渡美继续读书。根据他的审讯记录,他渡美的目的是为学习教育学和基督教奥义。在闵老雅的斡旋下,他在美国留学④,进入洛杉矶所在基督教会经营的神学讲习所学习英语和《圣经》⑤。安昌浩在闵老雅学堂和美国神学讲习所接触的基督教深深影响到他的近代思想。

2. 安昌浩思想的特点

安昌浩是一个大雄辩家,留下了大量的雄辩、演说、讲道及文章。他想

---

① 朱耀翰:《安岛山全集(上)——传记篇》,第24页。
② [韩]平壤普通门内教会,《基督新闻》,1897年7月1日;《岛山安昌浩全集——第五卷》,岛山安昌浩先生纪念事业会,2000年,第77页。
③ [韩]《岛山先生言行拾遗》,载《续篇岛山安昌浩》,第104—106页。
④ 朴玄换编:《岛山先生审讯记》,第79页。
⑤ 同上书,第74页。

建设的新社会是有方向的：首先改变个人，其次是结构团体，最后设立国家。个人、团体、国家，这三个观念的背景中有基督教思想的影响。

首先，安昌浩相信教会的力量。1911年，安昌浩在出席美国侨民会的欢迎会做了演讲，他提出韩国教会的力量：

> 如果想找一找祖国精神最丰富的人格的话，都能在教会里找到。他们的行为都是为了尽力让亡国之民重新站起来恢复国家的。国家内最有功的人是信徒，我可以保证。也许有人说信徒中也有日人的心腹，但是他们原来不是真正的基督徒，将来也不会成为基督徒的。这是日人派送的特务而已……真正的基督徒今日果然有相当的功劳。或许也有人说日本比韩国开明要早点，不过我认为韩国比日本更早一点开明。为什么呢？开明的路有两条，日人在政治上、物质上比韩人早点开明，不过在道德上精神上的开明绝对比不上韩人。我们现要努力在物质方面引进开明，而日人的文明是像没有根儿的花一样的，没有根儿的文明如何拔出有根儿的花呢。①

根据安昌浩的演说，我们可以得知，基督教是道德和精神的发源地，教会有努力振刷道德和精神的功劳。虽然国家已经沦为亡国之地，但有道德和精神，就说还是有希望的。他主张，道德内面化的个人可以觉醒，觉醒的个人才可以成为近代国民主体，觉醒的国民主体自然地为民族团结②。这是跟尹致昊思想的区别点之一。尹致昊认识个人和民族或国家是分离的，个人在民族之上。但安昌浩认为个人跟民族是联系在一起的有机实体。个体和全体的结合是这个社会性命攸关的事情。如果个体从全体分离出来的话，个体就没有生命，没有个体的全体也不能正常地驱动③。觉醒的个人，即新民，意味着培养基督教精神和道德的个体。

其次，对安昌浩来说，个人之后的任务便是构成团体。他认为成立一个团体时最重要的是"爱"。为了加入兴士团，团员需要经过入团问答。入团问答仪式也先从做祷告开始。为安昌浩写过传记的李光洙（1892—1950，韩

---

① [韩]《安昌浩的演说》，载《新韩民报》，1911年10月4日，《岛山安昌浩全集》第5卷，第204页。
② [韩]李光洙：《岛山安昌浩》，兴士团出版部，2000年，第27—28页。
③ [韩]安昌浩：《寄给青年的信》，载《安岛山全书》中卷，岛山纪念事业会，1993年，第8页。

国最初写长篇小说的文笔家)本人也是兴士团的团员。他在安昌浩传记里记载了自己跟安昌浩的入团问答:

问:你愿意进入兴士团吗?

答:是。

问:为什么?

答:我认为,为了恢复独立,得到民族的永远创生,兴士团是唯一的路。

……

问:现在有多少个基督徒?

答:全世界有各种差会,听说大概有几亿信徒。

问:这几亿的信徒最初由几个人来开始的?

答:从耶稣一个人来开始的。

……

问:你觉得"情谊敦修"是什么意思?

答:要互相爱的意思。

问:对。我们兴士团把"情谊敦修"解释为"学习爱"。学习爱以后这爱可以逐渐深厚吗?我们民族的互相爱是深厚的吗?

……

答:我现在明白。学习爱以后可以培养爱。

问:如何学习爱最好?

答:耶稣说:"当爱你的邻舍,恨你的仇敌。要爱你们的仇敌。为那逼迫你们的祷告。"努力爱所有的人是学习爱的开始点。①

团体是个人跟国家或民族之间的媒介体。通过自组的团体,个人的理想可以到达民族或国家。团体要发展的思想就是"爱",安昌浩的"爱"是根据《圣经》表示的耶稣的"无条件的爱"。

最后,20世纪20年代,安昌浩调整自己的国家观,主张"社会大公主义"。他本来想通过新民和新团体后形成新国家,形成了国家以后国民会自然地统一。然而在20世纪20年代目击日帝侵略的现实以后,安昌浩批评

---

① 李光洙:《岛山安昌浩》,第291—364页。

自己这样的实力养成论,接受社会主义,主张"社会的国家"的干预①。他在"社会大公主义"中主张,为了实现国际和平,民族之间和国家之间需要完全的平等和协调。他不是否定现实世界存在的国家之间适者生存的原理,而是他相信每个国家或每个民族都是追求正义。他认为"国家"需要"正义"。他指的"正义"是《圣经》指出的"神的义"。安昌浩的弟子们有一个共同见证,他最喜欢的《圣经》金句是"饥渴慕义的人有福了,因为他们必得饱足","你们要先求他的国,和他的义。这些东西都要加给你们了"②。他心目中的国家观是有正义的国家,有正义国家就可以走正路。他所指的国家的正义一定要符合神的公义。

他在1907年组织秘密结社"新民会"时,新民会的宗旨是:第一,我们要培养新民。新民意味着拥有新精神,即近代国民;第二,让此新民一起结合形成新团体或近代社会;第三,此新团体发展到国内外,最终建设新国家,即共和政体的国家③。新民会是以西北地方的基督教领袖为中心的秘密结社④。从组织新民会时期直到最终,他始终主张的运动方法也是根据基督教思想而来。

三、小结

以上简单地对比概观了尹致昊、安昌浩两人近代思想所受基督教思想的影响。当然,本论文并非主张基督教思想是尹致昊和安昌浩近代思想的唯一渊源,而是认为,我们不可忽略基督教思想对他们的影响。他们两人都通过基督教教育接受基督教思想,最后皈依基督教。尹致昊的思想受到基督教思想影响最大的是个人的自由主义和当时在西方流行的基督教文明论,而安昌浩则接受了基督教的爱和正义论。他们接受了基督教思想的各自一个方面,就形成了自身独特的思想,最后影响到他们的行为。

---

① 国史编纂委员会:《韩国独立运动史料集3——临政篇Ⅲ》,1973年,第396页。
② 马太福音5:6和6:33。田荣泽:《想念安岛山老师》,载《新人》19,1948年,第3页;《田荣泽全集》3,牧园大学出版社,1994年,第448页。
③ 国史编纂委员会:《韩国独立运动史》1,正音文化社,1983年,第1027页。
④ 关于新民会,可以参考尹庆老的《105人事件于新民会研究》,汉城大学出版社,2012年。

韩国的国歌是《爱国歌》,作曲者是安益泰(1906—1965),作词者是"未详"。关于作词者,学界有两种说法:第一是尹致昊作词说,第二是安昌浩作词说。1955年国史编纂委员会请13位专家来调查《爱国歌》作词者时,结果11人同意尹致昊单独作词说。但因为不是全体同意的原因,国史编纂委员会选择放弃,所以一直到现在,《爱国歌》公开写明的作词者是"未详"。兴士团一直主张安昌浩作词说,但尹致昊作词说也有很多证实资料,安昌浩作词说只有周围人的见证以及"当为论":"如果《爱国歌》的作词者是安昌浩,对韩民族而言,不是更好吗?"专家11人同意了,而不能公开地说尹致昊是作词家。这表现了韩国人对尹致昊和安昌浩的感情,不想唱亲日派作词的《爱国歌》,这是现在韩国人的历史认识。

无论《爱国歌》的作词者是尹致昊还是安昌浩,《爱国歌》明显包含着基督教思想。《爱国歌》的第一段和副歌是:"即使东海水和白头山干燥和枯萎,有苍天的保佑我们国家万岁。无穷花三千里华丽江山,大韩人民走大韩的路,保全我们的江山。"苍天的韩文是 Ha-nu-nim,这是基督教神的韩文称呼。无穷花的英文名字是 rose of Sharon,而在《圣经》中,rose of Sharon 则意味着以耶稣为领袖的教会。

除了尹致昊和安昌浩,开化期知识分子中的基督教信徒特别多,他们成为近代思想和近代国民国家形成时期的民族领袖。时至今日,他们的基督教思想仍在影响着韩国。

作者简介（按文章作者顺序先后排名）

李天纲	复旦大学哲学学院宗教学系主任、教授
司　佳	复旦大学历史学系教授
徐亦猛	日本福冈女学院大学 Faculty of International Career Development 准教授
徐以骅	复旦大学国际政治系主任、教授
马　敏	华中师范大学人文高等研究院院长、中国近代史研究所教授
吴和林	华中师范大学伍伦贡联合研究院专职副院长
段　琦	中国社科院世界宗教研究所研究员
杨卫华	上海大学历史学系副教授
寺园喜基	日本福冈女学院院长、教授
金丸裕一	日本立命馆大学经济学部教授
渡边祐子	日本明治学院大学教养教育中心教授
徐正敏	日本明治学院大学教养教育中心教授
王立诚	复旦大学历史学系教授
李惠源	韩国延世大学神学系客员教授

图书在版编目(CIP)数据

近代东亚国际视阈下的基督教教育与文化认同/司佳,徐亦猛编. —上海:复旦大学出版社,2019.4
(复旦中华文明研究专刊)
ISBN 978-7-309-14198-6

Ⅰ.①近… Ⅱ.①司…②徐… Ⅲ.①基督教-宗教教育-研究-东亚-近代 Ⅳ.①B977.31

中国版本图书馆 CIP 数据核字(2019)第 039183 号

近代东亚国际视阈下的基督教教育与文化认同
司　佳　徐亦猛　编
责任编辑/胡欣轩

复旦大学出版社有限公司出版发行
上海市国权路 579 号　邮编:200433
网址:fupnet@fudanpress.com　http://www.fudanpress.com
门市零售:86-21-65642857　团体订购:86-21-65118853
外埠邮购:86-21-65109143
上海四维数字图文有限公司

开本 787×960　1/16　印张 12.75　字数 186 千
2019 年 4 月第 1 版第 1 次印刷

ISBN 978-7-309-14198-6/B・691
定价:50.00 元

如有印装质量问题,请向复旦大学出版社有限公司出版部调换。
版权所有　　侵权必究